封面：自由閱讀時間，孩子們陶醉在繪本故事世界裡。

上圖：「故事阿姨來了！故事阿姨來了！」歡呼聲中，幾位孩童跑出來迎接，熱心的將繪本書箱拖進組合屋裡。

【紀實報導】

故事媽媽

攝影／撰文：蔡明德

上圖一：故事媽媽輪番上陣，在三叉坑組合屋走道說起故事來。
上圖二：孩子們的掌聲，讓故事媽媽倍感欣慰 。

小孩坐在故事媽媽懷裡聽故事。

六月初夏，陽光和煦，一早由台中市出發，約莫一小時車程，上午九點半，儒林部落讀書會的媽媽：乃馨、淑芳、秀美、美玲、孟芬，已到達台中縣和平鄉三叉坑組合屋，才將車子停妥，就聽到組合屋裡傳來「故事阿姨來了！故事阿姨來了！」的孩童歡呼聲。

幾位孩童跑出來迎接，熱心的將繪本書箱拖進組合屋裡，若慈小妹妹的YAKI（阿嬤）也早早將座椅安排就緒，故事阿姨們隨即輪番上陣，在組合屋走道說起故事來，精采的繪本一本接一本，孩子們個個聽得津津有味！

說起到部落講故事的緣由，主要是九二一大地震後就進入三叉坑災區拍攝紀錄片的亮丰，故事媽媽乃馨說：「八十九年十月，亮丰找上我們，談起三叉坑教育資源相當缺乏，家園重建遙遙無期，組合屋活動空間狹小，生活條件很差，能否抽空上山給孩子說說故事？」一口答應後，我們便每週二上山一次，

一直默默在旁聽故事的七十歲YAKI（阿嬤），有天突然加入行列，興致勃勃的拿起繪本和孫子共讀。

沒想到就此展開近六年泰雅族部落說故事之旅。

故事媽媽說，初期孩子們總是無法靜下來專心聽故事，有人聽一下就跑開，回來又溜掉，鬥嘴、打架、互吐口水時而發生，場面幾近失控。部落長老看了直搖頭說：「講故事沒有用啦！帶糖果來才有用！」但經媽媽們耐心伴讀，如今孩子們已能專注地聽故事，聽到歡喜時，還會興奮拍手喊：「好好聽喔！」而最讓媽媽們感動欣慰的，莫過於一直默默在旁聽故事的七十歲YAKI（阿嬤），有天突然加入行列，興致勃勃的拿起繪本和五歲小孫女若慈共讀。

六年來，故事媽媽藉著繪本陪伴孩子成長，也建立了情感，她們在工作日誌上寫著：「妳們走了，我會哭ㄋㄟ，我會在家偷偷的哭。」那是五歲芳儀小妹妹送故事媽媽下山時的話別，讓媽媽們紅了眼框，酸了鼻。故事媽媽秀美說，看到孩子期盼的眼神，讓她動容，更讓她覺

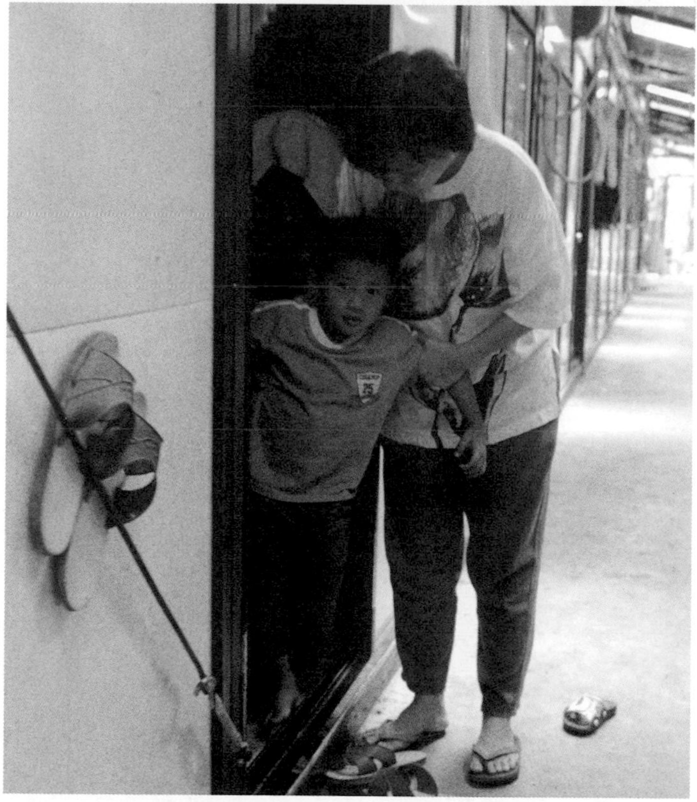

上圖一：皓浩不肯出門聽故事，故事媽媽淑芳便到他家門口，為他講故事。
上圖二：小孩不肯出門聽故事，故事媽媽到家裡好言相勸。

得上山是一個責任。

九十一年三叉坑部落的子馨、聖鈞、如君、元馗等多名孩童都上幼兒園了，為了讓他們聽故事不被中斷，故事媽媽便追上山，往更山裡的雙琦部落幼兒園講故事。九十四年三叉坑四十五戶重建新屋終於落成，居民搬離了組合屋，加上故事爸爸南宗、故事媽媽葵芬、淑妃、達賢、桂花等生力軍的加入，於是故事媽媽們便兵分兩路，一路繼續留在雙琦幼兒園和自由國小講故事，一路則由南宗爸爸領軍，前往更偏遠的南投信義鄉潭南、雙龍、地利、人和布農部落，為幼兒園的孩子們講故事。

故事媽媽們深知力量微薄，能給小孩的有限，她們期望都市小孩看得到的繪本，山裡小孩也能看得到，她們會將三叉坑部落淑鳳媽媽（托兒所老師）的期許「不要放棄我們的小孩，他們好喜歡聽故事！」，銘記在心，許為承諾。

右頁：故事爸爸南宗精采的繪本故事，雙琦部落幼兒園 的孩童，聽得津津有味 ，目不轉睛。
上圖：深受孩子喜愛的故事爸爸南宗，講故事前，小朋友搶著要他抱抱。

上圖：故事媽媽和雙琦幼兒園小朋友的合影。
左圖：自由閱讀時間，小妹妹陶醉在繪本故事世界裡。

人間思想與創作叢刊

2006・夏

日讀書界看藍博洲

放風箏　　梁逸然（順德）9歲

人間出版社

目錄

編輯室報告

一九五〇年六月二十五日，韓戰爆發，二戰後美、蘇對峙的冷戰形勢被推向最高峰，美國第七艦隊巡弋台灣海峽，東亞冷戰體制正式確立，在美帝國主義勢力干預下，韓半島與海峽兩岸的民族分斷，朝固定化、長期化方向發展。

冷戰／內戰的雙重構造，窒息了一切追求人類解放的進步思想，「反共」「親美」的意識深刻的支配南韓與台灣社會，對民族心靈的扭曲、價值認識的混淆錯亂，造成無法言喻的災難性影響。

台灣地區的五〇年代白色恐怖，便是在冷戰／內戰雙重構造下發生的典型悲劇。由於韓戰爆發，在內戰中敗逃台灣的國府，因重新獲得美國的支持而有了喘息的機會，在美國卵翼下國府藉反共／國家安全之名，在台灣全島展開滅絕性的政治撲殺，二〇年代以降的左翼傳統連同一切進步的社會科學、史學、美學……被根除殆盡！

這一段因特定的政治目的被蓄意掩埋的歷史，經由進步的文學工作者藍博洲持續不懈的挖掘，終於在八〇年代末逐漸重見天日，荒蕪幾近四十年的台灣史空白始有重新綴補的可能。

《幌馬車之歌》便是藍博洲在歷史的荒煙蔓草中辛勤採擷的成果之一。這部揉合嚴肅調查研究、高度寫作技巧的報告文學經典，生動的記錄了基隆中學校長鍾浩東以及他同一代人為尋求祖國解放的熾熱理想，為謀求人類幸福終竟仆倒刑場的激越生命史。一九八七、一九八八年首度在《人間》雜誌發表之後，深深的震動讀者的內心，受到台灣文學界、史學界高度重視。

今年春天，經過多位日本友人的共同勞作，《幌馬車之歌》日譯本正式刊行，隨即引發日本讀書界熱烈的回響。

〈日讀書界看藍博洲〉特輯，選譯了七篇日本進步人士的書評以及陳映眞、曾健民的回應文章，清楚說明了《幌馬車之歌》日譯本的刊行，對矯正瀰漫親獨意識的日本右翼史觀所具有的當代意義。

我們以這個小特輯祝賀藍博洲，也向他的辛勤努力致上衷心的敬意！

此外，我們也選刊了藍博洲於二〇〇一年在板門店舉辦的國際和平營上的大會發言〈重新恢復健康的民族魂〉，從另一個側面理解藍博洲的思想認識以及支撐他創作的動力源泉。

洪根洙〈韓戰經驗的克服與南北韓的統一〉描繪了韓半島在外力干預下民族分斷的不幸，控訴了駐韓美軍的暴行，也具體指出南北韓朝向統一之路的積極作法，為致力於兩岸統一運動的人士提供極為有益的參照。

陳扶餘〈一個沒有美國的亞洲〉剖析美國自冷戰以來東亞戰略的調整，詳細論證東亞經濟一體化的發展途徑以及中國的崛起對東亞經濟格局將產生的影響，以新的視角分析亞洲形勢的變化。

趙剛〈檢測「多元文化」〉分別從全球、在地兩個脈絡，檢視美國的黑白關係、台灣的原漢關係以及兩地對待流移勞工的政策作爲，揭露當今美、台學界流行的「多元文化」論，實際上僅是一種政治的修辭，缺乏階級的視野，無助於社會公平正義的開展。這篇曉暢易讀，穿透力極強的論文，編輯部特別向讀者推薦。

鍾喬〈決戰時期的台灣劇運〉呈現了日據時期進步的文化人，如何在殖民者高壓政策下，迂迴抵抗皇民化的艱辛與堅韌，爲在異民族酷烈統治下，猶凜然不屈的氣節，寫下動人的篇章。

曾健民〈「光復文學」的出發點〉挖掘整理了光復初期幾家報紙副刊文藝欄刊載的盈溢著祖國意識的文藝作品，以具體的史證駁斥台獨派的歷史論述。

一九七〇年由北美留學生發動的保衛釣魚台運動，曾經爲左翼愛國運動譜下一闕波瀾壯闊的詩篇。對七〇年代以降的台灣社會產生了深遠的影響。二〇〇一年九月「人間出版社」在昔日保釣健將的共同協作下，編撰出版了《春雷聲聲》一巨册，詳細記錄了這場運動從發生到結束的經緯始末。今年七月「人間出版社」，再度透過保釣老將的辛勤搜集，將運動當年所刊發流佈的文獻資料編撰成《春雷之後——保釣運動三十五週年文獻選輯》三卷本正式出版。

隨著時勢的推移，保釣運動早年揭櫫的理想已經被人淡忘，在美國的縱容下，日本軍國主義氣焰日益高漲，覬覦我領土主權的挑釁行爲不斷發生，而島內分離主義勢力卻公然率衆參拜靖國神社，妄發釣魚台屬於日本的媚日言論，保釣運動雖然因多重的歷史因素而中挫，面對比昔時更加嚴峻的形勢，保釣未竟的大業猶待我們奮起接續。陳映眞〈突破兩岸分斷的構造，開創統一的新時代〉既是春雷之後的書序，更是對這番志業的召喚。

文藝創作部分有曾慶瑞、施善繼、詹澈、鍾喬的作品，青年學生邱士杰爲我們選輯了巴黎公社委員歐仁・鮑狄埃，印尼共產黨書記艾地振奮人心的詩句，並做了簡明扼要的題解，幫助我們深一層體會詩作的精神。

汪立峽〈那兒就是這兒〉以自己長期從事社會運動的經驗，對上一期刊載的大陸新寫實小說《那兒》做出了回應，是兩岸讀書界良性互動的開展。

最後我們回顧整理了近期發生的幾則文化活動與事件，爲具有進步意義的文化實踐留下記錄。

二〇〇六年六月三十日

【特輯】日讀書界看藍博洲

一切都已結束，一切又已開始

——藍博洲之旅

橫地剛 著
陸平舟 譯

藍博洲所著《幌馬車之歌》，是在一九八八年分兩回發表於《人間》雜誌的九、十月兩期（總第三五，三六期）。一九九一年六月，作者又將其收錄於自選報告文學集《幌馬車之歌》（時報文化出版）。二〇〇四年十月，作者再次將《幌馬車之歌》及相關文章獨立出來，又補充了作者近十幾年有關台灣民衆史的研究，出版了增訂版《幌馬車之歌》（時報文化出版）。

本書即是根據最新版翻譯的。除了用作者與陳映眞爲面向廣大日本讀者所寫的新書序言，替換了中文版序言——林書揚的〈隱沒在戰雲中的星團〉及陳映眞的〈美國帝國主義和台灣反共撲殺運動〉外，其餘均保留了新版的原貌。另外，註釋、欄目、圖片、版式及相關年表是得到作者同意後爲面向日本讀者而重新整理編排的。鍾紀東爲作者筆名之一，本書恢復了作品發表當初的原貌。

新版的編輯新加入了後記、有識之士的序文與評論，以冷靜的態度突顯了該書出版的意義、出版當時引發的爭論及爭論的關鍵點乃至它在當今的現實意義。日語版本中陳映真的序文更是對這些問題進行的系統概括。

我覺得似乎沒有必要對該書再做進一步說明了。我想在此簡單介紹一下作者的經歷及業績，並從另一個角度說明《幌馬車之歌》在台灣文壇的地位。

對於作者藍博洲來說，《幌馬車之歌》是一個轉折的原點。當時，初版的發表可以說是作者暫時放置小說創作而投身報告文學的紀念碑，而今日新版的刊行，又隱約宣示了他在報告文學的寫作上畫下了某種程度的休止符，而重新開始創作小說。

旅路

藍博洲是作者的本名，一九六〇年出生在台灣苗栗的一個泥水匠家庭，是九個兄弟姐妹中的老八。祖籍是廣東省梅縣的客家人。十五歲時，考入台北板橋高中，但由於父親考慮到外宿的生活開銷等種種問題而未能入學，最終上了台中的省立高級工業學校建築製圖科。但是，由於興趣不合，再加上難以承受初次離開客家社會而置身福佬人社會中的孤獨，不到兩個月便休學回到了苗栗，一邊做重考的準備，同時從事一些送報、聖誕燈飾工、油漆以及建築工等的零工。夜晚，他經常跟同樣失學的朋友在街頭、彈子房，無所事事地遊蕩鬼混。當他意識到自己正在走向社會底層與罪惡的深淵時，偶然讀了赫塞・黑塞的《車輪下》，初次接觸了文學。從此，便脫離了頑皮的夥伴，開始天天跑圖書館埋頭讀各種思想性的書，翌年考上升學壓力不大的省立苗栗高中。三年級的時候，初次接觸黨外雜誌《夏潮》，思想傾向受到一定的影響。一九七九年考入輔仁大學法文系。並曾擔任草原文學社社長，一九八一年曾邀請楊逵、陳映眞兩個「政治犯」作家來校演講，據說這是他與五〇年代白色恐怖受難者的初遇。也在這時，接觸了當時的「禁書」——魯迅等的三〇年代的文藝、閱讀了涉及二二八事件的吳濁流的《無花果》並深受感動。

一九八二年冬天，在思想極度苦悶的情境下，他一個晚上沒睡，寫了第一篇小說〈旅行者K〉，並於一九八三年在「中外文學」上發表。此後，在學期間，又連續發表了練習小說寫作技巧的《青春》、《旅途》、《小站歲月》三個短篇小說。一九八五年大學畢業後服兵役，在此期間發表的《喪逝》，獲得第八屆時報文學獎小說評審獎。

一九八六年六月退伍，經歷了《南方》雜誌及爲黨外人士助選等經歷，最終於一九八七年春加入《人間》雜誌報告文學隊伍，從小說創作轉換到報告文學。一九八七年，戒嚴令解除的當年七月，以發表於《人間》雜誌的〈美好的世紀〉爲開端，他認眞地開始了以二二八事件和五〇年代白色恐怖爲題材的寫作。其第二部作品《幌馬車之歌》被選入爾雅出版社《七十七年短篇小說選》（詹宏志選編，一九八七年四月），並榮獲第七屆洪醒夫小說獎。

一九九〇年春，藍博洲初次到北京，並採訪了逃亡大陸的受難者。同年發表於《自立早報》〈人間實錄〉版的〈尋找劇作家簡國賢〉再次入選《七十九年短篇小說選》（周寧選編）。一九九一年，歷時五年的調查報告分《幌馬車之歌》和《沉屍・流亡・二二八》兩冊同時出版。迄今，他的台灣民衆史探尋之旅毫無懈怠地繼續著，不僅據此出版了《幌馬車之歌》的增訂版，同時又將十五年來陸續寫成的報告文學整理爲《藍博洲文集》在大陸出版。另一方面，他又再次開始了他的「純文學」創作，二〇〇二年六月出版了長篇小說《藤纏樹》，二〇〇四年五月出版了早年作品《一個青年小說家的誕生》。據說目前正在《台北之戀》的創作中。在這期間的著作如下所列。至今獲得的文學獎達八項之多。

一九九四年到一九九五年，他在侯孝賢導演的《好男好女》中登台表演，同時得到侯孝賢導演的資金援助，製作了紀錄片《我們爲什麼不歌唱》。一九九七年，在TVBS電視台擔任導演，製作、播放了四十集的有關五〇年代白色恐怖受難者的電視紀錄片——《台灣思想起》。

藍博洲目前爲《傳記文學》編輯顧問，人間學社副理事長，苗栗加里山劇團團長，並擔任夏潮聯合會會長。曾任中央大學「新銳文化工作坊」教授，台灣大學東亞文明研究室中心計劃主持人，西湖鄉吳濁流文藝館計劃的提案人，苗栗社區大學教師。經常站在諸多社會運動、文化、演出活動的第一線。二〇〇四年十二月由台灣民主學校校長侯孝賢推薦爲第六屆立法委員候選人，但未當選。

著作

《旅行者》爾雅出版社　一九八九年七月
《幌馬車之歌》時報文化出版　一九九一年六月
《沉屍・流亡・二二八》時報文化出版　一九九一年六月
《日據時期台灣學生運動》時報文化出版　一九九三年四月
《白色恐怖》揚智文化事業　一九九三年五月
《尋訪被湮滅的台灣史與台灣人》時報文化出版　一九九四年十二月
《吳濁流的文學原鄉——西湖》苗栗縣文化中心　一九九五年五月
《高雄縣二二八暨五〇年代白色恐怖民眾史》高雄縣政府　一九九七年二月
《五〇年代白色恐怖台灣地區案件調查與研究》台北市文獻會　一九九八年四月
《人間正道是滄桑》苗栗文化中心　一九九九年六月
《共產青年李登輝》紅岩出版社　二〇〇〇年二月
《天未亮——追憶一九四九年四六事件（師院部分）》晨星出版　二〇〇〇年四月

《麥浪歌詠隊——追憶一九四九年四六事件（台大部分）》晨星出版　二〇〇一年四月
《台灣好女人》聯合文學出版　二〇〇一年六月
《消失在歷史迷霧中的作家身影》聯合文學出版　二〇〇一年八月
《藤纏樹》印刻出版　二〇〇二年六月
《紅色客家人》晨星出版　二〇〇三年十二月
《一個青年小說家的誕生》（原題「死亡之後才是誕生」）印刻出版　二〇〇四年五月
《幌馬車之歌》增訂版　時報文化出版　二〇〇四年十月
《紅色客家庄》印刻出版　二〇〇四年十二月
《消失的台灣醫界良心》印刻出版　二〇〇五年五月
《藍博洲文集》全六卷　台海出版社　二〇〇五年八月北京

編輯

《台灣社會運動史》（《台灣總督府警務局沿革誌第二編》《領台以後的治安狀況（中卷）》中譯）創造出版社　一九八九年六月
《從二・二八到五〇年代白色恐怖》林書揚著　時報文化出版　一九九二年九月

《蘇新文集》全三卷 時報文化出版 一九九三年二月—一九九四年九月
《葉榮鐘文集》全九卷 葉芸芸共編 晨星出版 二〇〇〇年八月—二〇〇二年三月

在藍博洲最初的小說集《旅行者》的附錄中收了〈幌馬車之歌〉，鮮明地記錄了從小說過渡到報告文學的急劇變化和戲劇性的轉軌痕跡。他在後記「結束與開始」中寫道：「我想，我的脫離『純文學』的創作，恐怕還要持續一段時日吧！而事實上，寫小說，再怎麼樣也是自己終生的志願，說什麼也不會放棄！不可能放棄的！」事實上他很長時間，參加社會運動和報告文學的寫作正是爲了「下次創作的開始」作準備吧！從長篇小說《藤纏樹》發表的今天來看，他的旅行已走完了一程，而新的一步又已經開始邁出。他的著作活動，如果把《幌馬車之歌》以前算作第一期，那麼其後到《藤纏樹》便應該是第二期，再以後可以看作是第三期。

結束與開始

藍博洲從小說到報告文學的轉軌並不順利。雖然他是以描寫閉塞的社會中所受的挫折和虛無爲其創作出發點，但在寫作中卻陷入「內容與形式」如何統一的矛盾狀態。其根源在「脫離現實」，這問題雖然在七〇年代的「鄉土文學論戰」中受到了批判，但它仍然根深蒂固地盤繞在青年一代的意識中。

從這裡，我們可以管窺到孕育了作者的七〇年代到八〇年代前半期的台灣文壇狀況。

稍涉台灣文壇狀況的人都知道，現實主義的小說美學正是那個時代所有自命「進步」的文學青年服膺的寫作路線。我也清楚地知道，部隊外頭，台灣文學界的新生代正在進行著「鄉土文學論戰」以後的文學實踐運動；凡寫作者必有相當強烈的「社會意識」，或者「本土意識」。儘管大部分作品的內容稍嫌單薄，形式也嫌粗糙；但相對「現代主義」以降的文學主流而言，它終究是那個時代的新聲音。

在立場上我當然也是認同這條進步路線。但是，因為年輕，生活的歷練不夠，意識形態的思想鍛鍊也還不足，所以也寫不出什麼有「社會意識」的小說。另一方面，因為不寫詩，也就沒有參與當時幾個新起的青年詩刊。

在文學的路上，終究只能一個人孤獨的走著。

（《一個青年小說家的誕生》「自序・不悔少年」）

即使認識到應該把描寫台灣現狀的現實文學作爲創作方向，但七〇年代後期以高雄事件爲開端的血腥鎮壓和屢次的禁刊，使得作家們難以深入民衆，投身於歷史的現實，以至於那些敢於挑戰現實繼續創作的作家，有些人最終還是不得不停止了寫作，運動逐漸開始分裂，現實主義文學其存在的有效性再次受到質疑。在這種狀況下，「爲了結束青春的苦悶，虛無與青蒼」（「開始與結束」），藍博洲也放棄了創作的筆，選擇了面對台灣現實之路。

他在完成中篇小說《死亡之後才是誕生（後改名為《一個青年小說家的誕生》發表）》的創作後，便投身於社會運動。首先參與了推進學生運動的雜誌《南方》的創刊，之後又參加了「黨外」的選舉運動，最後走到了《人間》雜誌。

《人間》（一九八五年十一月—一九八九年九月）是一份關注社會、人權、公害以及歷史等問題的雜誌。版面大多是附有照片的紀實報告。主編是陳映眞。他自六〇年代起站在對現代主義和現實喪失批判的前鋒以來，一直致力於「民族主義的現實主義文學」的發展。在藍博洲加入《人間》的前後，他也是忙碌於社會運動、文藝運動，忙於評論。以致於在寫了〈趙南棟〉（《人間》第二十期，一九八七年六月）後，中斷了自己的創作活動。從此可以看出，年輕藍博洲的行動絕非他個人的問題。因此藍博洲第一部作品〈美好的世紀〉於〈趙南棟〉的後一期，即第二十一期發表。

「想來，終究是該告別過去，作個結束了！結束，其實也就是開始吧！」（「結束與開始」）。這是藍博洲在發表了《幌馬車之歌》後的話。他看到了在黑暗抵抗現實，堅持理想主義的歷史與人物。在那裡，他看到了在台灣生存下去的希望，立足台灣的希望。他選擇了一條與同時代的青年所走的後現代主義相反的道路。

在日朝鮮人作家金石範在他的小說《鴉之死》的結尾，借主人公之口也表達出了同樣的決心。衆所周知，《鴉之死》是這位作家以後又用了二十幾年的時間完成的《火山島》的起點。

> 一切都已結束，一切又已開始——他認為自己必須活下去。他覺得只有這片土地才是最合適於自己盡義務，並把生命葬於此的地方。

台灣和濟州島都是長期受日本統治，解放後又飽嘗白色恐怖和民族分裂之苦。一九四七年台灣發生了二二八事件，而一九四八年濟州島發生了四・三事件，接下來就是同樣被白色恐怖所籠罩。民衆的強烈反抗遭到鎮壓，在長期的專制統治下，社會充滿了一種由逃避現實、脫離現實、沉默、身份認同的喪失以及民族主義分裂演化而來的「虛無」意識，而這兩個人爲了從殖民地統治和冷戰構造帶來的這一切之中自我解放出來，決心立足「這片土地」，並勇敢地對抗這必須變革的現實。

從第一版到再版

死於五〇年代的白色恐怖者達四千五百人，也有的說達到了四千八百人。

犧牲者大多數是在台北市馬場町的刑場被槍殺的。犧牲者的鮮血一層蓋著一層，爲了掩蓋血跡在上面堆上了土，然而，在這上面會再一次被鮮血染紅。接著再蓋土，再槍殺的連續。結果，使原來平坦的刑場變成了高數米，直徑達一百幾十米的土丘。有爲的青年志士們用最後的血築起了這座土丘，給後世留下了永恒的紀念碑。生存下來的人們，直到九〇年代初期，都不允許接近那裡。黑暗深重地、牢固地籠罩著。一九四九年，國民黨政府頒布了戒嚴令，休說是二二八事件和五〇年代的白色恐怖，連整個殖民地時代的歷史都從此被完全地封鎖，民衆的聲音和記憶都完全被壓制了。

《幌馬車之歌》的主人公鍾浩東就是在此地被處刑者之一。他一九一五年十二月十五日出生，一九五〇年十月十四日被處刑，年僅三十五歲。一九一五年是台灣最後的抗日武裝鬥爭的西來庵事件發生的那一年，而一九五〇年是東亞冷戰體制確立，朝鮮戰爭爆發的一年。雖然只是日本殖民地統治下的二十年和光復後的五年，但他短暫的生涯是整個台灣近代史的縮影。

藍博洲著手出土這些被埋藏在黑暗中的人們是從戒嚴令解除的一九八七年七月前後開始的。《幌馬車之歌》的發表僅僅是在此一年之後。雖然只是一代人之前的事，但發掘工作卻猶如考古般的艱難。要揭開隱蔽的線索，「事實上並沒有多少文字資料可尋，除了尋找歷史的見證人，進行口述採訪之外，似乎別無他法」（「**日據時期台灣學生運動**」）。

而且，遺留下來的文字大多都是當局的說詞，就民衆而言的眞實都深藏於字裡行間，有些文字只能反著理解。即便是能取得證言，那裡也充滿著戒嚴令下的恐懼。多數人已經帶著記憶離開了人世，生存下來的人也已將記憶深深的封存在內心深處，往往僅是說到犧牲者的名字他們也會顯得惶恐不已。雖然戒嚴令解除了，但多數受難者還是覺得自己處在監視之中，藍博洲甚至常常被懷疑是特務而遭疏遠。記憶已經磨損，情感也已淡漠，事實的殘片也已經分崩離散。藍博洲所作的就是把這些殘片拼接起來，再按時間進行編排，並爲它們找到文獻證據。

有的受難者要求隱瞞名字。有的要求所講的證言在發表時必須有所取捨。蕭道應便是其中之一。他是「在求死不得的狀況下」（藍博洲「蕭道應先生傳奇而悲苦的道路（一九一六年——二〇〇二年）」《蕭道應先生紀念輯》），將記憶封存才倖存下來的人。夫人黃素貞走的當然也是同樣的路。第一版中用假名鍾順和就是因爲這原因，他是諸多講述者的總稱。

在這有限的空間誕生的作品裡有作者的苦心經營。第一是敘事形式，將口述記錄與文獻資料巧妙的串聯在一起，對證言不做任何修飾地進行排列，講述者的叙述差異也原樣照錄。第二，不讓作者出現。避免作者的解釋、感情的表露乃至臆測的言辭，讓自己始終站在「一個客觀記錄歷史的人」的立場上。再有一點，就是作者的文筆駕馭。作者的藝術性、思想性與敏銳的洞察力並不在文章之中，而是通過題材的取捨、選擇、組織、構成、編輯得到充分體現。這種形式的誕生，只能說明作者對文學性與歷史性相結合的重視。這樣的作品，既尊重歷史的實事求是性，卻又不單是記錄歷史，它成功地勾畫出了那個時代的生活本質。詹宏志和周寧均認爲，即使將史實論據的照片部分除去，作爲小說也應該給予肯定的評價。

一九八九年，《幌馬車之歌》被搬上舞台和螢幕。同年十月廿四日晚，舞台劇《幌馬車之歌》由《人間》民衆劇團在台北大同區公所講堂上演。藍博洲也出演了此劇。仍然健在的蔣碧玉唱的「幌馬車之歌」響徹了整個劇場。此時正值《悲情城市》在台北首映。電影中侯孝賢、朱天心等年輕一代靜靜的唱著歌，銀幕上則再現著受難者面向刑場的畫面。進入九〇年代後，舞台劇和電影《幌馬車之歌》又變爲演唱會的形式在台灣各地公演。一九九四年，侯孝賢拍攝了《好男好女》，再次讓《幌馬車之歌》的主人公登上了銀幕。藍博洲也應邀在電影中扮演蕭道應。同時，爲了將受難者的足跡記錄下來，侯孝賢拿出《好男好女》的部分製作資金，讓藍博洲等人完成了紀錄片《我們爲什麼不歌唱》的製作。可以說，舞台劇《幌馬車之歌》和電影《悲情城市》是一對成雙的作品，爭取同時上映的《我們爲什麼不歌唱》和《好男好女》也是這樣的一對。一個是記錄史實的紀實作品，而另一個是凝縮史實的創作。

從《悲情都市》到《好男好女》以及與之成對的各個作品的對角線上都有一部作品存在，那就是一九九一年版報告文學《幌馬車之歌》。在該書的序文中，侯孝賢讚揚作者是「一旦咬住就不鬆口的牛頭犬」，同時也直率地反省道，自己是「把壓縮在《悲情城市》後半結局的時空」在《好男好女》

中「重新再做處理」，但描寫方式「其實可能是一種『閃躲』」。它表明了那一時期的發表議論的唯一可行的方向。

一九九一年，台灣迎來了二二八事件四十四周年，政府當局終於開始在議會上對犧牲者默哀，開始編纂資料、建立紀念碑以及確立紀念日等。藍博洲隨即在〈美好的世紀〉與〈幌馬車之歌〉的基礎上又增加了第一版以來四年間的調查報告，出版了報告文學集《幌馬車之歌》。並增加了珍貴的歷史照片，更突出了該書的史實性。在此他首先展示給「二二八以後出生的年輕一代」，即自己這代人，「來自民衆的二二八的歷史見證」（《沉屍・流亡・二二八》），接著把官制的歷史與民衆的歷史加以對照，從而進一步解明了從二二八事件經四六事件直至五〇年代白色恐怖這段歷史，對於說到台灣的戰後史，動輒就把目光僅僅聚焦在二二八事件的傾向提出警示。因爲他無法無視，權力紛爭者搜集散佚的瓦礫，只不過是要修補自己的論調的事實，論議從那兒進一步白熱化。

就如在〈誰的「幌馬車之歌」〉中也指出，「時空」問題發展成左右二二八事件的評價問題，從而成爲有關台灣人的身份認同問題的討論，並使這一討論延續至今。讓我們看到了《幌馬車之歌》繼續增補修訂出版的現實意義。但是藍博洲並未參與這樣的討論。第一版發表以來，面對各種各樣的批評，他從未發表任何辯解、反駁意見。他只是將事實擺放出來把判斷的權力交給了讀者。他認爲與其參與沒有論據、毫無結果的空論不如挖掘可以成爲論據的史實。他考慮的是，如果能從歷史中吸取教訓，「讓歷史不再有禁忌，讓人民不再有悲情」才是當務之急。

侯孝賢也是有著同樣想法的人之一。他在未經過台灣當局審查的情況下，即帶著作品參加了威尼斯電影節，就是爲了迴避調查局的壓力。「壓縮時空」難道眞的僅是他的「無知」嗎?就當時的狀況來看，若非由於獲得金獅獎而引發的國際輿論支持，把作品無剪輯的在台灣放映恐怕是很難吧。在條件具備時，他便在《好男好女》中將時空「重新再做處理」，並在此基礎上，將問題進一步展開，描寫了生活在現代的青年與受難者的情感交流。此後，藍博洲也在《藤纏樹》中以此作爲了其作品的主題。作品中出現的主人公的心情和他們二人的心情是重疊在一起的。他們二人認爲，如果不能將受難者埋葬在人們的心中，就等於讓他們再一次經歷死亡。

蕭道應於二〇〇二年九月廿五日逝世，享年八十七歲。在他的遺族等待《蕭道應先生紀念輯》（二〇〇三年一月）出版的時候，藍博洲開始著手他的再版。從第一版到再版，他的發掘工作，從地理上看，擴展到包括大陸、日本、朝鮮在內的整個東亞，從歷史上看，一直追溯到「台灣割讓」之前。一九九〇年春，他首次赴北京訪問了逃亡大陸的受難者，而後偕同蔣碧玉尋找當年寄養的長子直至東江。再後來，又數次往還大陸全力搜集資料和證言。與此同時，他幾乎走遍了台灣的各個角落，深入到民衆中去搜集口述記錄。在此基礎上他又表現出對積攢的證言與資料的非凡駕馭能力，將再版從第一版的三萬餘字增爲六萬餘字，從四個篇章擴展爲八個篇章，使原來講述者從四名增加到三十九名，而且這次全部使用了眞名，並對史料和證言均標明了出處，附加了註釋、欄目、相關年表。充分證實了「凡記下的就存在」這一事實，也對一直以來「《幌馬車之歌》到底是小說還是歷史」的爭論予以了回答。

在全書的最後，作者再次以「淸楚地知道自己究竟在歷史的長河當中所站的時空位置」，「前人的歷史才能夠起到殷鑒作用」，呼籲讀者「通過我們的共同努力，避免重演」，「民族內戰下所產生的歷史悲劇」，並以此爲他的旅程畫上了一個休止符。

又一個發掘

藍博洲的發掘是多方面的。關於四六事件，有《天未亮》、《麥浪歌詠隊》兩册；關於女性受難者有《台灣好女人》；關於客家受難者有《紅色客家人》和《紅色客家庄》；關於作家有《消失在歷史迷霧中的作家身影》；關於醫生有《消失的台灣醫界良心》。其他還有屬於地方史的數册、關於殖民地時代學生運動的《日據時期台灣學生運動》等。其中大多都是以五〇年代白色恐怖爲題，但無一不是從殖民地時代說起的。

編集工作應該是他發掘作業中的重要一環。林書揚是接受監禁長達三十四年零七個月的兩名政治犯中的一個。蘇新在二二八事件中逃難大陸。葉榮鐘是留在台灣從殖民地時代到戰後的動蕩時期一直注視著台灣狀況的人。林書揚出獄伊始就部分地翻譯了《台灣總督府警務局沿革誌》，試圖探究扭曲台灣社會的根源。三個人三種不同的著作和翻譯的編集是由親身經歷過那個時代的他們和下一代青年們共同進行的。此後還有《張我軍全集》（張光正編，台海出版社，二〇〇〇年八月），《故鄉的雲雀崗》（張克輝（張有義）編，人間出版社，二〇〇一年十一月）《近觀張我軍》（張光正編，台海出版社，二〇〇二年二月），《宋斐如文集》全五卷（楊益群編，台海出版社，二〇〇五年十月）等。

其中匯總了有關作家資訊的一冊最引人注目。第一版包括有宋非我、簡國賢、呂赫若、雷石榆、藍明谷、吳濁流等人，《文集》中又增添了楊逵和范泉二人。

在馬場町刑場被處刑的作家，除此之外還有徐瓊二（本名徐淵琛）、小說家朱點人、詩人李張瑞、劇作家周文和、小說家林秋興、文學青年籟亮（本名賴義傳）、木刻版畫家黃榮燦、詩人吳乃光（林基）等人。在一九四八年二月遭到慘殺的許壽裳，〈橋〉的編輯者歌雷、評論家的姚勇來、樓憲、周夢江、王思翔、鄭天宇、揚風（楊靜風）、文學青年孫達人、小說家歐坦生、詩人羅鐵鷹、木刻版畫家吳忠翰、小說家夢周、戲劇家陳大禹也都是白色恐怖的受害者。此外，對被認爲是筆名的台灣新文學再建的奠基人歐陽明（巴特）的情況至今仍然不清。但僅從上述人員的構成也不難看出，當時的台灣籍作家和大陸來台作家是並肩致力於台灣文學再建的。

光復期（一九四五年—一九五〇年）正是台灣文學從皇民化文學向戰後文學的轉型期，在此期間，台灣文學經歷了從對過去的「清算與自我批判」爲出發點，與隨抗日戰爭成長起來的抗戰文藝相遇，到建立新文學的摸索過程。這種摸索從「停滯」（楊逵），到陷入「睡眠狀態」（蘇新），經過夾在其間的二二八事件後的「緘默」（廖毓文）和隨後「展開的台灣文藝運動」論戰，再到一九四八年三月，「緘默」終於迎來了以《新生報》的副刊〈橋〉爲中心展開的「台灣新文學運動爭論」（楊逵）。

這次「爭論」正處在三〇年代和七〇年代的「鄉土文學論戰」之間，如今它已被看作是四〇年代後期的一次「鄉土文學爭論」，並認識到這三次「爭論」猶如三口泉水，其地下水脈是相通的。但其文藝活動的全貌至今依然猶在「霧」中。台灣文學史似乎一直是在將這些具有決定意義的歷史空白中議論至今。

目前，正從兩個側面對這一時期進行發掘。其一就是從歷史的現場採集文學者的言行。再一就是搜集作品，從作品看他們是怎樣表現那個時代的。藍博洲在這方面始終起著先導作用。

但是，作品不僅僅限於台灣島內，在上海、廈門、福州、香港等地也均有散佚，再加上未發表的原稿，搜集的困難之鉅是可以想見的。作家們的足跡也和這個範圍相重疊，我們也可以窺見，這個論爭也存在著與華南方言文學運動以及以香港爲中心進行的「實在的故事」運動的關聯性和同根性。

然而，新的爭論的出現，給發掘工作帶來了更多障礙。強烈的「台灣意識」，主張把這一時期的「爭論」置於討論之外，認爲只有二二八事件過後的「緘默」才有討論的價值，並急功近利地從中提取所謂「台灣意識」。一些研究者和評論家自然對作品的搜集失去熱情，使原本能夠直率地看到「事實眞相」的目光變得模糊了起來。其中有人將「爭論」看作是「新統治者」的「強制」所致，也有的人認爲它是「社會主義文藝」。這些人的「台灣意識」和藍博洲「立足」台灣，從這裡獲得看台灣、看中國、看世界之自由的主張似乎有所不同。我把作品的搜集成果按時間順序列舉如下。希望人們能注意到，雖然在一九八四年就出土了部份的副刊〈橋〉，十五年後的一九九九年迄今的新發展顯示出其作爲研究基石的重要資料地位。

《文學界》第十集（《新生報》副刊〈橋〉特集） 一九八四年五月
《二二八台灣小說選》林雙不編 自立晚報文化出版社 一九八九年二月
《呂赫若小說全集》林至潔編 聯合文學出版社 一九九五年七月
《楊逵全集》全十四卷 國立文化資產保存研究中心 一九九八年六月—二〇〇一年十二月
《一九四七年—一九四九年台灣文學問題論議集》陳映真等編 人間出版社 一九九九年九月
《遙念台灣》范泉 人間出版社 二〇〇〇年二月
《歐坦生作品集》歐坦生 人間出版社 二〇〇〇年九月
《無語的春天——二二八小說選》許俊雅編 二〇〇三年九月

《新二二八史像——最新出土事件小說、詩、報導、評論》曾健民編　台灣社會科學出版社　二〇〇三年三月

《文學二二八》曾健民 藍博洲 橫地剛編　台灣社會科學出版社　二〇〇四年四月

《一九四五：光復新聲——台灣光復詩文集》曾健民編著　印刻出版　二〇〇五年十一月

讓我們再回到《幌馬車之歌》。其實換一個角度，它也可以稱作是作家鍾理和的精神史。藍博洲在每個篇章的開頭都錄有鍾理和的著作或日記，並由此將故事展開。反過來說，各篇章中的證言正是對其著作或日記所記事實的解讀。尾聲用的也是鍾理和自己的話。出場的講述者基本上都是他的親族、同鄉友人。在北京認識的藍明谷即是其中之一，楊逵、呂赫若等人也在他們身邊留下了身影。病床上的鍾理和時刻關注著兄長們的命運，並把不能和他們一起行動的苦惱和悲哀變成了文學。《幌馬車之歌》是對歸納於弟弟鍾理和的「靜」中的兄長鍾浩東的「動」的發掘和史詩化。鍾理和的文學正是這種「動」與「靜」的結合的產物。它繼承了台灣文學的反抗性傳統。兄長是弟弟的知音，毫無疑問，弟弟也是兄長最好的理解者。

七〇年代「鄉土文學論戰」後，鍾理和被人們稱爲是「台灣鄉土文學之父」，作爲其下一代的藍博洲通過他對五〇年代白色恐怖的探究，爲我們解讀了鍾理和建造的「鄉土」文學的精髓。他也以此

爲線索找到了四〇年代後期發掘「鄉土文學論戰」的突破口。

作者的質問

藍博洲在台灣首次開創了紀實文學和民衆史這兩個體裁。《幌馬車之歌》應該是他邁出第一步的紀念之作。該書探究了五〇年代白色恐怖的眞相，並以此爲線索讓我們看到了他對鍾理和文學的解讀。這一視角將迫使人們不得不重新審視台灣史及整個台灣文學史，就日本讀者來說，也不得不重新思考日本在亞洲的存在方式。

翻閱藍博洲的著作，可以發現，被遮蔽的五〇年代白色恐怖，其黑暗處的底流與日本殖民地統治是直接相聯的。那裡仍然是黑暗，而那裡的黑暗又是與日本的黑暗相連接的。明治維新以來，日本以台灣爲踏板的現代化形象，或者，用台灣這個鏡子照出其身姿也並不是一件難事。然而，藍博洲所挖掘的黑暗並未在日本這面鏡子上映照出來。在日本葬送的黑暗似乎也未在台灣這面鏡子上映照出來。日本的現代化所葬送的黑暗呑噬了殖民統治的黑暗。在「琉球處分」中被編入日本國的沖繩民衆被驅使作爲統治台灣的先兵、日本自由民權運動失敗後的志士和普通民衆被強制驅使作爲「生蕃征伐」兵或警察，還有，板垣退助（一八三七—一九一九）在自由民權運動敗退後，不是也把這些人帶到台灣去組織「同化會」嗎？所有這些葬送於日本社會的黑暗的人們不是轉而巡遊於黑暗，並築構了台灣的黑暗嗎？

福岡有一位叫夢野久作的地方作家。他曾仔細地關照日本和日本人對亞洲採取模稜兩可的態度——即侵略與親善——所造成的相克的悲劇，這樣寫道：

黑暗中有黑暗
還有黑暗
黑暗的核心
熱血在滴落

（《熱血在滴落》「獵奇」一九三〇年五月初出）

在同一時期，他還發表了〈近世快人傳〉（《新青年》一九三五年六—七月），其中談到「黑暗中的黑暗」。它是一本關於奈良原至（到）的傳記。沒有趕上明治維新的快車的這位早期玄洋社（註）指導者之一，曾爲自由民主運動而奔走，爲憲政游說直到北陸。不知到底經歷了怎樣的過程，在甲午日清戰爭後他成了台灣巡查。

去征伐生蕃之時，把大量活捉的生蕃像念珠般綁縛起來，在帶他們跨越一座座山峰的途中，常常覺得麻煩便半路將他們殺死。雖然再沒有像那時那樣砍過那麼多人頭，但我的刀從未磨過一次始終是那麼鋒利。

所謂生蕃，據學者說，是日本人的先祖，我想也是這樣吧。生蕃是先祖這並不是恥辱，相反把他們說成日本人的祖先倒是覺得有點兒對不起他們這幫了不起的傢伙。那些傢伙，就連女人和孩子都知道戰爭失敗的時候就理應去死。所以如果被活捉就會橫眉冷對無任何道理可講。他們好像根本不知道舉白旗投降這些西洋式的武士道邏輯，直到咽氣都會跟你打下去。為了不讓他們反抗，把他們捆綁起來再像念珠般地拴在一起帶走，是日本人的聰明。因為把他們斬首後帶走會很重，所以才這樣做。有人說，我們是被用於人伕搬運自己頭顱的……，這確實讓我感到可恥。途中到了望見谷底的地方，最前面人露出他的白牙冷笑著，用一幅「還不動手嗎？」的表情瞥你，我真是不敢正視。這樣的傢伙，不管怎樣救他也沒有歸順的。為了節省總督府的開支，我從頭到尾一個一個地都把他們殺死了。今天，把他們說成日本人的祖先，是不是有點太過偉大了。哈哈哈

回到日本後，奈良原離開了玄洋社的主流，開始過一種清貧的生活。長男牛之助離開了日本移居

美國。

從甲午日清戰爭算起已過去了一個世紀，也出現了一些肯定的評價五十年的日本殖民統治歷史的人，他們說「是像怒濤般洶湧的現代化過程，也是台灣等身大的民族意識萌芽、成熟的時代」。他們難道沒有回到能夠聽到奈良原至（到）喪失去處時悲嚎的地方而檢討歷史嗎？他們似乎與萝野的苦惱，或與日本民衆的苦惱都無緣。藍博洲以及台灣的每個人此後都會不停地揭露台灣的黑暗吧。我們也應該向他們學習，把視角回溯到「台灣出兵」，去尋訪那些在日本的現代化過程中被葬送於黑暗的民衆。在此或可以再次發現「亞洲中的日本」吧！

最後的話

上周，在北京見到了藍博洲，他是和阿拉伯諸國的作家一起北上至此。他沒去參加晚上的會議，來和我見面，看上去很有精神。我直率地向他提到關於本文部分和年表不吻合問題。他說雖然知道錯了，但因爲是「口述」所以未隨意修改，而且他們都已經去世，也不能再去核實了。這句話解決了我的重要問題，便開始閒談，他突然問我：「是否讀了大江健三郎的新作？」「還沒有……」未等我說完，他便說「那是晚年的魯迅的心境」。當我還在驚訝這麼早台灣就有了《再見，我的書！》的譯本時，話題已轉向了幾天前新出版的二〇〇五年版《魯迅全集》。

本稿完成後，我翻閱了博洲推薦的大江的書。讓我驚訝的是，書的最後的三行引用的是T・S艾略特的《東・科克》中的「老年人應該是探索者／此地或彼地無關大局／我們必須靜靜地開始活動」。這是「在我的開始中有我的結束」和「在我的結束中有我的開始」之間的三行。我似乎不具備詮釋大江和魯迅共性的能力和時間。但其中傳達著從今開始還會繼續寫下去這一個訊息恐怕不會有錯吧。藍博洲不是老人，雖然他一直以來都寫著關於老人的事，可能是他想告訴我們他要代替他們繼續寫下去吧。

「藍博洲之旅」還在繼續。我們待望著那些當局秘藏的資料和散落大陸的資料，公開之日早日到來。《幌馬車之歌》那時肯定還會再一次被增訂。已然脫離「如何統一『內容與形式』的矛盾狀態」的藍博洲開始創作。他將朝向何方，作為讀者之一，我將滿懷期待地關注著。

本書是由間ふさ子、塩森由岐子、妹尾加代三人分別負責不同的證言者進行翻譯的，並將註釋、專欄、解說詞及相關年表進行了整理。序文和附錄的評論由間和筆者分擔翻譯。雖然相互作過校對，但錯訛仍然在所難免，我們誠懇地期待讀者的指正。

最後，由衷感謝菊池信義氏為本書的漂亮裝幀和草風館內川千裕社長給予我們出版的機會。由衷感謝為我們寫作序言的陳映眞先生、幫我們補充史料並給予大力支持的曾健民先生、作者藍博洲及夫人林靈。

這部作品中的大多數證言者都已去世。主人公之一的黃素貞也於今年九月去世。筆者僅有緣曾與暢言的吳克泰先生也於二〇〇四年三月去世。我想謹以此日文版奉祭其靈前，相信作者藍博洲一定會同意吧。

二〇〇五年十二月十五日 完稿

註：玄洋社：一八八一年成立於福岡的日本右翼團體，主要成員為頭山滿（一八五五—一九四四）等明治維新後的不滿士族，標榜天皇主義、國權主義、民權主義，與軍部、財閥、官僚勾結，對內迫害進步力量，對外配合政府的侵略政策，進行恐怖活動。中日甲午戰爭前，派遣爪牙進入朝鮮；日俄戰爭前，主張對俄持強硬政策。後來的日本右翼團體如黑龍會、浪人會等都屬於這個系統。一九四六年被解散。

（曾健民 校譯）

作為《幌馬車之歌》的譯者之一

間ふさ子 著

《幌馬車之歌》是一部不可思議的作品。雖說是一奇妙的譬喻，我覺得《幌馬車之歌》就彷佛是一幅由七巧拼圖所構成的畫卷。乍見之下，如同殘篇斷簡，但卻是由衆多不可或缺的證言所組合而成；在閱讀過程中，鍾浩東這一人物的生涯，便於二十世紀的台灣、中國、日本這一塊畫布上徐緩再現。

書中的主人翁——鍾浩東並未開口說話；而只是被他人所傳述。在故事接近尾聲時，作者將鍾浩東行刑前寫給妻子的集結遺書展現在讀者面前，此即鍾浩東唯一的「肉聲原音」。而這一肉聲原音，瞬間遂將作者行文至此，鑲嵌合成的證言畫卷立體化了。這就是我對該書的印象。即便是將鍾浩東視爲「共匪」而予以判刑的執政當局方面的記述，亦不例外；這些記述不僅深化了鍾浩東這一人物形象，同時也刻畫出其所生存的時代和地域的殘酷現實。而與鍾浩東之肉聲原音同樣重要的，則是其異母胞弟——作家鍾理和的文章。鍾理和壓抑克制的「沉靜」筆調，完美地見證了其兄之「動」。

可謂事出偶然，該書的翻譯作業恰巧是在二次大戰後六十周年時開始進行。翻譯者之一的塩森由岐子曾經說道：「我們對戰爭一無所知，然年已至此，卻仍對此『一無所知』無動於衷，是為羞恥。」從事《幌馬車之歌》的翻譯作業，可以說，正是在恥於「一無所知」的心境中，一面拚命地搜集、閱讀相關資料，查證事實，想像衆多登場人物們的心境；一面重新認識作為一個日本人的，吾人自身之過往和將來。

友人之中，亦有人說道：「從未生存於戰爭時代的我們，對當時的人們說東道西的，實在狂妄冒昧。」當然，或許就如友人所說的也說不定；但不就是因為如此，所以我們身上同時也擔負著：應該設法理解當時人們的心境，並將之傳承給年輕世代的責任嗎？

何況在我們的心靈地圖上，並非只有日本，我們還必須畫上台灣、中國、朝鮮半島、東南亞等地。而唯有立足於先人的犧牲上，共享和平時代的我們，方有可能具備此種廣闊的地理視野。如果我們會被為守護祖國和家族而出擊的特攻隊員的心情所感動，那麼，我們理應不難理解「敵」方陣營中，亦有抱持相同心情趕赴戰場的人們。當時，處於日本和中國的夾縫之間的台灣人，作為被支配者是如何生存於殖民地上，我個人以為：我們必須以自己的眞心去觀察、感受。

若說我們笨拙的翻譯作業有著什麼意義的話，那應該就是我們盡力將藍博洲這位卓越且具個人特色的作家介紹給日本讀者，使日本讀者能以日文來閱讀鍾浩東這位值得敬畏的人物的人生故事。對一位翻譯者而言，通過翻譯，讓我再次真正感受到；學習中文就是學習中國的文化和歷史，同時也是學習自己的文化和歷史，這個基本中的基本事實。對一位翻譯者而言，這是一個無可取代的修煉場域。在此，謹對賦予吾等此千載難逢之機會的原著作者——藍博洲，以及其他相關人士，致上由衷之謝意。同時，祈願日本讀者，務必閱讀這位迄今日本從未介紹過的台灣人的一種典型——鍾浩東的故事。

（曾健民 校譯）

台灣左派的系譜

——關於藍博洲的《幌馬車之歌》

松永正義 著

李鳳新 譯

在《幌馬車之歌》一開始，就是書中主人翁鍾浩東在槍殺處刑前被點名的場面。鍾浩東從容地與獄中同伴們握手，一邊唱著日本歌曲「幌馬車之歌」走出押房。「於是，伴隨著校長行走時的腳鏈拖地聲，押房裡也響起了由輕聲而逐漸宏亮的大合唱……。」

這個場景，讓人想起陳映眞的小說《趙南棟》（《前夜》雜誌從第3號起斷續地翻譯連載中）的另一個場面來。那是與鍾浩東一樣，在五〇年前後的白色恐怖中被捕的共產黨領導，行刑前被點名的場面。他用日語跟獄中同伴說：「おーい、行ってくるぞ！」（喂！我走啦！）一說完，就心情開朗地打過招呼走了出去。然後，更從外頭傳來他驚喜的叫聲。「おーい、月が出てくるぞ！」（喂！月亮出來囉！）

這個場景，又讓人想起夢野久作所描寫武部小四郎死刑的場面來。（夢野久作《近世快人傳》，見《夢野久作全集》11，筑摩文庫。）武部小四郎因爲響應西南戰爭而被逮捕，在行刑當天早晨，他朝向也被抓進來的奈良原等人的監房高呼。「行くぞオオーーオオオー！」（我走囉——！）這是玄洋社的原點。追求變革的雄心壯志，彷彿超越了時空和意識形態而共鳴回響。

在台灣近代史上，和大陸的變革運動合流的相關連動向可分爲三個時期。第一期，是受到五四運動以來直到國民革命等動向的刺激，而形成抗日政治運動的二〇年代；第二期，在國共內戰時的四〇年代後半期，有一些將台灣前途寄望在共產黨的解放中。第三期，則是由左派推動的民主化運動形成的七〇年代。不過這七〇年代，或許很難說是與大陸革命「合流」吧。

在七〇年代開始的台灣民主化運動，是以左派的知識份子的言論活動爲開端，漸漸與獨立派色彩強烈的地方政治人物結合，而成爲帶有具體性的政治運動。然而，這個時期的主要對立軸是國民黨／反國民黨，雖然一方面也內含了所謂統／獨，或者左／右的對立軸，但似乎不論哪一方都沒有因此而內斂到各自的對立軸中。一九七九年的「美麗島事件」之後，情況整個改觀，獨立的論調一躍跳到民主化運動舞台的前端。儘管如此，不容忽視的是左派知識份子在這之前的階段的思想和行動，而在此背景下的這些知識份子，他們對共產主義的理解在根底上是來自中國共產黨、或者說是來自中國革命與文化大革命的衝擊。

本書《幌馬車之歌》所描述的是三個時期中的第二期。主人翁鍾浩東，是台灣代表性作家之一鍾理和的同年異母兄長。他從台北高校轉到明治大學的那段期間開始，就抱定渡海到大陸從事抗日運動的志向，於一九四○年與妻子及三個好友商議後前往大陸，卻被疑為漢奸而遭逮捕，隨後經歷與出生不久的兒子生離之痛，來到丘念台的身邊從事抗日運動。他在日本戰敗後回到台灣，一方面擔任基隆中學的校長，一方面從事共產黨的地下組織活動，以發行地下刊物《光明報》的罪行遭到逮捕，一九五○年被處死刑。

本書依據大量的口述記錄和史料，而重新建構鍾浩東生涯的內容。完全沒有添任何一筆作者的說明，而只是藉由像黏貼的方式安排口述證言記錄和殘缺的資料編排，透過宛如朗讀對話劇般的手法，讓那個從中日戰爭到白色恐怖的時代，以及活在當時的一個青年身影從行文脈絡中浮現出來。此處顯現的形象，或許不能說是大多數，但的的確確是典型台灣青年的面貌。

而在七○年代，繼承了一九五○年前後青年們的志業就是，七○年代左派知識份子代表的作家陳映眞。當八○年代「台灣民族主義」盛行時，陳映眞以《趙南棟》為首的幾篇小說，開始嘗試將台灣戰後史裡的左派脈絡挖掘出來。陳映眞這樣的小說背景，緣於他自己本身因組織左派集團被羅織入罪，在獄中結識了五○年代前後被逮捕的左派政治犯，因而親身體驗到台灣的歷史。

而且，陳映眞在八○年代為了挖掘台灣歷史和認識社會問題等目的，自費發行了以攝影照片為主體的報導雜誌《人間》。本書作者藍博洲，就是《人間》所培養出來的作家，本書最初發表也是在該雜誌刊載的。之後，藍博洲以無比的精力持續地挖掘五〇年代前後的共產主義運動史，關於他的重要性，本書（日文版）橫地剛已有詳細的解說，在此不贅。

關於台灣戰後史，雖然一般都將二二八事件當作焦點，作爲台灣意識的形成來論述，但是二二八事件以後，並非就不再有抵抗運動，倒不如說，開始具有明確的共產主義運動的形態。當時發生在大陸的反內戰、反饑餓等學生運動風潮，也如實地波及台灣，而造成四九年強力鎮壓學生運動之「四六事件」的發生。在中國考古學研究方面相當有名的張光直，也在高中時代因此事件而經歷被捕的經驗。以這本書和陳映眞的小說爲底本的侯孝賢導演的《悲情城市》也一樣，儘管表面上是描繪二二八事件，但實際上，電影同時也從側面間接勾勒出五〇年代前後的共產主義運動。

包括解說者橫地剛在內，本書（日文版）的譯者們，在玄洋社發跡之地的福岡，以中文教室作爲他們持續活動的據點，他們自費出版了許多大陸和台灣的小說，並且舉辦亞洲電影的放映會，邀請陳映眞、藍博洲等人演講等等，皆是全心盡力從事活動的一群人。本書的翻譯在他們手中完成，讓人感覺到，可以比擬前文所提過的壯志共鳴的成就。

（作者為日本一橋大學教授）

（曾健民、陳映真 校譯）

本文刊載於《中國圖書》第十八卷五月號（二〇〇六年五月）

日本殖民地統治的原點

——來自台灣的批判性質問

前田年昭 著
李鳳新 譯

「台灣電影史上燦爛輝煌的最佳傑作《悲情城市》的原作」——這是本書書帶上的文字說明。「這是誕生於殖民地台灣的年輕人的愛的故事。同時也是他們反對殖民主義、尋找祖國的故事。」——這是作者藍博洲「爲日文版而寫」的序文。這樣的導言內容讓人易於親近，然而伴隨著更深入的閱讀，讀者就會踢到「活生生的話語的鐵板」。在充斥著盡是一些只會逢迎、善於說應酬好話的今天，像這樣的閱讀體驗誠屬難能可貴。

在日本的殖民地統治當中，台灣是被統治得最久的地方，長達五十一年。一八九五年日本由於甲午戰爭而占領了台灣，蘆溝橋事變後更演變成全面性的侵略戰爭。對此，中國人民既對無能作戰而屈辱的統治者進行革命，同時也要進行慘烈的對日抵抗戰爭，一九四五年終於打敗了日本。本書的主人翁，台灣的青年們也渡海到大陸加入抗日戰爭。新中國的崛起使美國恐慌，而在東亞發動了席捲狂飆的「反共」風暴。一九四七年在台灣發生反政府暴動（二二八起義），朝鮮於一九四八年釀成濟州島民衆起義，在這兩個事件中許多人被肅淸虐殺而鎭壓下去。一九五〇年六月韓戰爆發。前一年剛建國的新中國，並沒有爲解放台灣的「國家利益」行動，反而貫徹高舉抗美援朝的聲明加入韓戰的國際主義。而台灣當時正颳起白色恐怖的風暴，鍾浩東等幾位本書中的主角人物被處刑時，正是開戰後的十月份。

本書作者出生在泥水工的家庭，在從事送報、建築等等勞力工作中接觸到文學，開始挖掘採訪二二八事件和五〇年代的白色恐怖，而認識到作家鍾理和的兄長鍾浩東的生涯故事。經過一年多的採訪之後，於一九八八年（是台灣解除了世界上最長期的戒嚴令的翌年）發表這本書。

與大多數的報導記述有別，作者採取了只由證言本身編組成篇的表達手法，結果採訪證言本身不待誇大渲染，就足以充分傳達出當時青年們胸懷民族和祖國的純粹的心志。他們並非做爲一個共產主義者，而是以做爲一個民族主義者出發，即使是在日本殖民地的台灣，他們仍然堅守自己是中國人的認同意識，稱日本人爲日本人，而絕不說是「內地人」。此外，證言中提到，殖民時代被強迫學日語，到了光復初期每個人都只會說日語，這些證言使人們再度認識到，就像台灣問題只用「民族自決」的一般論是無法解決那樣，日本的殖民統治實在過長、而且過於殘酷。

作者本身提到「《幌馬車之歌》既是歷史，也是具小說形式的非虛構的文學作品……，以具有理想主義的歷史與人物爲素材的報告文學。」包括與電影《悲情城市》的關聯在內，本書以三篇附錄、兩篇跋文及後記與解說來說明。作者經過多次反覆採訪而在二〇〇四年出版了增訂版，正是今天日文版的底本。作者在民主化絕非「勝利」、和不可或忘前人心志的信念下，發掘歷史眞相的作爲，是向「強者勝、勝者正」的正史所作的持續抵抗。

本書以歷史的事實爲根據，與今日日本一部份帶有危險性的台灣論調（如所謂「台灣的現代化是受日本殖民統治之恩惠所賜」之類）的主張對峙。本書挑起了許多問題，譬如：「對日本而言，到底台灣曾經是／以及現在是怎麼樣的存在？」以及「日本要如何認識對台灣的殖民統治問題？」等等，這是一本相當優秀的紀錄文學。

（曾健民、陳映真 校譯）

本文刊載於《讀書人》周刊，二〇〇六年四月二十一日

奪回「歷史」的工作
——《幌馬車之歌》書評

丸川哲史 著
李鳳新 譯

《幌馬車之歌》是台灣國際級電影導演侯孝賢拍攝的《悲情城市》、《好男好女》的原作，一部寫實而又具有震撼力的報導文學。藍博洲是戰後出生的台灣客家人，他持續以報導文學手法，加上近年以小說方式去呈現席捲台灣現代史的政治受難的歷史，在這方面可算是首屈一指的作家。這本書圍繞著以鍾浩東爲中心人物的揷話式的故事而成；當中日戰爭最激烈時，鍾浩東爲抗日而赴大陸，並於戰後返台欲盡全力建設台灣之際，卻在國民黨政權的白色恐怖肅清中倒下。全書就根據鍾浩東其妻（蔣碧玉）和他家人等的口述證言與訪談記錄爲內容而構成。

台灣的現代史，一方面因經歷殖民地統治而不得不與日本產生千絲萬縷的關係，另一方面，也和中國大陸的革命或戰爭（內戰）有密切的關係。然而，這兩個向度卻往往以截然不同的事物被表象出來。即便是單純地考量也知道，譬如：有許多經歷過日本殖民統治和戰後國民黨統治兩個時期的人們，也有許多在台灣和中國大陸之間來來往往的人們，但是，像這樣錯綜複雜的歷史情節，在戰後的日本好像都沒有加以介紹。

而本書所揭示的，就在這一部份。一九四九年撤退到台灣的國民黨政權，爲了鞏固其獨裁體制，用所謂白色恐怖肅清了許多的反抗份子。那些在戰後將反抗殖民統治的精神埋藏在內心的知識份子、在中國大陸革命進展中被震撼波及的知識份子的殞落，造成了台灣有形無形文化的斷絕與荒蕪，其創傷遠超過單純的政治鎮壓的層次。藍博洲鍥而不捨地投入這個歷史空白的調研工作。舉例來說，鍾浩東在赴死之際爲什麼唱殖民時代流行的「幌馬車之歌」？其中蘊涵了並非對日本時代鄉愁的另一種情感在內，他在書中將這一事實一一闡明開來。在藍博洲這樣經年累月爲追求復原歷史眞貌，所投入的熱情和毅力中，我彷彿看見了現在日本的歷史學所失落的什麼。

（作者為日本明治大學講師）

（曾健民、陳映真 校譯）

本文刊載於《西日本新聞》「讀書館」，二〇〇六年四月二日

鏡子中的國度的記憶

——藍博洲《幌馬車之歌》書評

濱村篤 著
李鳳新 譯

台灣人講慎終追遠，因此，人死後，就會挑選諸如視野遼闊的山坡面、向陽的好地方來作爲埋葬死者的墓地。位於台北市西南方的六張犁墓，也是像這類往山坡面擴展開來的廣大墓地之一。在這塊墓地中，有許多供著代代祖先相當氣派的墓碑，沿著與之並鄰一旁的小坡道爬到最頂端，立著寫有「公墓」二字的大理石標誌，這大概是政府蓋的。這個標誌恰好就像山嶺的頂端，往前繼續走，之前採光良好甚至感覺暖和的墓地氣氛，突然一轉，變成長著茂密的竹林和樹叢的下坡路，陰暗而且濕氣很重。下坡路段雖然到處都只是很小的墓石，有的已經傾斜，有的甚至都已整個倒塌散落在地，而這些正是在一九五〇年代的戒嚴令下，在台灣遭到當時國民黨政權白色恐怖中喪命的受難者的墓碑。幾年前，成立了眞相調查委員會，在此處進行了大規模調查其結果，聽說在台灣社會造成轟動。照理說是這樣，可是現在不僅沒有人踪，亂成一堆的墓碑也保持原狀。守護墓碑的，只有蔓延到讓人無法靠近墓碑的雜草叢和大群蚊子而已。到了日正當中往更陰暗的坡道往上爬，然後再朝有陽光的下坡道，走過一段路，一旦走到視野不錯的地方，則台北市的街景就可以一覽無遺。現在，台北的街道，像在鏡子中的鏡子裡增生繁殖自己的新面孔，日復一日地更新面貌。具歷史感的老房子都被一一拆掉，蓋起嶄新的高樓大廈，風景一年一年地被美化。看著白色恐怖受難者荒廢的墓碑，與目前年年改變容貌中的台北街景對照，其強烈對比，不由得讓人思索，在台灣這個地方到底是不是只顧眼前，其他都不管了？在這個地方，是否已經根本就沒有可稱爲「歷史意識」的東西？

台灣之所以會被認爲沒有「歷史意識」，有幾個因素。例如，在人口構成上，由更早就住在台灣屬於漢民族的本省人、國共內戰戰敗後從大陸到台灣的外省人、客家人以及台灣原住民族所構成的這個複合式的「國民」因素是其一；再者，至今仍公開以南京爲首都，而不具實體之「中華民國」這個「國家」所具有的虛構性是其二。主要由於上述的幾個因素，使得台灣這個政權在現狀下要以所謂「國民國家」來描繪其外觀輪廓就備感困難了。然而，台灣之所以讓人覺得似乎沒有「歷史意識」，其最大因素，恐怕與上述要素的記憶有關。日本對台灣的殖民地統治。接著日本戰敗後不過幾年就頒布了持續四十年之久的戒嚴令。在這樣的戒嚴令下，圍繞在由國家權力行使的白色恐怖和緊扣著這個大整肅的記憶，以及抹殺——記取日本殖民地時代記憶等等這些糾纏不清的因素，就是形成台灣獨特歷史過程的由來。

所謂記憶，其實是既麻煩又很難駕馭驅使的東西。記憶，並不是指以文字寫下的東西而已，也不只是照片或影像等攝影的東西。換言之，記憶並非只是依靠客觀記錄的內容，而是跟活生生地活在當下的人們的生活、思考、情感有關，也就是說，記憶絕大部分是依憑著每個人的主觀性。因此，要是考量到台灣獨特記憶所牽連的要素的話，單單是說記憶，當日本人在日本談記憶時，與台灣人在台灣談記憶時，兩者之間顯然是存在著相當大的隔閡與差距。即使有心要重新建構過去，然而實際發生過的事件記錄和記憶被一再抹殺，原本在台灣就是常有的事。在這樣的前提下，就算是能夠挖掘出從前發生過的事件記錄和記憶，不過，如果想要讓這些再現於活生生地活在當下的台灣人們之中，那麼應該就需要更進一步的策略與工夫了。原因無他，因爲所謂「歷史意識」的不在，並非歷史本身之不在。

藍博洲的《幌馬車之歌》，作爲一本讓人有機會思考台灣與記憶方面問題的書籍，是很適當的入門書。作者藍博洲，是一九六〇年出生在台灣西部苗栗的勞動者家庭的客家人。《幌馬車之歌》這本書，是以一九五〇年代白色恐怖受難者之一的鍾浩東爲題材的「報告文學」。作者藍博洲在那個時代尚未出生，也不與白色恐怖的受難者屬於同年代，而是屬於年輕世代的文學工作者。因此可以說，這是活在年輕世代的藍博洲企圖將台灣實際發生過的事件記憶傳達給更年輕世代的書。從簡歷上看，藍博洲很早就立定文學志向，讓人感興趣的一點是，當初他寫的是虛構的小說。相對上很早的時期，藍博洲就積極地參與社會運動，同時由小說的筆換成非虛構的紀實創作之筆。這或許就因爲，在「國家」本身就帶著虛構性的台灣，要著手思考台灣社會，他憂懼一旦選擇小說這個虛構的手法，現實感恐不免蕩然無存之故吧。就這樣，藍博洲的「報告文學」《幌馬車之歌》，在長達四十年的戒嚴令解除的一九八七年的隔年，於一九八八年旋即發表在《人間》雜誌上。當時寫歷史的作業過程並不容易。當時在寫作上藍博洲所面臨到的障礙，橫地剛有這樣的描寫：

「國民黨政府在二二八事件之後頒布戒嚴令，不用說，不只二二八事件和白色恐怖，連殖民地時代的歷史也都完全被封死，民眾的聲音和記憶一直被壓制下來。藍博洲等人，『所探求的資料，沒有留下什麼文字，除了以訪問歷史倖存下來的證人的口述筆記方式之外，沒有別的辦法。』」（第101頁）（註一）

然而，在寫歷史的重重困難中完成的報告文學《幌馬車之歌》，雖然只被定位成「報告文學」類，在今天看來，能有這樣顯著的成績，反倒讓人益發體會到本書超乎尋常的深度內涵。在《幌馬車之歌》第一樂章開頭，引用了被處死刑的鍾浩東之同父異母弟弟、也是台灣知名的小說家鍾理和所寫的話，這樣的引用是很象徵性的編排配置。不過，雖然引用了鍾理和的文字，除此以外，全篇幾乎都是由口述內容所構成。著作本書的藍博洲，可以說根本沒有任何一筆蓄意添上的解釋、補充說明或評論。作者給予人的印象似乎是他把複數的訪談口述構築排列，理所當然地將這些口述內容全數託給台灣讀者們來「讀取」，而他只不過是將口述的話全數拋出到書裡面罷了。口述者之一的鍾順和（此為化名），和鍾浩東在同一所學校教書，也跟他以同樣的罪嫌被捕，後來出獄。談起鍾浩東唱著「幌馬車之歌」走向刑場的，正是鍾順和，也是本書取書名《幌馬車之歌》的由來。另一位口述者，蔣碧玉，是鍾浩東的妻子。口述者之一的鍾里義，是鍾浩東親弟弟。由於是這樣的構成，因此，讀《幌馬車之歌》，感覺好像是在一個大劇場上，口述的人站在沒有任何裝飾佈置空蕩蕩的舞台上，一個一個輪流向觀眾唸著朗誦劇。在口述者所講出的話的另一端，還沒有被講出的話，這使《幌馬車之歌》有了更大的深度與內涵。

在《幌馬車之歌》裡，口述者們所談的鍾浩東，一九一五年出生在台灣南部屏東的客家家庭，一九五〇年十月十四日被處刑，得年僅三十五歲的短暫生涯。鍾浩東的鍾家，其原鄉廣東省梅縣，是大多數台灣客家人溯源的祖先之地。當初是「民族主義者」的鍾浩東，雖然很早就立定抗日的志向，然而，當時在殖民地台灣，差不多所有抵抗的嫩芽都被摘除殆盡，事實上抗日根本是不可能的事。於是，鍾浩東、與妻蔣碧玉、他的表弟李南鋒，及學醫的蕭道應夫婦等五人，就一起渡海到大陸去尋找抗日組織。鍾浩東秉持的「國家」意識，遠超過人為界定的國界。再者，就如與他同父異母的弟弟鍾理和所寫的那樣：「原鄉人的血必須流返原鄉，才會停止沸騰！」（第二十一頁）而且，更何況遭日軍蹂躪的大陸是台灣客家人的原鄉，因此，驅使鍾浩東赴大陸參加抗日運動的背後，可說還包含了他的客家身份認同意識。

鍾浩東一行人，首先從台灣到上海，經香港而終於抵達前線指揮所惠陽，雖然是從殖民地台灣來，卻仍被懷疑為漢奸，就在快被槍決時才獲救解危。隨後五年之間，一行人被安排到丘念台率領的「東區服務隊」，在東江一帶從事抗日活動。東江是流經廣州的大河珠江的支流，也是流經廣東省東部的河川。當時在東江一帶，情況相當混亂。一方面有像鍾浩東等一行人那樣，回到大陸從事抗日活動的台灣人，另一方面，多數的台灣人是以日本兵身份從軍的，雙方就分峙為敵／我對戰；甚且在中國部隊裡的國共鬥爭也很激烈，國民黨軍隊不時攻擊共產黨軍隊。

鍾浩東在國民黨軍隊之下奮戰到底，經過五年漫長而艱苦的抗日活動，「一直要到抗日後期，對國民黨的階級屬性有了夠深刻的認識以後，浩東才日漸左傾吧！」（第四十八頁）就如鍾浩東之妻蔣碧玉所說的，鍾浩東的政治立場在抗日活動中慢慢轉變。鍾浩東在一九四六年回到台灣，同年在基隆中學擔任校長。之後，就以啓發台灣民衆的政治意識爲目的，發行地下刊物《光明報》，一九四九年被捕。一九五〇年「六月二十五日，韓戰爆發。第三天，美國總統杜魯門下令第七艦隊巡弋台灣海峽。從此，歷史已經改變了它的軌道。」（第六十三頁）就像當時的台灣彷彿束手無策地被納入冷戰構造當中，一九五〇年十月十四日清晨鍾浩東被槍決。

藍博洲的《幌馬車之歌》似乎爲當前的台灣提出了兩個問題。其一，是像鍾浩東這樣曾經存在過的人物，但是從人們的記憶中被人爲蓄意地抹殺掉，這樣的歷史到底要怎麼寫的問題。藍博洲憑著幾個人的記憶口述內容，將這些縱橫線索一一織成史實的面，然後拋到當前的台灣讀者面前。本文一開始我曾寫道，在台灣「歷史意識」似乎是不在的；而藍博洲的《幌馬車之歌》所提出的另一個問題則是，在「歷史意識」彷彿不存在的台灣，現在的台灣讀者們面對《幌馬車之歌》，賦予怎樣的「解讀」和領會的問題。關於這個問題，台灣的電影導演侯孝賢在他的《好男好女》（一九九五年）當中，提示了一種「解讀」。

電影《好男好女》從無言電話打到女演員梁靜住處的鏡頭開始。接著無言電話之後，從傳眞機傳出了：「十月十四日 今天是阿威的忌日 三年前的今天阿威死了今天跟 L 做的時候沒有戴套子 L 被我的瘋狂嚇傻了 我覺得是跟死去的阿威在做…… 如果懷孕了 一定是阿威來投胎的。」有人偷走梁靜的日記，然後跟梁靜打無言電話，把她的日記內容不斷以傳眞傳給她。「阿威」，是梁靜所愛的黑道人物，在電影中的安排是，他和被槍決處死的鍾浩東一樣，同樣在十月十四日被人以槍打死。另一方面，梁靜和阿威這一部分並非事實，電影就在這個意涵下進行著虛構的故事。這一部分在電影中，以粗魯的調性描繪出粗俗、物質化的台灣現狀。導演爲了暗示這段故事乃現在發生的事，而以彩色來拍攝。

不但如此，電影《好男好女》裡頭，還同時在現在台灣的虛構的故事中摻進非虛構的故事——忠實地再現了藍博洲這部依據過去事實而輯成的《幌馬車之歌》。在電影《好男好女》當中的安排，梁靜參加電影外景隊拍戲，飾演影片中鍾浩東的妻子蔣碧玉。彷彿勾起人們鄉愁的電影音樂，和不時以很美的畫面呈現的樹木、天空……，儘管這段過去的故事是那麼殘酷無情，卻總讓人覺得懷念和眷戀。爲了暗示這段故事是從前發生過的事實，影像以黑白來拍攝。

這兩則並行的故事，乍看之下會覺得彼此似乎無任何關係，然而，就在電影進行著各別故事的同時，當前台灣的梁靜和阿威庸俗的虛構關係，很不可思議地，竟然開始和昔時實際存在過的蔣碧玉和鍾浩東非虛構的關係漸漸重疊在一起。然後，各別的故事進行到尾聲時，現在台灣的故事裡，梁靜朝著打來的無言電話那一端，向已被殺再也不能復生的戀人阿威傾訴對他的愛，不由得嗚咽起來：

「你趕快回來啊！我每年都去墓地看你，可是有什麼用？阿威，我跟你說，我搬家了，你找不到我。你如果沒死，你出現我不會生氣的。我很想你。阿威你回來好不好？我們去玩。阿威我唱歌給你聽喔。你以前最喜歡聽我唱歌對不對？『別人的性命是框金又包銀，阮的性命不值錢，別人呀若開嘴是金言玉語，阮若是多講話，連綿就出代誌』」電影到這裡，這個虛構的現在故事彩色的場景，被換成了真實過去的黑白場景。最後的黑白場景，是鍾浩東被處死刑當天的場景。牆壁上貼出槍決的名單。蔣碧玉和家人簡短的對話。在那之後，就在鍾浩東平靜淡然地唸著（也收錄在藍博洲書裡的）寫給妻子蔣碧玉的遺書聲中，蔣碧玉跪在擺著鍾浩東遺體的腳前，一張一張地燒著紙錢，終於悲痛欲絕朝後仰去，抑住聲音靜靜地嗚咽，忽然間，到此爲止一直都是黑白的影像，好像甦醒過來，在一瞬間變爲彩色。而電影《好男好女》就在「過去與現在的交錯」的暗示中結束。

侯孝賢對《幌馬車之歌》的「解讀」，在像台灣這樣似乎沒有「歷史意識」的地方，是如何讓過去實際存在過的事在當前鮮明地甦醒過來，侯孝賢教了我們將虛構導入其中的「解讀」方法。當然，侯孝賢的「解讀」僅是例子之一罷了。儘管理所當然地會有很多不同的「解讀」，但是，在事實中導入虛構的確很重要。

「歷史意識」之不在，絕不表示歷史不在。所謂「歷史意識」不在，是由於歷史的歪曲不斷積蓄的產物。今天重新釐淸台灣「歷史意識」「不在」的問題時，讓我深深感受到、透過，如五〇年代白色恐怖受難者鍾浩東的足跡所顯示的眞實歷史，使我們共有了無法被收斂局限在「與台灣等身大小的民族主義」之類狹隘的範圍內思考的台灣之痛。

另外，藍博洲的《幌馬車之歌》在經大幅的增訂後已由日本草風館出版了日文版。筆者祈望有更多的日本人拿起這本極具深度和內涵的書，並且熟讀領會它。

作者註：本文參照的版本是藍博洲的《幌馬車之歌》，藍天文藝出版社，一九九七年版。

（作者為日本集合地點學會會員）

（曾健民、陳映真 校譯）

該文刊載於日本《情況》雜誌（二〇〇六年五月號）

異常時代的記憶

山田敬三 著
韓燕明 譯

從二二八到白色恐怖

一個既聾又啞的年輕人，在火車上險些被一群手持凶器的男子殺死的情景，是電影《悲情城市》中所描寫的一幕；由於這個年輕人無法用閩南話和日本話回答那些人的問題，而被誤認爲是從大陸來的外省人。事件的時代背景是一九四七年春，在台灣確實一度有過這樣的一瞬，只要是從大陸來的中國人就會成爲被追打的對象。

這驚人的事實，在作爲台灣電影首次在威尼斯影展中獲得金獅獎的作品中，將二二八事件當時最典型的一個側面完全呈現出來。在那的年代，對於土生土長的台灣人（本省人）而言，這些在日本戰敗以後從大陸來到台灣的外省人是那麼的令人憎恨、厭惡，而在今天看來是無法令人相信的抗爭場面，當年確實發生了。

但是，本省人對外省人進行的幾乎是自發性的襲擊事件，從事件爆發的二月二十八日開始持續不到十天。隨後，國民黨政府動用從大陸調來的軍隊，對事件的參與者開始進行徹底的鎮壓。此後實施了戒嚴令，斷斷續續地一直到一九八七年解除戒嚴令爲止，前後長達四十年，這段歷史給台灣社會帶來了很深的陰影。

二二八事件的二年後，國民黨政權遷都台北，而正當爲了實現「一九五〇年解放台灣」的目標，共產黨的地下組織開始活躍起來的時候，爆發了朝鮮戰爭，白色恐怖（抓捕赤色份子）席捲了整個台灣。本書挖掘了這個異常時代的記憶，是一部深深印刻了台灣現代史的報導文學。

電影的虛構

電影是以昭和天皇透過所謂的「玉音放送」廣播，宣布日本在第二次世界大戰全面投降做爲故事的開始，到中國國民黨被中國共產黨打敗，從南京遷都台北後的一九四九年十二月之間爲時代背景。但是，在所描述的故事情節中可以清楚地看出，其中包括了國民黨對五〇年代的左翼進步份子所進行的白色恐怖的事實部份。

當政治犯在天亮時分從牢房中被帶出將被執行槍決時，其他的難友們一起合唱「幌馬車之歌」為同志送別的情景；一些青年為了追求理想跑到山中組織共同生活，不久又被政府全部逮捕的場面。……這些都是白色恐怖的眞實寫照，而與二二八事件是毫無關聯的。電影的製作者充分地考慮了當時的政治環境，把這些視為同樣是同一民族內部所發生的不幸事件，將其搬上了銀幕。

在台灣，很長一段時間裡，二二八和白色恐怖都是不可碰觸的禁忌。但是，在解除戒嚴令（一九八七年七月），蔣經國死去到政權移交到本省人出身的李登輝（一九八八年一月）手上後，作為新電影旗手的侯孝賢導演，看準時代的變化，勇敢地選擇了這個長期以來被視為禁忌的題材作為電影的主題。雖然如此，如果完全按照事實眞相拍攝的話仍然是危險的事情，所以，電影在構思上將事實與虛構混雜在一起，所以電影看上去有些費解，甚至可能造成了一些對當時歷史背景不了解的觀衆的誤解。

《幌馬車之歌》

這部電影所根據的原著，是曾經刊載在陳映眞主導的《人間》雜誌一九八八年九月號和十月號（第三十五．三十六期）上的〈幌馬車之歌〉。此作品的作者藍博洲經過不懈的努力讓這些歷史見證者開口講述了那段歷史，經過反覆地採訪，將這些寶貴的證言仔細地記錄下來，同時親自查找了大量史料作為連結「口述」內容的形式加入到書中，從而完成了這部報導文學。

此作品於一九九一年由時報文化出版企業有限公司出版，出版獻辭這樣寫到：「謹以此書獻給五〇年代白色恐怖的犧牲者、受難人及其遺族；並向他們獻身的民族解放事業敬禮！」此後又再次出版。作者在此書出版後繼續不斷地調查，於二〇〇四年十月出版了增訂版。在增訂版中，無論是章節，還是字數都比前一版增加了近兩倍的內容。此次由草風館出版的日文版《幌馬車之歌》是根據增訂版翻譯而成的。

本書由間ふさ子、塩森由岐子、妹尾加代共同翻譯，這三位譯者也都參與了前一版（舊版）的翻譯工作。她們在一九七〇年代開始一起參與了在福岡開設的「現代中國語講座」，於一九九三年三月作爲集體翻譯的作品出版了《幌馬車之歌》。說是出版，其實就是將翻譯好的作品打字，然後自己列印出來的印刷品而已，一般讀者幾乎沒有見機會見到此書。不過，作爲這次正式出版實質上的監製人且負責本書「解讀」部分的橫地剛，此後與作者以及陳映眞取得了密切的聯繫，一起繼續挖掘了二二八的相關資料，而這些工作成果也都加到了本書的翻譯工作中。

一九八九年榮獲威尼斯影展金獅獎的《悲情城市》，是依據一九八八年刊載在《人間》雜誌上的舊作品，由吳念眞和朱天文兩人合作改寫的劇本，侯孝賢執導拍攝而成的電影。在日本由於此片獲得大獎而造成轟動，而田村志津枝在繼續進行了細緻的探究後，於一九九二年由晶文社出版了名爲《悲情城市的人們》一書。在這本書中也淸楚地講到，成爲本書書名的歌曲原作品是一九三〇年代在日本流行的歌曲「幌馬車之歌」。

為什麼唱「幌馬車之歌」？

根據《日本詩情》（阿部德二郎．今井巖合編，全音樂譜出版社）的記載，「幌馬車之歌」是於一九三二年「山田としを作詞，原野為二作曲，松平晃演唱」的作品，是在三〇年代日本流行的歌曲。不過，在田村的調查中，最早的演唱者是和田春子，到一九三五年才是松源操（曾獲哥倫比亞唱片公司小姐稱號）以及櫻井健二來演唱，而松平晃所唱的叫作「飛奔吧！幌馬車」（一九三四年）的版本，這個才是名副其實的日本的流行歌曲。

但是，對於田村的尋問，卻有不同的回答；一直到了最後都相信中國共產黨會來「解放台灣」但最終被處死的鍾浩東（基隆中學校長）同一時期被捕的，與在鍾浩東被處刑的當天唱「幌馬車之歌」為他送別的同房難友，以及蔣碧玉（鍾浩東夫人）都一直認為「幌馬車之歌」的曲調是蘇格蘭民謠。即便說這個年代的台灣文化已被染上了日本色彩，但是如果他們知道這首歌曲的作詞、作曲都是日本人的話，我不認為曾經在大陸參加過五年多抗日游擊戰爭的鍾校長會選擇這首歌作為自己的安魂曲的。看來這裡存在著一個很大的誤會。

不過，在當時的台灣，台灣人唱日本歌謠是非常普遍的事情。日本在殖民地統治時期，在學校教育方面是禁止使用本地的語言的，音樂課也是強制唱日本文部省所規定的唱歌曲目。當年街頭巷尾流行的歌曲大多都是從日本傳來的歌謠。日本文化對台灣社會滲透的程度是可想而知的。將台灣人至今仍對日本文化有所留戀的現象與當年殖民地統治所製造出來的政治暴力混爲一談，而對台灣人的親日情感表示出天眞、單純的共鳴，是很難被諒解的。

用「口述」形式的意義

原著與電影都是將一九四〇年代台灣所經歷的異常的時代形象化、影像化的作品。讀者（觀眾）透過作品勾勒出與那個時代正面交鋒的年輕人的生命、靈魂的軌跡。而鍾浩東與他的同志們，最終沒能改變歷史潮流，結果就像作者所寫的那樣選擇了成爲「犧牲者」之路。

在日本，曾經有像佐爾格以及尾崎秀實等獻身於實現由蘇聯領導的世界和平運動而犧牲的那樣，在理想與現實之間產生了靠個人的力量無法扭轉的差距。但是，在戰後初期的台灣社會，也存在著民眾要想成爲最誠實的園丁的話，不那樣做就不能實現的現實。

對於這樣的社會現實以及個人對這樣的社會現實所進行的抗爭歷史，藍博洲選擇了連結這些歷史見證人的「口述」和官方史料的報導文學的形式。「自我史」的倡導者色川大吉曾這樣寫到：「構成歷史主體的民眾，是一個一個民眾的自我本身，只有進行自己寫自己歷史的『自我史』的實踐，才能眞正成爲促進歷史覺醒的契機」。也可以說，本書的作者替這些歷史實踐者藉以「自我史」的形式，將這些五〇年代台灣的良心形象化地表現了出來。

另外，被稱爲台灣鄉土文學之父的鍾理和與這個故事的中心人物鍾浩東是同年齡的同父異母兄弟，本書各個章節的標題均引用了鍾理和的作品和日記內容。這或許是作者試圖探究在台灣出生、長大的中國人的身份認同意識吧。

（作者為神戶大學名譽教授）

（曾健民 校譯）

展現了一個與日本支配性「台灣論」不同的歷史
——藍博洲《幌馬車之歌》日譯出版的意義

曾健民

受大家敬愛的日本友人橫地剛先生（中國現代史家、台灣光復期歷史研究家，曾寫過木刻家黃榮燦一生的《南天之虹》），二年前就開始與日本草風館的內川千裕先生（故戴國煇先生好友）深入商談，在今日日本對中國、台灣的詭異氣氛中，在翻譯出版工作上，該如何進行？結果，藍博洲的《幌馬車之歌》成了第一本工作的目標。其中當然有因爲侯孝賢的《悲情城市》在日本知名度的考量，但最重要的還是該書用噤啞了近四十年的「歷史口述」和第一手史料，在台灣現代歷史的荒徑中，再顯了鍾浩東這個投身台灣戰前抗日民族運動及戰後地下黨活動的青年，激越的、充滿理想色彩的動人的生命史。通過鍾浩東感人的生命史，展現了一個當今（不！可以說從五〇年代起）支配性歷史論述陰影下的另一面歷史；更具體地說，就是復現了長期被湮滅扭曲最嚴重的台灣四〇年代歷史的面貌。對關心台灣的日本文化界、學界或一般讀者來說，這本書展現了一個他們迄今從未見過的歷史世界。

如何向日本讀者完整地傳達這個複雜曲折的歷史，翻譯工作是最不容易的。這個工作由「福岡中國語講座」的三位女老師用集體的力量進行；恰好，主要的譯者間扶桑子女士長期與藍博洲相識，而且本人也從事台灣現代戲劇史的研究，對這段歷史有專精的研究，因此相當掌握了歷史的脈絡，再加上横地剛先生的大力支援，她們用相當認眞的態度，費了近一年時間，終於完成了這本有相當錯綜複雜內容的日譯工作，品質上可以說是無懈可擊，其完美程度，等於是把鍾浩東及其周圍人物的生命史，以及台灣的四〇年代史在日本文化界再度活了起來。對這些日本友人的努力和熱情，筆者也不禁生起敬佩感謝之情。

日譯本於今年二月廿日出版，得到了日本讀者極大的反響。據筆者所知，該書名列日本「東方書局」四月份錫銷書第九位，在日本千千萬萬的新書中，能有這樣的成績，誠屬不易。

還有，該書引起了日本讀書界的熱烈回響，有近十篇的書評出現，除了本叢刊選譯的七篇外，還有未及刊出的數篇。各篇書評都有其不同的見解，這是當然的；但綜合來看，幾乎每篇都提到二個共同的看法；一是，都提到《幌馬車之歌》特有的寫作方法，它以客觀的「歷史口述」和史料爲經緯編織，抑制主觀感情的顯露，與傳統報告文學不同的報告文學的特色。第二是，該書展現了一個與當今日本流行的支配性台灣史觀不同的台灣現代史的歷史世界。譬如：

丸川哲史在〈奪回「歷史」的工作〉結尾中自省說：

「從藍博洲為復回歷史所投入的熱情中，我看到日本歷史界所失去的什麼。」

前田年昭在〈日本的殖民地支配原點〉說：

「本書以歷史的事實，與日本一些危險的台灣觀（台灣的現代化受惠於日本的主張）相對峙。」

另外一篇本刊未及刊登的，日本有名的中國研究家矢吹晉先生的書評，單單文題的副標便表達了他深刻的感想，他是這樣寫的：

「感嘆日本人對台灣認識的膚淺輕薄」

有一位未具名的讀者所寫的讀後感〈夢遊的日錄〉，他感性地說：

「該書以當事者的證言進行的敘述，充滿了「逼真」性，一直逼迫著我的心；「事實」當然是一回事，但「想法」最先傳達了過來。」

這位讀者列舉了書中的許多段落後，總評到：

「書中到處明確地記敘了，當今一部分政治勢力所進行的族群政治是充滿了虛構性的。這是一本幫助讀者把僵化的台灣政治觀或現代史觀『相對化』的良書。」

當然，也出現了一篇仍然受到支配性史觀影響，而誤讀這本書的書評。譬如，有一篇由齊藤貴男所寫的〈台灣人靈魂的吶喊〉中，就誤認爲鍾浩東是在「二二八」中遭刑殺的。這反映了日本支配性史觀影響的深刻問題。

實際上，這問題由來已久，非一日造成。數年前小林善紀的漫畫書《台灣論》的風靡一時，便是一個大家都知道的例子。從這種偏頗現象來看，我們可以知道，台灣的支配階級及其意識形態，不只霸占了台灣文化，也擴及日本，在日本出版界有關台灣的書全是他們的論述，要認識台灣只有讀他們的論述，難怪會造成這樣的偏向。

《幌馬車之歌》日譯本的出版，有力地反駁了當今日本偏頗的支配性的「台灣論」，爲眞實的台灣現代史開路，雖然這只是一個開始。

二〇〇六．六．十九

盼望日本大眾端正對台灣的視角

——祝賀藍博洲《幌馬車之歌》日譯本的出版

陳映真

上世紀的九○年代前後開始，隨著日本政治全面保守化的趨勢，產生了一股憎厭中國，親近台灣的思潮和社會心理。不少日本文化人、言論人甚至學界開始津津樂道日本對台灣五十年的殖民支配如何爲台灣島帶來「迅猛的現代化」，使台灣和台灣人擺脫了前現代的境況，並且使台灣居民產生了與中國分別的、「與台灣等身大的『台灣民族主義』」。他們相信這種因日本殖民統治而形成的「台灣民族主義」，發展了離脫中國的、獨自的「台灣意識」。一九四五年，台灣雖依《開羅宣言》和《波茨坦公告》復歸中國，但「台灣民族主義」和「台灣人意識」，使台灣人民對自大陸來台的外省籍中國人產生互相格格不入的疏離感甚至憎厭感。而一九四七年的「二・二八」事變便是經過日本統治而改造成的「現代化」台灣人與前現代中國大陸人的衝突。

他們也宣稱：日本對台統治是「好的」、「有良心的」殖民統治；經過日本現代同化教育而在意識上「現代化」的台灣人，早已拂拭了傳統的中華民族意識，受到「日本精神」的涵養，對戰後來台接收、進行排他性強權統治的大陸在台政權，則視爲繼日本之後，卻遠不如日本文明開化的另一個「外來政權」的統治者。上述這些刻板的「錯誤意識」（ideology）不僅僅來自日本右翼文化人的偏見，也因爲類如李登輝、許文龍、金美齡與其他「台獨系」台灣人的露骨的反民族言說而火上加油。

然而由台灣和日本保守系人士所一再渲染和再生產的上述言說，歸根究柢，都沒有實證的、學理的、歷史事實上的根據，而多半止於低層次的「次文化」（subculture）的水平。

以記錄阻止記憶的風化

一九八八年，台灣傑出的、勤於科學性調查研究，又堅持進步與批判的、年輕的報告文學者藍博洲，在當時仍在反共戒嚴體制下，以費時一年餘的調查、採訪寫成了〈幌馬車之歌〉，描寫了五位受過殖民地高等菁英教育（台北高校、護士學校，甚至台北帝大醫學科）的台灣男女青年，受到熾熱的中國民族主義的驅動，組成了一個「醫療小組」，迂迴渡航到祖國大陸，超克殖民地體制的枷鎖，而以中國人的自覺，執意爲參加抗日民族解放鬥爭作貢獻的故事。在一九四〇年以迄一九四三年間的政治和軍事形勢極端複雜的中國，這五位純眞的台灣青年歷經艱難險阻，在廣東迎來抗日戰爭的勝利。

一九四六年，他們先後回到台灣，在一九四七年的二・二八事變前後，他們先後加入了當時中共在台灣的地下黨組，爲包括台灣在內的全中國的改造而奮鬥。一九四九年十月，這些青年所爲之奮鬥的新中國宣告成立。然而勝利的革命與他們擦肩而過。他們在一九四九年的《光明日報》事件爲起點的一場全島性捕殺共諜風潮中在台灣故鄉被捕、監禁、槍殺。

藍博洲的〈幌馬車之歌〉，以台灣光復前後的民衆史的高度，深入調查與記錄了上世紀五〇年代國府發動的「國家」恐怖主義（「state」terrorism）驚悚的記憶，防止其在「次文化」水平的一般論、欺罔和錯誤意識的荒煙蔓草中風化甚至消失。

中國民族主義

〈幌馬車之歌〉中的五位青年從殖民地下的台灣奔赴祖國抗戰時，年齡最大的不過二十五歲（鍾和鳴），最小的只有十八、九歲（蔣碧玉和黃素貞）。而一九四〇年當時，距日本割據台灣已長達四十五年。四十五年的日本「現代同化教育」和「現代化」，不但拂拭不了這些殖民地菁英青年們強韌的中國民族意識，反而使他們在中國民族意識強烈的驅策下，熱心地避人耳目勤學漢語，和暗中流行於台灣的抗戰歌曲，耽讀改造版的《三民主義》。正如書中的蔣碧玉（蘊瑜）所說，促使鍾浩東帶領其他四個青年奔赴祖國、參加抗戰的動力，是強烈的中國「民族情感」。如果要問當年鍾浩東們的民族主義感情是否只是特殊的例子，可以看一看出版於一九三八年的《台灣總督府警察沿革誌》第二卷卷首的序言中，有這樣的一段：

「……關於本島人的民族意識問題，關鍵在其屬於漢民族系統。漢民族向來以五千年的傳統民族文化為榮，民族意識牢不可拔……雖已改隸四十餘年，至今風俗、習慣、語言、信仰等各方面仍沿襲舊貌，可見其不輕易拋除民族意識……本島人又視（福建、廣東）為父祖墳塋所在，深具思念之情，故其以支那為祖國之情感難以拂拭……故自改隸後……仍有一些本島人頻頻發出不滿之聲，以至引起許多不祥事件，此實為本島社會運動勃興之主要原因……」（漢譯本《台灣社會運動史》卷一，台北，創造出版社，一九八三）

所謂日本的殖民統治爲台灣帶來「迅猛的現代化」；爲台灣人塑造了「與台灣等身大的台灣民族主義」和與中國人意識相對立的「台灣意識」之說，絕不足徵信。而若有人疑心〈幌馬車之歌〉中五位台灣青年的中國意識是少數特例，則只要看一九四五年解放後大量出現的文學作品（包括舊體詩）、報刊雜誌上的言論和文章以及報導中所表現的、從殖民地桎梏中解放的狂喜，去殖民化的決意和面向未來新生時的自我期許和建設新台灣、新中國的宏偉抱負（曾健民編著，《一九四五：光復新聲——

台灣光復詩文集》台北，印刻出版公司，二〇〇五），就能理解五十年殖民統治所不曾消蝕的台灣人的中華民族意識之儼然的存在。

「台灣民族主義」論為戰後冷戰意識形態服務

世界反法西斯戰爭的末期，同盟中美英三國在一九四三年發表《開羅宣言》，明言規定日本在戰後將「竊佔自中國的台灣、澎湖歸還中國。」一九四五年的《波茨坦公告》重申《開羅宣言》在戰後處理台灣的原則。八月十五日，日本天皇依照上述《宣言》和《公告》宣佈無條件投降。十月廿五日，中國代表在台灣正式接受安藤總督投降並對國內外宣告台灣光復，中國接受台灣一切政事與行政，而世界各國均無異議。一九四九年十月，新中國成立。一九五〇年，美國出於促使中共走向民族共產主義，防止其與蘇聯結盟，在一、二月間由杜魯門總統迭次宣佈恪守《開羅宣言》的原則，將台灣復歸中國，公開表示美國對台沒有軍事、領土上的野心。

一九五〇年朝鮮戰爭爆發，形勢爲之一變，美國以第七艦隊介入台灣海峽，公然破棄自己恪遵《開羅宣言》的宣示，抛出「台灣地位未定」之說，蠻橫一手包辦《舊金山和約》的草擬、協商與簽訂過程，在和約條文中只承認戰敗的日本「放棄」台灣與澎湖，卻絕口不明示將其「歸還於中國」，另一方面並脅迫日本拒絕與新中國簽署和約而改與甘於喪權自保的蔣介石在台政權簽定不明言日本把台灣歸還中國的《日台和約》。

而正是在這「台灣地位未定論」下，美國取得了干涉中國內政的僞「合法性」，藉以將台灣從中國分離出去。於是「一中一台」論、「兩個中國」論、「聯合國託管台灣」論、「中華民國在台灣」論、「公民投票決定台灣前途」論乃至形形色色的「台灣獨立論」，便在「台灣地位未定論」的強盜式邏輯上滋生。而「台灣民族形成論」、「台灣意識論」和「與台灣等身大的台灣民族主義生成」論，都是爲美國干涉中國內政、分裂中國民族的冷戰意識形態戰略服務的。

克服「白薯的悲哀」省內外同胞為「打倒美蔣」而協同鬥爭

台灣傑出作家鍾理和與吳濁流，都突出地描寫過從日本殖民地時代就懷抱著中國民族意識的熱情，投奔到被日帝凌虐的中國大陸時，被大陸同胞懷疑爲「日本間諜」而不被同胞所信賴，進而遭到自己同胞歧視的深沉的悲哀。〈幌馬車之歌〉也描寫了投奔祖國抗日的五個熱血青年，幾乎一進大陸不久，就被國民黨軍部以日諜的嫌疑拘捕、監禁，甚至在被處死之前僥倖獲釋的情節。而在帝國主義下，台灣人和大陸同胞間的民族不信、疑心甚至歧視和迫害，歸根結柢，畢竟是日本帝國主義所造成。衆所皆知，日本招募台灣人的市井遊手和流氓到福建、汪僞南京和僞滿等日統下的大陸，當日本憲警爪牙，並許以開娼館、鴉片煙館、賭場的特權，荼毒和漁肉日統下的中國人民，結果自然招來中國人民「以偏概全」的誤解，終至造成同胞間的不信和憎惡。

但這究竟不能解釋台灣人和大陸同胞間宿命的矛盾。在〈幌馬車之歌〉中也出現了從南洋投奔祖國抗日戰線的華僑，因被懷疑有「共產黨關係」而被捕監禁的描寫。如果擴而大之，在「文化大革命」、在南朝鮮左派「越北」投奔北朝鮮而遭到懷疑甚至遭到無情的彈壓的悲劇，就能深刻明白，在前殖民地爲自求解放的人民必須在革命與反革命、侵略與反侵略的激烈陣痛和掙扎中奔向現代的複雜的歷史運動中，付出沉重的代價。「與台灣等身大的台灣民族主義」云云，對這段歷史的奧義是完全沒有理解力的。

〈幌馬車之歌〉中的五位台灣青年在大陸中國的六年經驗，有迷惑、懷疑、失望甚至幻滅。但是他們畢竟在這六年中親歷了新中國分娩時的疼痛和血流，接近了中共的地下組織，並且在一九四六年返台後，先後在台灣參加了地下黨組織，克服了皮相的所謂「白薯的悲哀」，以新而深邃的目光瞭望新的歷史遠景，以滿腔的熱情工作和鬥爭。而這新的目光和鬥爭，則表現在二•二八事變中出現街頭的一張精簡的政治傳單〈二•二八事變告同胞書〉（見《幌馬車之歌》一四四—一四五頁）

傳單首先擴大了民衆的歷史視野，指出二•二八事變是全中國的「四萬萬五千萬中國人的絕大多數，在全國範圍內不分省域，正爲反對封建獨裁政府作殊死戰」的鬥爭之組成部份，而絕不是大陸同胞對台灣同胞的壓抑。

接著，傳單抓住了鬥爭中「誰是我們的敵人，誰是我們的朋友」的根本認識，說「六百萬同胞（台灣省民）所受痛苦與壓迫，是少數反動巨頭的貪污枉法橫暴所造成的」——而不是所有來自大陸、生活在大陸的全體「外省人」所造成。

傳單又明快地指出了鬥爭的性質：「高舉民主的旗幟」，即傳單確立了二・二八鬥爭的性質是市民階級的民主主義鬥爭。傳單指出，二・二八鬥爭絕不只是「六百萬」台灣同胞與少數來台外省籍貪官污吏的鬥爭，也是受到全國四億人民「熱烈同情」的、抵抗「反動封建獨裁」的陳儀政府的鬥爭。因此，傳單要求民衆認淸眞正的敵人，不要不分青紅皀白地「毆打外省來的中低級公務員」，要「停止毆打 無辜外省同胞」、「不分本省外省、全體人民攜手，爲政治民主奮鬥到底！」

傳單中絲毫沒有對中國、中國人的「民族憎厭」，沒有本省人和外省人之間機械的、被誇大的矛盾對立，有的只是包括台灣人民在內的全體中國被壓迫民衆對國府「反動封建獨裁」統治的民主主義的抵抗的團結。

〈二・二八事變告同胞書〉是依據事變暴發「三天來」的觀察的情勢所寫成、並散發的指導綱領性文件。雖然署名組織是「台灣民主聯盟」，但從標語的高度政治認識和戰略認識，應該出自在台灣中共地下黨的手筆。這說明，自事變爆發之初，圍繞在中共「台灣省工委」周邊的地下核心及群衆就具備了超克地方主義，引導民衆從當時全中國新民主主義鬥爭的高度去逼視事變性質的能力。也正因爲如此，在事變慘遭血的鎮壓之後，「省工委」在組織上快速成長，吸收了大量本省藉知識份子、市民和工農——雖然也因而最終在五〇年代的「共諜肅清」運動中，慘遭國府「國家」恐怖主義的無情的撲殺而犧牲。

詩的真實和歷史的真實

台灣傑出的電影導演侯孝賢先生，在戰後台灣電影史上第一次以台灣四〇年代末以迄五〇年代初的「國家」恐怖主義的法西斯抑壓爲主題（雖然為了避開台灣的電影政治檢查，侯孝賢不能不以「一九四九年」、即國府全面退據台灣之年為電影情節的截止期）而拍攝的電影《悲情城市》，一舉榮獲一九八九年威尼斯影展最佳影片金獅獎，揚名於島內外。卻不料在一九八〇年代末「統・獨」意識龜裂下在台灣引發了一場不大不小的爭論。爭論的內容主要有兩個方面。一是侯導演否認《悲情城市》是單純表現二・二八事變的電影。他的創作意圖是要「表現台灣人的尊嚴」，而拍出表現了「中國風格」的電影。這種說法引起在一九八〇年代中後期逐漸高漲的「台灣主體意識」論說的批評。另一方面是侯孝賢導演爲了躲避思想檢查，而將《悲情城市》故事中的時間跨度從一九四五年到一九五〇年初幾年縮短到一九四九年截止所引起的歷史認識的混淆，即二・二八鎮壓史與五〇年代「共諜肅清史」的混淆。

但是今日看來，當時的紛爭已不重要了。作爲一個傑出的電影導演，他的《悲情城市》和《好男好女》都生動而深刻地表現了在上世紀四、五〇年代之交、台灣的「國家」恐怖主義的暴風下，一批把自己一生只能花開一次的青春獻給祖國和人民的解放事業的激越青年的生與死。歷史考證固然重要，但不同於文學藝術所表現的「詩的眞實」。歷史和學問探索的是史的、知的眞實。而文學、藝術則以形象思維（或「映象」思維），而歷史與學問則以實證和邏輯思維。因此古希臘的哲人乃有「詩比歷史更爲眞實」的話，也無非在說明通過形象（或「映象」）和審美所表現的現實，既來自具體的現實，結果卻高於具體現實。因此，與其詰問侯孝賢對具體二・二八史和五〇年代國府殘暴的肅清共諜史的研究，我們倒覺得更應該嚴厲責備台灣和日本的台灣社會科學界和歷史學界長期以來被台灣反民族派瀆玩而滿足於類如「日本殖民爲台灣帶來迅猛的現代化」，從而培育了「與台灣等身大的台灣民族主義」之類的「次文化」層次的刻板言說。

結語

一九五〇年代初期，在世界冷戰的高峰期，國府在台灣以扈從於美國的「國家」安全體制，大規模、有計劃地肅清了一批爲祖國的解放，獨立和統一而鬥爭的青年，其中有本省「台灣人」、省外人士甚至少數的台灣原住民。屠殺者在事後密密實實地掩埋了犧牲者的屍體，清除了血跡，企圖永世湮滅這一段激動的歷史。

一九八〇年代，彷彿受到某種無法抗拒的呼喚，陳映眞開始以寫小說的形式，詩人鍾喬以長詩的形式寫了五〇年代白色恐怖的故事。一九八八年，藍博洲從〈美好的世紀〉開了頭，展開了他堅持至今的，挖掘冷戰和民族分斷的凍土下之英靈屍骨的一系列台灣民衆史，糅和了歷史與詩的眞實，砌成了一座再也不容許「次文化」層次的謊言蜚語爭辯和歪曲的、巍巍矗立的英雄的豐碑。當然，這也令人想起旅居日本的韓國作家金石範在今年殺青的，描寫一九四八年濟州島四・三屠殺事件的七卷本《火山島》長篇歷史小說。

現在，藍博洲以《幌馬車之歌》爲中心的作品集三卷，在畏友橫地　剛先生、和間ふさ子、塩森由岐子和妹尾加代子辛勤認眞的編譯勞動下，由深懷文化關懷意識的草風館在日本出版，不只是藍博洲個人可喜可賀之事，也是在台灣凡是藍博洲的朋友所喜所賀之事。藍博州以報告文學的形式所記錄的歷史，發生在一九五〇年代極端不毛的冷戰時代。對於日本的讀者而言，如果能因而記得戰後的日本曾追隨美國，背向著中國人民，爲中國的民族分斷加薪添火，從而支持了在台灣厲行「國家」恐怖主義的國府，也許就會更覺得這本書和自己的不能躲避的關聯性。

而近十多年來，當台灣以「世界上唯一最爲親日的『國家』」，經由李登輝、司馬遼太郎、金美齡、小林善紀和一些日本的台灣文學研究界「次文化」框架上的論說重新吸引日本人民的目光，另一方面，日本又以戰後未曾有過的、不加隱諱的敵意，在靖國神社參拜，東海島嶼的主權和升高美日軍事戰略同盟，向日本再武裝疾走等問題，引起眞正關懷中日兩國人民的和平、友好，誓不再戰的雙方有識之士的憂思。

在這樣的時刻，藍博洲的台灣民衆史的報告文學集在日本公刊，就更具有重要的現實意義了。爲此，我們衷心感謝橫地　剛先生等日本有識者的辛勞，並深致敬意。

二〇〇五年十一月

【東亞冷戰與國家恐怖主義】

韓戰經驗的克服與南北韓的統一

洪根洙 著
臧汝興 譯

一、前言：作為二十一世紀課題的韓半島統一

限制著現今韓國人的生活與歷史的民族分斷，迫使住在南韓與北韓所有個人過著畸型的生活。雖然我民族的分斷是外勢所逼，但我們民族仍應以自己的智慧與力量以及團結，來克服分斷。但很遺憾地，我民族自一九四五年分斷，更準確地說是從一九四八年二月七日分斷（註一）以來，已歷經二十世紀而進入二十一世紀，仍未完成統一。民族統一不得不再度成為二十一世紀的課題。

這塊土地上的民眾，在外勢的從屬結構、結構性的不義、壓抑性的體制下、遭受到雙重的壓迫與榨取。我們民族也因而生活在不斷的分裂、對立、價值觀的消失與扭曲中。其最重要的原因之一就是

民族分斷。

只有克服分斷，才能使一千萬離散家族團員重逢，才能使他們的生活幸福、有意義；只有克服分斷才能使這塊土地上的勞動者、農民、貧民等過一個像人樣的生活，才能使被扣上左傾、親共、匪諜等的罪名，入獄坐牢的無數良心犯，重獲自由，解決韓國社會所有的問題與矛盾。

曾經一度，南韓內部的部份極右保守份子，「興奮」於併呑北韓，完成統一。但，後來，國際上已經證實，北韓政權崩潰的可能性極微，因而，他們似乎已經放棄原先的想法。不過，他們已經轉而期待周邊的四大強國或六大強國推動南北韓的統一。

也有些人提出全球化邏輯，主張我們民族應該放棄克服民族分斷的義務。事實上，全球化只不過意味著經濟的全球化，其實是美國對其全球主導權的再度「誓言」。美國與韓國的現政權所高唱的國際化或「全球化」，儘管帶著無數美麗的修飾詞，但實際情況已經證實其不過是一個塗了糖衣的陰謀。我們必須說，沒有眞正的民族主義，地球共同體是不可能實現的。因此，我們堅決反對以地球村爲藉口的拒絕民族統一的主張。

在地球村化的趨勢下，韓國社會生活的幾乎所有部分都在不斷從屬於美國。結果，韓國社會已經成爲一個人權與社會正義以及民主、平等、和平、統一等的價值，都逐漸地消失的畸形社會。當然，其中最主要的原因還在於民族分斷的長期化、穩固化。

到底民族分斷是如何開始？爲什麼能夠如此持久？雖然很多人爲這個問題提出解釋，但所有的解釋，對美國的韓半島分斷政策的認識，都稍嫌不夠徹底，因此，本文希望再度強調此點。

克服民族分斷，完成祖國統一是我們至上的課題，那麼我們應該如何看待並對應美軍的駐韓問題呢？目前在這個問題上有很多不同的見解，大致可分爲主張美軍駐屯是必要的一方，和堅決反對的一方，筆者當然是站在堅決反對的一方。

我堅決主張美軍必須撤離是因爲：掌握世界霸權的美國，是製造、販賣高科技新型武器的世界最大的武器販賣「公司」，而美軍的駐屯使韓國成爲它的重要顧客；另外一點就是爲了保障東北亞以及世界的和平。

二、支配韓半島分斷的美國

現今，美國對韓國人來說，到底具有什麼樣的意義？這是每個想要眞摯地思想民族自主、民族統一、和平等問題的人，都必須面對的問題。其實這個問題可以從韓半島的歷史中輕易獲得答案。首先，我們可以一九四五年以後的韓美關係中找到答案。

第二次世界大戰一結束，純樸的韓國人把入駐韓半島的美軍當做是解放軍，熱烈歡迎，但美軍其實是以占領軍的身份入駐韓半島的。令韓國人失望的是美軍的進駐三十八線以南，在美軍的眼神是「占領敵區」（註二）。「以軍事占領的姿態出現的美國，其在南韓的支配的首要目標，自然是迅速以新的殖民地秩序進行重編。」於是，「三十八度線成爲劃割資本主義體制與社會主義體制的冷戰體制的政治警戒線（註三）。」美國的韓半島侵略政策並非僅侷限於西方帝國主義膨脹的十九世紀，在二次大戰之後，依然持續進行。

占領三十八度線以南的美軍，將共同生活了一千年以上的單一民族，分割爲二。並在南韓實施了三年的軍政統治。一九四八年八月，才將政權交給了自己的爪牙李承晚，讓李承晚在南韓建立單獨政府（譯註：非南北韓的統一政府），對南韓進行間接統治。南韓成立單獨政府在先，一個月後的九月，北韓以南韓先成立單獨政府爲由，也宣佈成立「朝鮮民主主義人民共和國」。於是，韓半島的分斷終告「完成」。

現在已經有越來越多的韓國人了解到六・二五韓戰只不過是美國的戰爭，韓國人只是在進行一場代理戰爭。在三年的戰爭中，共有十四萬名美軍、一萬六千名聯合國軍隊死傷，而南韓軍、北韓軍、中共軍的犧牲更分別高達二十二萬、六十餘萬、一百餘萬。民間百姓的死亡，南韓達五十萬人、北韓更高達三百萬人。另外，還有三百餘萬從北韓南下避戰禍的民間百姓，因而造成一千萬人的離散家族。

但是，韓戰的問題並未因三年的戰事結束而結束。「六・二五韓戰於七月二十七日簽定休戰協定而終結。很多人以爲這場帶來數百萬人的傷亡與同族相殘的悲劇的戰爭，就此結束了。但事實上休戰協定之後，南北韓隔著休戰線仍然展開『暗中的戰爭』，而且再度造成無數人的犧牲……（註四）。」

據最近一家周刊的報導，從一九五○年韓戰到一九七二年止，南韓派到北韓的情報人員中，共有七、七二六名死亡或失踪。這個官方的統計，只會比實際數目低，斷無可能故意提高人數。如果說南北韓雙方都派了這麼多人員潛入對方地區，那麼某周刊所言的「到一九七二南北韓共同發表『七·四南北共同聲明』」爲止，南北韓可以說是一直處於游擊狀態，是極爲恰當的形容。

自一九五○年韓戰期間，當時的李承晚大統領將南韓軍隊的作戰指揮權交給美國以來，至今南韓的作戰指揮權仍然掌握在美國手中。此點正可以看出南韓的民族的非自主化。美國對韓國的支配，是有韓美相互防衛條約、韓美行政協定、戰時國土徵用權等對美從屬性條約爲後盾的。美國透過這些法律，得以完全實現其對韓國的支配。

另外，最近引起大家注意的老根里良民屠殺事件、坡州基地居民躲避事件、韓半島核武戰爭計劃、五○二七—九八作戰計劃等，又意味著什麼呢？自從韓國版的梅萊村（My Lai）事件曝光之後，南韓其他地區的美軍屠殺事件，開始接連揭發，目前已有三十多個地區被揭發。

美軍的問題並不僅止於韓戰中的良民屠殺。今年初，駐屯在坡州的美軍第二師團愛德華軍營，發生了鄰近居民躲避事件，這說明了什麼呢？今年一月初，該軍營收到華盛頓的美國陸軍作戰中心（AOC）的通報說：「營內被設置了爆炸物，一日爆炸，半徑一公里內將會完全被摧毀。該軍營收到情報後，立即將基地附近的所有美軍、軍眷，以及軍事設備、裝備、緊急疏散或搬移。但美軍當局卻在七個小時之後，才將此消息通報韓國當局。韓國當局開始疏散附近四千多名居民，引起一片騷亂。這一事例說明了駐屯在韓國的美軍，不但不重視這塊土地的主人的生命與安全，而且，還給予非人的待遇。

前美國國防部長的一番話，實令我們毛骨悚然。六年前的一九九四年六月，美國已經做好對北韓核武攻擊的所有準備，此時幸好到北韓訪問的美國前總統卡特，與金日成及時達成積極的協議，才使得核武攻擊命令於發出一小時前緊急撤回，韓半島得以倖免於戰禍。韓國人沒有人知道一小時後就將發生戰爭，我們能想像一旦戰爭爆發會有何等的後果嗎?大概不單是北韓，連整個韓半島都會被炸毀。

非但如此，一場足以令南北韓所有民衆毀於一旦的核武戰爭，美國竟能片面地、稀疏平常地發表。雖說我們是一個喪失軍事主權的國家，美國怎能不與我政府、國民做任何的協商，就如此隨意發表呢?

去年十一月李查基德・賀羅蘭（Richard Helloran）揭發的「五〇二七－九八作戰計劃」又是什麼呢?根據此項計劃，一旦有狀況發生時，美國將從距離休戰線一五五英哩處，展開對北韓的全面攻擊，一直打到北韓最北端邊境鴨綠江、圖們江，迅速占領整個北韓國土，摧毀北韓政權。但是，決定此場戰爭的發動與否的不是南韓的大統領也不是北韓的主席，而是美國的總統。

我們韓國人懼害未來的戰爭的眞正理由在於，它在性格上將完全不同於過去的韓戰，會是一場核武戰爭。美國已經公開表明，一旦韓半島發生戰爭，美國將發動核武攻擊。當然這樣的決定是從未與韓國政府商量過的。

美國對韓半島的攻擊計劃，與美國的新指針的法制化有著直接的關聯。美日間已經在「維持亞太地區的和平與安定」的美名下，達成新指針的協商，並透過日本國會予以法制化。新指針的配套法案包羅的部份很多，但其中最重要的就是所謂的「周邊有事法」，而「周邊有事法」指向的第一個目標就是韓半島。美國已將北韓規定爲「新的威脅」、「威脅區域安定的焦點」，並對北韓展開「包圍」以及軍事—外交—經濟壓迫。如今又更直接地利用日本，加重對北韓的壓迫。於是，美、日加強了其在亞太地區的軍事同盟，並透過法律、制度，將之合法化。而美日如此的舉動，實際上已經威脅到亞洲甚至世界的和平。

規定駐韓美軍的法律地位等的SOFA（又稱韓美行政協定），是人類史上最不平等的協定。這個協定已經使南韓成爲美軍的犯罪天國，南韓國民已受不到應有的保護。儘管戰爭已經結束半個世紀之久，問題依然無法解決。

目前，美國派了四萬名美軍駐屯在韓國，而且，在其建立的基地內，韓國是無法行使主權的。尤其是從臨津閣自由之橋到板門店之間的地帶，美國已把它當成是自己的領土。一般韓國人要經過臨津閣到板門店參觀，不是要向韓國政府申請許可，而是需要向美八軍申請許可。這清楚地表示了韓國的問題已經不只是沒有軍事主權那麼簡單。而且，每年韓國政府還須向美當局支付二十億美元以上的美軍駐屯支援費。

在韓半島的和平問題上，北韓不斷提出將停戰協定改爲和平協定的提議，但美國一直以各種藉口搪塞至今，而且在另一方面又不斷擬定、修正對北韓的戰爭劇本。因而，現在我們處於一種非常緊張的狀態，根本無法知道美國什麼時候會展開一場致命的戰爭。

一般韓國人總是以爲美國是韓國的解放者、救援者、友邦國、血盟軍。但是，最近美國的眞面目越來越清楚。因爲很明顯地美軍的駐屯是爲了美國自己的國家利益；在經濟方面，IMF 救濟性貸款亦不過是爲了對韓國進行信託統治。

韓國人對美國的認識的一個轉換點，正是二十年前的光州民衆抗爭。光州抗爭當時，因爲要求民主化而遭到自國軍隊慘烈鎭壓的民衆勢力，曾要求美國的支援；而另一方面，軍部勢力也爲了「討伐」民衆，而要求美國同意派遣軍隊，結果，美國拒絕了民衆的要求，選擇了支持軍部勢力。

針對這個問題，美國國務院記者曾在記者招待會中質問國務院發言人，標榜人權的美國爲什麼拒絕光州民衆的要求。結果，國務院發言人的答覆是：「這已經不是人權的問題，而是重大的國家利益的問題。」

當時的光州民衆親身體驗了此一事件，光州抗爭也因此而失敗。我們單從此嚴然的事實，就可以認清美國是一個怎麼樣的國家。我們親身見到軍事獨裁集團與民衆勢力間的對立中，美國選擇支持了誰。

除了這些事實以外，從過去五十年美國對我們的所做所爲來看，我們應該淸楚認識絕不能再讓美國繼續駐屯在韓國。如果我們還想要建立一個自主獨立的國家；如果我們還想要追求民族的統一與和解；如果我們還要維護亞洲與世界的和平，我們絕不可以容許美軍的繼續駐屯。因此，我們以民族自主之名，以亞洲和平之名，要求美軍撤離韓半島。

三、朝向統一之路：爭論點與課題

現今世界情勢的迅速變化與複雜化，使我們的民族統一也變得相當撲朔迷離。僅管如此，我們依然會朝向統一的大道邁進。統一可以從內在環境與外在環境兩個方面來思考。外在環境主要是周邊情勢或東北亞情勢，內在環境主要指韓半島內的南北韓情勢。

統一的外在環境已經發生了根本性的變化。首先，東西冷戰結束，東歐等共產國家「轉向」資本主義，從而使北韓除了鄰近的中國以外，已無外援，陷入孤立的狀態。因而，北韓原本還可以與東歐國家一起對抗美國與西歐勢力，如今就只能觸自對抗了。而且，即使是持相同理念的鄰近國家中國，已經不再如前，反而與南韓更親近。

就統一環境來看周邊情勢，未來的變化可能甚至比現在還要大。據專家指出，到二〇二五年，中國的經濟力將超越美國，從而與美國爭奪世界霸權，屆時，中美間的新的冷戰秩序恐怕就會形成。如此形勢一旦形成，韓民族的統一就將更爲難以預期。但，如果現在就急於完成民族統一，統一的形式勢必是南韓併呑北韓式的統一，其後遺症對南北韓來說，都將會是一個重大的歷史負擔。我們的兩難就在於此。

統一的內在環境也發生了根本性的變化。例如，南北韓雙方的領導人都更換了。金日成於六年前過逝，現在由他的兒子掌握權力；而南韓方面也於兩年前完成了「首度的和平政權轉移」，由金大中掌握政權。反對廢除國家保安法、反對釋放良心犯、反對將良心犯送回北韓（譯註：南韓的長期良心犯很多是來自北韓的，因此，出獄後，他們都希望能重回北韓）、堅持相互主義原則、主張加強安保等的金大中政權，是缺乏統一政策的，他以「陽光政策」或包容政策，應對北韓問題。不過，他也促成了今年六月與北韓的高峰會談。

以下筆者想要針對統一的內在因素，具體地指出積極的道路。

(1) 支援北韓糧食的問題

運送糧食給處於飢餓中的北韓同胞，是最確實而具體的統一方法。不但政府應該鼓勵民間展開支援活動，政府本身也應該給予北韓無條件的糧食支援。其實即使是從利益的觀點來看，恐怕也是給予金日成政權財政支援以維持其政權，要比金日成政權崩潰後的收拾混亂局面，要划算得多。我非常懷疑如果金日成政權崩潰，二千二百萬北韓人民湧入南韓，南韓政府或同胞是否有能力應對如此的狀況。

有些人質疑說，北韓的同胞與人民軍會不會吃了南韓政府與同胞送去的稻米後，南下侵略我們呢？此種說法根本不值一駁。如果說，給予經濟上處於困境的北韓支援，是做爲同胞的道理，那麼，給予飢餓的人糧食，就是做爲一個人的最基本的義務。

在對面的北韓，有無數人處於飢餓狀態的此時，正是測試我們還有沒有人性的時候。幫助飢餓者其實也是讓我們恢復人性的機會，同時也是道德的、宗教的偉大義務。如果我們還具有同胞愛，必然會自然表露，幫助北韓同胞。

幫助北韓居民是促成民族和解、和平、統一的捷徑。因爲，即使是從一般人與人的關係來看，肯雪中送炭的朋友才是眞正的朋友，而且接受幫助的人也絕不會忘記這段恩情；眞正的理解與愛，是從困難時接受的幫助開始萌芽。正義一旦無存，和平也不可能維持。

塞利格・哈利遜曾提出個值得我們注意的提案，「稻米—武器同時協商」。也就是我們提供糧食支援，北韓答應將攻擊性武器撤離前線，以緩和軍事緊張。他認爲目前與北韓的協商陷入膠著狀態是「九四年的核武危機的翻版」，因此他認爲：「核武危機當時，曾以同時協商的方式，順利解決危機，現在我們也同樣可以以美國及其友邦國家給予北韓迫切需要的糧食支援，換取北韓將集中佈置在三十八度線附近的攻擊性武器撤離。」但很遺憾的是，韓國與美國當局都對他的提案表示出相當冷淡的態度。我們首先應該努力促使美國取消其對北韓的經濟封鎖政策。

「和」有和解、和平、調和之意。從這個字的結構來看，非常有趣的是它是由表示稻米的「禾」字與表示人的「口」字所組成。也就是說，分享稻米才能和，如果不分享稻米，就很難完成眞正的和平、和解、調和。金芝河曾經發表一篇「飯是天」的詩。詩的內容是說，天是不可以一個人獨享的，同樣地飯也是不可以一個人獨享的。「飯應該共享」這樣的想法，看似帶有宗教色彩，其實它應該是普遍的常識。

我們必須要想清楚，如果我們不送飯給飢餓的同胞吃，那麼任何的宗教信仰、人道主義、同胞愛、統一運動都將是假的。革命詩人朴勞解斬釘截鐵地說：「如果我們不能送飯給飢餓的同胞，任何的價值都是『空殼子』，是『僞善』。」在某報上他還說過：「如果我們不能送飯給飢餓的同胞，所有被認爲是有價值的、所有被認爲是對的、所有被認爲是神聖的，都是空洞的、僞善的，更是一種罪惡，如果我們不立即送飯過去！」（註五）實在是至理名言。

⑵修改反統一的法律的問題

金大中政府應該率先「片面」將所有妨礙民族和解與統一的法律、制度、政策、條約、協約等予以廢除，才是眞正追求和解與統一的具體方法。不管是在人口還是在經濟、軍事等所有面上皆占據優勢的南韓，應該以純粹的動機表現具體的行動，才能解開民族統一的癥結。

首先，必須廢除把北韓規定爲反國家團體的國家保安法。不廢除國家保安法民族問題就不可能有任何進展。禁止並鎭壓民間的統一運動，卻奢言統一的政權，不能不令我們懷疑。另外，如果將北韓規定爲反國家團體的法律一日不廢，與北韓談統一的問題就是一大矛盾。

韓美相互安保條約與防衛條約等，是韓（朝鮮）半島和平的最根本障礙，必須廢除，同時，美軍也應該立即撤離韓半島。韓美相互防衛條約所針對的對象是要和我們談統一的北韓，該條約與南韓的安保根本沒有任何關聯。

⑶簽定和平協定的問題

休戰當時簽定的停戰協定第六十條規定，雙方司令官應建議：「停戰協定簽定並生效後的三個月內，各國代表舉行更高層級的政治會議，協議所有外國軍隊撤離朝鮮和平解決朝鮮問題等的問題。」

但是，作爲戰爭當事者的韓國政府，竟然置身事外，沒有參與停戰協定的簽署，而且根據停戰協定的規定，在日內瓦舉行有關簽署和平協定的國際會議時，竟然與美國同流合污，全力迫使協商破裂，結果和平協定也因此流產。之後，又完全不顧和平協定的精神，全力加強軍備。以至於事隔半世紀的今天，和平協定仍未能取代停戰協定。去年南北韓在西海發生軍事衝突，以及韓半島的戰爭威脅不斷的原因皆源於此。

在休戰狀態下，戰爭是不知道什麼時候會再發的，緊張不安常存於社會，對和平構成了嚴重障礙。因此，我們必須將一九五三年簽定的休戰協定，改爲和平協定，以建立韓（朝鮮）半島的和平體制。但是，一直以來，韓國政府當局與美國都拒絕北韓的和平協定提案。停戰協定從簽定的那一刻開始，就從來沒有被遵守過，因此，戰爭的威脅常存於韓半島，對民族的和解與統一造成嚴重的妨礙，在停戰協定下，也就是在仍然處於軍事對峙的情況下，說要談什麼南北和解、交流等，根本就缺乏誠意，其持續性更是令人懷疑。「在充滿軍事對立與緊張情勢的韓半島冷戰結構下，一時性的成果或對話可能性，隨時都可能煙消霧散，因此，將軍事對立結構轉換爲和平結構，並使南北韓的共存與合作能夠制度化的關鍵，就在於結束韓半島的冷戰結構。」（註六）這段話清楚說明了簽定和平協定的迫切性。

(4)美軍撤離的問題

最近，金大中大統領表示，即使是和平體制建立，民族統一實現，美軍仍有必要駐屯在韓半島，以扮演維持東北亞安定的角色。此發言令我們非常驚訝。而且由於這是歷任南韓大統領中有關美國駐軍問題的首度發言，因而具有相當的重要性。

不過，塞利格・哈利遜認爲韓國一旦統一，有兩個理由使美國不再可能駐屯在韓半島。第一：「從過去的多次經驗來看，韓半島很容易成爲外勢的紛爭焦點、利益的角逐場、因此爲了避免如此的狀況發生，統一後的韓國很可能選擇扮演中立的緩衝國家的角色。」第二：「中國一定會清楚表明在自己的國境鄰近處，若有外國軍隊駐屯，將很難與韓國保持友好關係。」（註七）針對駐軍問題，很令我們感到悲傷的是我們無法同意我們國家的大統領的所言，我們反而必須同意一個外國評論家的所言。

姜禎求教授提出了美軍必須撤離韓半島的五種理由（註八）。(1)東北亞新冷戰秩序一旦形成，駐韓美軍將擔任封鎖中國的角色，導致與中國間的緊張關係，如此必將成爲韓半島統一的決定性障礙。(2)美軍的駐屯，將妨礙南北韓裁減軍備，與和平體制的建立。(3)韓半島的緊張情勢，將隨著美國軍需產業複合體的利益的需要，隨時被調整、製造。(4)會完全封鎖自主的民族史的歷史路程。(5)會繼續不斷強賣武器給我們。

(5)應以南北共助體制取代韓美共助體制

南韓在民族問題上，也就是在統一問題上，一直主張，並實行韓美共助體制。現在的金大中政權也依然如此。但是，如果我們還願意堅守七十二年與北韓共同發表的所謂七・四共同聲明中的民族自主原則與民族大團結原則，就應該以南北共助體制取代韓美共助體制。

讓職場、村莊等先與北韓建立姊妹關係，進行交流，是實踐南北和解的具體道路。如果北韓願意的話，我們應該提供農業技術與裝備以及資本等，盡一切可能協助北韓。當然這樣的協助絕不可以是片面的，而是需先與北韓達成協議，由北韓提出要求時，才給予協助。如果這一部份可以發展，民間部門的交流自然會有所進展。

基督教女性團體已排定北韓的各道（行政單位），為各道展開祈禱活動。而且據報導，（南韓）全羅北道已與（北韓）咸京道結為姐妹道。這對南北韓人民的互相理解與互助都將有正面的作用。不過南韓也必須採取一些措施，才會更有意義。例如，北韓出身的南韓居民，表明放棄其在北韓內所有的所有權、既得利益；承認家族關係的變動等。

⑹實行和平裁軍與宣布中立

為了韓半島的再統一，除了美軍必須撤離之外，也應該裁減軍備。美國人塞利格・哈利遜在「裁減軍備的雙重效果」一文中力勸金大中總統當選人，接受北韓代表部李衡哲大使的「相互裁減兵力」提案，以及「協助北韓度過經濟危機」（註九）。另外，他還建議縮減今年的國防預算。

在討論南北韓和平裁軍問題上，以下幾個問題是我們必須優先考慮的。第一、美軍不撤離是無法討論裁軍問題的。因此，政治評論家曹河滿也說：「只談南北韓裁軍而不談駐韓美軍的裁軍是明顯的錯誤……如果不要求駐韓美軍裁軍，談什麼和平、裁軍都是無意義的，不負責任的。」

第二、只從克服韓半島目前面臨的經濟問題來談裁軍問題，是不可以的。我們要求裁軍是因爲裁軍與民族統一、和平有密切的關聯，是自主的和平統一的必要條件，而且，軍事化是「威脅民族整體生存的最大因素。」（註十）

第三、裁軍的另一個重要性在於，可以向美國等周邊國家表示統一後的韓半島將不會爲他們帶來任何軍事威脅。如果現在對北韓沒有敵意，也無展開戰爭，就應該果敢地進行裁軍。「駐韓美軍或者『韓國安保論』正如同美國政府官員公開所言，是『美國的國家利益』勝過韓國國民的利益的。」（註一一）

另外，不管是從我們的歷史來看，還是從地政學上來看，我國如果不能嚴格地堅守中立國家，必然無法維持自主的生存。我們的民族史告訴我們：「列強國家的軍事、政治干涉，將剝奪我們的自由與國家的獨立性。」（註一二）

三・一運動（譯註：日據時代的一九一九年三月一日發動的全國性的抗日獨立運動）一發生後，在上海成立的臨時政府，提出韓半島保持永久中立的提案，之後，雖然國內外人士不斷提倡，但始終未能獲得重視，也未曾有過深切的思考（註一三）。圓佛教的首任宗法師鼎山宗師宋奎（一九〇〇～一九六二）早在他的「建國論」中指出：「從朝鮮的情勢來看，不採取中立主義就無法生存，如果沒有同盟國的一致支持，建國工作就不可能順利。」（註一四）

如果可以確定統一後的韓國不會威脅任何國家，沒有任何國家會反對我們的統一。我們必須闡明統一的韓半島將放棄軍事力，宣布中立化，不加入任何強國的組織內。因此，「韓國問題的唯一合理解決方案就是由五大強國保障韓半島的永久中立。」（註一五）

(7)聯邦制統一

有關統一方案與統一型態的提案非常多。南韓自第五共和國（一九八一～一九八八）以來，每當政權轉手，新政權總是會提出統一方案。曾經出現的統一方案包括民族和合民主統一方案、韓民族共同體統一方案，而現在的金大中總統也提出了他一向主張的三原則三階段統一論，但是這些主張都太過形式化，人爲因素太強，最重要的是都是以對歷史的靜態理解爲基礎的。

我們有必要對北韓所提出的聯邦制統一方案作眞摯的研究。這是一九六〇年八月北韓金日成主席首度提出的。金日成提出「南北聯邦制」做爲過渡階段。根據北韓的說明：「在祖國的自主、和平、民族大團結的原則下，最現實而合理的方案即是維持南、北韓目前的思想與制度不變，由南北韓聯合成立單一的聯邦國家。」

以「一民族一國家兩體制」爲目標的聯邦制統一方案，期望超越體制與理念的不同，以聯邦制方式，完成民族的統一。雖然這不是終極的目標，但考慮到過去半世紀以來，南北韓一直生活在不同的體制與不同的理念下的情況，這可能是最有可能性、最具現實性的方案。

四、結語

今年六月，金大中總統將與北韓的金正日舉行之高峰會談。如果這次會談願意眞摯的面對民族統一問題，如果雙方期望這次會議能夠成爲一次有意義的會談，就必須先解決美軍撤離的問題。美國自己都曾表明美軍駐屯的目的在於保護美國自己的利益。從最近的超級三〇五條款、烏拉圭協定、IMF等，我們可以淸楚看到，美國只是將韓國當作自己的商品市場。幾年前詹姆士・雷尼在其駐韓美國大使的認準過程中，向負責審核的美國國會議員們說：「韓國是過去十多年來美國的世界商品市場中成長速度最快的一個國家」、「是美國的第八大貿易國家，是第七大出口市場。」、「我將以前任美國大使爲榜樣」、「處理尖銳的政治、經濟、安保關係時，維護美國的利益。」、「盡我最大的努力完成任務。」當然，在他的說明之下，美國國會輕易地批准了他的職任。

尤其是有關武器市場的部份，韓國是美國重要的老顧客。李永禧教授曾指出，美國販賣武器給南韓的時機，與美國報導北韓增強兵力的消息，強調北韓南侵的可能性的時機，是一致的（註一六）。據某位熟悉美國的商業戰略的教授表示：「核武強國爲了他們的武器生意，是不惜製造戰爭的，而且他們還賄賂美國國務院、國防部、聯合國、南韓內的主要人物，不惜一切販賣新型飛彈、攻擊用直升機，坦克破壞用新武器、再來式新武器等，因此我們絕不能被他們所騙。」（註一七）

今年剛好是韓戰爆發半世紀。如果我們希望克服戰爭的經驗，爲民族的共同繁榮與將來開創一個創造性的歷史，我們必須讓美軍撤離韓半島，實現民族自主。這才是民族和解與統一的正道，同時這也是維持韓半島甚至整個東南亞的和平之路。

第四屆「東亞冷戰與國家恐怖主義」國際學術研討會
——韓國「光州五・一八抗爭」第二十週年
二〇〇〇年五月十七～二十日韓國光州

注釋：

註一：姜禎求，現代韓國社會的理解與展望，七四頁。

註二：鮮于學院：韓美關係五〇年史（日月書閣，一九九七）九～十頁。

註三：韓國史講義，三五六頁。

註四：曹成昆，「北韓指派的情報人員七、七二六名消失了」「韓民族二一」一九九九年八月五日，三二頁。

註五：「韓民族」月刊，一九九七年，四月三十日，第二二頁。

註六：曹民，「冷戰文化的克服與民族和合之路」，二二頁。〔開展新千年東北亞和平與韓半島統一時代的新力量！」（一九九九年十一月八日，資料集）。

註七：塞利路·哈利遜，「國家聯合、統一，以及東北亞和平」「韓民族新聞社」「新世紀與韓國二十一世紀東北亞秩序」（資料集）

註八：姜禎求，「『國民的政府』的統一政策之評價與展望」：包容政策的統一指向性與反統一性」，四六頁，韓民族新聞社，「新世紀與韓國，二十一世紀新東北亞秩序」（一九九九·五）（韓民族新聞創刊十一周年紀念，國際學術會議資料）。

註九：「韓民族」月刊，二〇〇〇年一月十日出版，第一～二頁。

註十：曹河滿，「和平·裁軍宣言文與聲明書，必須重寫」「全國聯合」，「一個海外統一運動家所呼叫的祖國」（全國聯合，一九九九）六〇～六一頁。

註十一：李泳禧，「洞窟中的獨白」四六〇頁。

註十二：崔奉倫，民族統一運動——為民眾的統一運動的展開——（韓白社）一九八八，二八一頁。

註十三：中立化論是早自日據時代就由海外的全勇重、金三奎、崔奉倫等，不斷提出。解放後，美國的著名碩學家、政治家的麥克·曼斯彼德及愛德雲·萊曉等具有影響力的領導者，也曾提出。獲得當時的學生與知識份子，以及革新界政治人物的熱烈支持，尤其是全達浩（音譯）所領導的社會大眾黨，更在一九六一年一月，將韓國的永久中立化統一列為政黨綱領。不過，當時的南、北韓當局，並沒有重視這樣的主張。

註十四：「鼎山宗師誕生一〇〇周年紀念事業會」編，和平統一與鼎山宗師建國論（圓佛教出版社，一九九九）一一〇頁。

註十五：崔奉倫，同書，二八四頁。

註十六：李泳禧，「洞窋中的獨白」，四一二～四一三頁。

註十七：盧廷善，「南北共同體的生存與北韓的核子」，一九九四年四月四日，於YMCA發表。

重新恢復健康的民族魂

藍博洲

從一個老兵返鄉探親的故事談起

一九七九年，隨著中國共產黨改革開放政策的實施，台灣海峽兩岸的關係，至少在政治口號上，也從「解放台灣」與「反攻大陸」的軍事對峙狀態，進入「和平統一」與「三民主義統一中國」的相對緩和狀態。

就在這樣的兩岸情勢下，一九四九年隨著國民黨在中國內戰中敗退台灣的老兵們，也展開了要求當局開放人民返鄉探親的運動；一九八七年，台灣當局終於在民衆運動的壓力下，初步開放了人民赴大陸探親的長期禁令。於是，無以數計因爲這樣那樣的原因而從大陸來到台灣、四十年來不得與家人通信，更不能返鄉探親的大陸各省籍的台灣民衆，紛紛經由香港第三地，展開了一幕又一幕令人感慨萬千的歸鄉記。這樣的情景恰恰反映了中國唐代詩人所云「少小離家老大回」的歷史況味吧！

就在這段期間，個人因爲採訪工作的關係，認識了一個同樣也是大陸籍的老兵，不同的只是這位老兵原來卻是參加韓戰的解放軍戰士，被俘以後從韓國遣送台灣，並且變成所謂的「反共義士」。面對著台灣社會洶湧澎湃的返鄉熱潮，第二年的春天，這位「反共義士」也向我表明了他即將返鄉探親的計劃……然而，隨著日子一天天過去，春天過去了，夏天也過去了，這位「反共義士」卻一直還沒有動身返鄉。我考慮到，老先生是不是因爲缺少旅費，一時無法成行，於是就誠懇地向他主動提起；如果缺錢的話，我可以請一些文化界的朋友幫忙，先幫他湊一筆旅費……；「錢，不是問題；」老先生表明自己的經濟條件，但是，仍然沒有透露他遲遲沒有返鄉的理由。日子仍然一天天地過去，終於隨著天氣的日漸轉涼，人們也開始穿起冬衣了；就在這時候，平日總是穿著短袖汗衫從事社區打掃工作的老先生，也穿起了長袖的衣服，並且在見到我時，興奮地告訴我說，他過兩天就要回大陸老家探親了。聽著老先生這樣說，再看了看老先生穿上長袖衣服以後，原來刻刺在手臂上那幾個刺眼的「反共抗戰」、「殺朱拔毛」青藍色刺青也被遮蓋了起來，這時候我才恍然大悟，原來老先生之所以遲遲不敢返鄉，不過就是他主觀上想要遮蔽手臂上那幾個當年被刺上的反共的政治口號吧！

儘管一九五〇年代的韓戰已經停止了幾十年，可它給一般民衆的生理與心理的烙印，卻始終沒有辦法從人們的記憶中祛除。今天，個人作爲一個來自中國台灣、韓戰以後出生的文學工作者，有這樣的榮幸來到這個飽含歷史意義的韓戰停戰區，參加這場二〇〇一和平營的活動，向來自各國各地的進步的文學先進們學習，因此特別感到既興奮又感慨！

韓戰與台灣五〇年代白色恐怖的歷史本質是一樣的

對韓戰以後出生的台灣青年而言，在我們的成長過程中，韓戰，一直是一個既遙遠陌生又熟悉具體的歷史事件；因爲通過台灣社會四處可見的那些手臂上刺著反共口號的「反共義士」們的身影，以及每年一月廿三日被強迫參加的所謂「自由日」的反共紀念大會中，我們年復一年地被灌輸著統治當局刻意要我們知道的韓戰的歷史解釋。也因此，對我們而言，要認識到韓戰的歷史本質，也就需要在思想意識方面，長期自覺地克服整個主流社會的病態狀況，才有可能。

歷史的事實是，五〇年代爆發在朝鮮半島的韓戰和同一時期台北國府在台灣島上展開的白色恐怖，其實都是在屬於帝國主義霸權時代發生的衆多事變中至今仍然使人們深受禍害餘毒的兩個具體例證；即使在形態上有所差異，屬於事件基因的歷史本質——帝國主義勢力與人民的反帝力量的鬥爭——卻是一樣的。

韓戰之前，台灣的政治形勢大概是這樣：

一九四九年十二月七日，在大陸的內戰戰場上節節敗退的國民黨政權殘餘勢力撤退至台灣。一九五〇年三月一日，形式上已經辭去了總統職位的蔣介石，在「全黨全民」的邀請下「復職」，台北國府正式成立。台灣從此作爲國民黨政權最後的反攻基地而存在，也因此它即將成爲國民黨政權開闢的內戰的「另一個戰場」。台灣人民也因此無法避免地被捲入了中國內戰的歷史漩渦。

就台北國府而言，由於向來支持國民黨政權打內戰的美國政府，早在一九四九年八月五日，已經通過《中國問題白皮書》的發表，拋棄了蔣介石，並對中國情勢改採消極觀望的態度；因此，流亡台北的蔣介石已經失去美國老大哥的依靠；與此同時，它在內部還要面對因爲內戰慘敗所帶來的權力人事結構的大混亂和黨政軍士氣普遍瓦解的局面；另外，更大的危機就是，在大陸戰場上已經獲得全面勝利的紅軍，隨時都有乘勢攻台的可能性。就在這樣困難的主客觀情勢下，台北國府爲了鞏固岌岌可危的政權不得不準備做困獸之鬥。也因此，面對島內自一九四七年二•二八事變以來持續緊張的官民關係，它只能運用國家機器中的直接暴力手段，針對島內反抗現有體制的革命或革新勢力進行違法的摧毀行爲。

台灣人民於是就成爲國民黨以「反共」之名而展開的白色恐怖的受害者。

台北國府的白色恐怖作業

爲了肅淸島內潛在的反對勢力，台北國府於是展開它執行白色恐怖的準備作業。

首先，蔣介石已經通過一九四八年第一屆國民代表大會中強行推出的「動員戡亂時期臨時條款」建立了統一個人獨裁的基礎。

一九四九年一月五日，蔣介石嫡系陳誠就任台灣省政府主席兼「台灣省警備總司令」，並沿襲日本帝國「台灣總督府……台灣司令部」特務機關的建制，參考內戰時期「行營」和抗戰時期「戰區」第二處的規模，在警備或保安機構中設立第二處或保安處，以「防範共產黨活動及叛亂組織」，「緝拿共諜的經濟或以經濟爲掩護的機構」之名，任意逮捕、偵訊、起訴，以至於定罪。

· 五月一日，實施全島戶口總檢查。

· 同月廿日，警備司令部發布長達卅八年的「軍事戒嚴令」（一九四九·五·二〇—一九八七·七·十四）。

· 同月廿七日，警備司令部再明令禁止「非法」集會，結社、罷工、罷課、罷市，並制定新聞、圖書、雜誌管理辦法。

· 六月廿一日，公布「懲治叛亂條例」（十三條）。

· 七月九日，省級公務員推行聯保制。

· 八月廿日，蔣介石在高雄召開秘密會議，增設包括蔣經過在內的「政治行動委員會」，統一所有情報工作，並使之充實、強化。

．九月一日，成立台灣省保安司令部。

．十月廿八日公布「限制役男出境辦法」。

一九五〇年三月一日，蔣介石復職。當天，他就指令成立「台灣情報工作委員會」，任「二二八劊子手」彭孟緝爲主任委員，負責協調指揮國民黨的黨、政、軍、憲、特各情報特務機關；各情報務機關則派出「高級人員」爲「台灣情報工作委員會」委員，並將各自人馬全部統一於「台灣情報工作委員會」之下，重新造册換證，開展「肅諜」活動。

．三月八日，為了防止中共地下工作人員潛伏山區，開始實施山地檢查。

．四月十三日，公布「出國護照發行限制辦法」。

．同月廿九日，台北國府外交部又宣佈停止辦理出國旅遊觀光護照（一九五〇・四・廿九—一九八〇・一・一）。

．六月四日公佈「戡亂時期教育實施綱要」，規定從小學開始實施三民主義和反共抗俄教育。

．六月廿一日公佈「戡亂時期檢肅匪諜條例」（一九五〇・六・廿一）……等等。

這樣，國民黨流亡政權已經在台灣逐漸完成了極其嚴密的思想和行動的控制體系。可以這麼說，就在朝鮮戰爭發生以前，台北國府已經在台灣準備好了進行白色恐怖的主觀條件。

韓戰改變了台灣的命運

事實上，從一九四九年四月六日武力鎮壓台北學運的「四六慘案」到一九五〇年五月底爲止，台北國府遍佈各地的軍、警、憲、特務機構已經秘密逮捕了數千名的政治「嫌疑犯」。台灣全島也籠罩在一片風聲鶴唳、人人自危的白色恐怖當中。

然而，台北國府因爲已經失去美國老大哥的支持，它擔心貿然發起全島的軍法大審，恐怕會引起積怨日深的民衆的反彈，進而引發類如「二・二八事變」那樣的全面動亂；果眞如此的話，局面就不好收拾了。因此，在所處的客觀情勢還相當不利的情況下，國府當局只好以「案雜人多，偵訊費時」的表面理由，暫時只關押嫌犯而遲遲沒有正式移送法庭。

就在這個關鍵時刻，朝鮮半島的韓戰於六月廿五日爆發了。美國基於本身西太平洋整體戰略的考量，在來不及扳倒蔣介石政權另立反共親美傀儡政權的情況下，只得重新支持蔣介石政權。儘管美國國務卿艾奇遜在六月廿三日還表示不再供應台灣軍事援助，可六月廿七日，美國第七艦隊還是駛入台灣海峽，阻斷了大陸紅軍解放台灣的可能性。

對於面臨生存困境的台北國府而言，韓戰不但產生了絕處逢生的影響和作用，而且使得它在轉危爲安的情況下，敢於發動籌備已久的島內肅清活動。在美國支持下一場以「反共」之名的大掃蕩全面展開，台灣全島籠罩在腥風血雨之中。

據保守的估計，在這場長達五年的巨大的恐怖政治中，國民黨政權在台灣殺害了至少三千名上下不分省籍的「共匪」、愛國主義知識份子、文化人、工人和農民，並將上萬的民衆投入十年以上到無期徒刑的牢獄之中。這就是一般所說的「台灣五〇年代白色恐怖」。

從世界史的宏觀來看，台灣的五〇年代白色恐怖是在國共內戰與國際冷戰的雙戰結構下產生的歷史悲劇。對這些五〇年代的政治受難者來說，由於這場恐怖的政治風暴所具有的「雙戰構造」的性質，因此，他們也就飽嚐了民族的和階級的雙重悲劇所帶來的無比痛苦和悲哀。

重新尋找被湮滅的歷史記憶

對韓戰以後出生的我們這代台灣青年而言，認識到這樣的歷史事實卻已經是三十幾年以後了。衆所周知，在白色恐怖政策下，政治犯的逮捕與審判完全是秘密進行的；再加上辦案機關包括警察、憲兵、特務等不同機構；在官方的檔案沒有完全公開以前，當年恐怖政治的具體情況，也就不可能有一個準確的估計。長久以來，台灣五〇年代白色恐怖的歷史，在統治當局刻意加以掩蓋扭曲的政治控制下逐漸失落了；在嚴厲反共的社會氣氛下，爲了生存，大部份當年的受害者也刻意遺忘那段被侮辱與被傷害的歷史記憶；這樣，在反共社會的台灣，隨著歷史的進程，受到以美國爲主的資本主義文化的洗腦，反共親美的意識形態於是成爲台灣民衆價值觀的主流；也因此，承續著日據以來反帝、反資、追求國家統一的五〇年代受難者們的價值觀，也就更加不能被當代台灣主流社會一般民衆的新價值觀所接受；所以，那段不契合當代意識形態主流的歷史，也就漸漸地被人們刻意遺忘了；台灣社會也因此成了一個對歷史集體失憶的病態社會，也因此，對台灣社會而言，五〇年代白色恐怖的歷史悲劇所在就不僅僅是殺了多少人或關了多少人而已，而是它把台灣進步的思想傳統（哲學、文學與藝術）徹底肅清，以致於整個社會的思想意識長期地陷入喪失民族主體性的可悲的虛脫狀態。

我們都知道，台灣五〇年代白色恐怖或韓戰都是在世界冷戰結構下所產生的歷史悲劇，爲了抵抗它所帶給人民的痛苦和悲哀，只有通過大多數人民對反人民的政權保持清醒、警覺和監視；因此，我們就有必要對過去的歷史經驗不斷地做痛苦回憶，並一再地叙述。但是，一直要到一九八〇年代初，也就是台灣最後兩名五〇年代的政治終身監禁犯在坐滿卅四年又七個月的牢而假釋出獄前後，以陳映眞爲主的台灣極少數進步的文學家，才能夠突破戒嚴令下的思想控制，迂迴地通過文學的創作與報導，具體而微地反映了這段不爲一般人所知的歷史與思想；同時也爲我們這些還在大學就學的、追求進步的文藝青年，指出了一條正確認識台灣歷史的方向。

從八〇年代中以來，我們這一代年輕的文學藝術工作者，也在上述的認識基礎上，以陳映眞先生創辦的《人間》雜誌爲基地，走向台灣各地的城鎭與鄉村，廣泛採集散居各處五〇年代白色恐怖政治犯及犧牲者遺族的口述歷史，並試著以這些民衆的歷史叙述來重建被統治當局長期湮滅的民衆的歷史記憶；進而根據這樣的歷史材料，以報告文學、小說、戲劇、紀錄電影、美術……等等不同的藝術手段，反映這段在帝國主義勢力干涉下，台灣人民所遭遇的歷史命運。

共同克服分裂狀態追求國家統一

韓戰，以及台灣的五〇年代白色恐怖所帶給兩地人民的痛苦和悲哀，在歷史本質上都是一樣的。我們都知道，從二十世紀初開始，資本帝國主義的掠奪與侵略性本質，就不斷地在世界後進地區赤裸裸地展現「吃人」的面貌而不以爲恥；無庸諱言，韓戰，以及台灣的五〇年代白色恐怖不過是它在二戰後的歷史時期，在朝鮮半島與台灣地區的兩個表現而已！

今天，在台灣五〇年代白色恐怖的歷史悲劇早就被一般大衆所遺忘了，就算是身處韓戰停戰區，我們似乎也很難再聽到韓戰當年的隆隆砲聲了；因此，一般人會說，這樣的歷史已經只是歷史的一頁記載了。然而，作爲文學工作者，我們卻深深知道，不管是韓戰或是台灣五〇年代白色恐怖，它都遠遠沒有成爲過去的歷史，它們帶給兩地人民的餘害仍然肆虐於「人民的現實生活中，並且具體表現在國家分裂的現實政治當中。」就在國家長期分裂的狀態下，我們看到；無以數計家庭不能團圓的人倫悲劇還在持續著；同時，整體民族的心靈也處於分裂的不健康狀態……。

今天，作爲一個進步的文學工作者，如果我們還相信「文學家是人類靈魂的工程師」這句話，我們就應該共同努力通過我們的寫作來克服國家分裂的狀態，追求中國與韓國的國家統一，進而讓兩地人民被帝國主義所傷害而扭曲的民族魂，重新恢復健康的狀態。

二〇〇一年十月十五日

【特薦論文】

檢測「多元文化」

趙剛

一、作為一個政治修辭的「多元文化」

修辭，簡單的意思就是某些好聽的話語，直觀上很合理，但是經不起分析，因爲它經常是要去掩飾某些現實的，因此是一種策略性話語，要去進行動員的。例如五〇、六〇年代冷戰時期談的「和平共存」，它掩飾的是隨時都有可能的全世界毀滅在核子戰爭之下；「全球化」掩飾的則是它是以美國爲主導意象的一個發展傾向；台灣的大學裡頭有「追求卓越」，但是事實上這個卓越掩飾的是追求庸俗化的與美國接軌的學術量產；其他常聽到的修辭還有「命運共同體」、「雙贏」……等等。二〇〇五年下半我在北京，常常聽到「和諧社會」這個詞，這是不是修辭？可能是我這半年裡頭要去體會的一件事，但我直觀覺得這也是修辭吧！

台灣最近這幾年，特別是二〇〇〇年以後，特別是從綠的陣營，也就是民進黨陣營以及跟民進黨比較有關的學者所開始談論的「多元文化」及相關概念。主要的發生脈絡是什麼呢？就在地層次而言，這個修辭的出現其實是要面對二〇〇〇年之後民進黨開始執政面臨的一個困境。在它執政之前呢，它所依賴的一個動員方式是一個二元對立的方式。它要去訴諸一個很簡單、很明確的感情切線以及身份認同，來進行它的選舉政治的奪權運動，這即所謂的「身份政治」，也就是說我們台灣人要怎樣怎樣，我們被外省人、被中國人怎樣怎樣…。這樣一種非常帶有情緒強度的叙述策略，的確非常具有爆發力，也得到現實的成功。我說成功是就其狹義意義而言，就是它獲得政權了（註一）。

那馬上得天下，也不見得同樣的邏輯可以從馬上治天下。我覺得民進黨也面臨著這樣一個問題，它的支持率始終徘徊在百分之三十至四十，最高就是二〇〇四年的總統選舉到達投票總數的百分之五十而已，而那是一個對決的狀態。最後變成說百分之五十以外的人不是曖昧地不支持它，而是堅決地反對它——這從二〇〇四年三月大選爭議性開票之後，台灣史無前例的超大規模的凱達格蘭大道前的聚集抗爭可以看出來。最後發現把選舉語言拉高到那麼戲劇化，它的支持也不過才能達到百分之五十這個門檻，那怎麼辦呢？所以它當然就想要如何突破族群緊綳的狀態及二元對立的話語，要獲得更多更多的群衆支持。是在這樣一個脈絡之下，政治與「學術」合拍了，然後就更密集地出現了多元文化的談法，作爲民粹動員的另一條輔助路徑。「多元文化」翻成白話，就是說不管如何，不管你認同中華民國，或者你來自藍的陣營，或者你是外省人，都沒有關係，我們現在要去進行一種工作，大家不要分彼此，一起「愛台灣」。民進黨在二〇〇四年九月，通過了「民進黨族群多元國家一體決議文」的這樣的一個文件，一份政策白皮書（註二），其實就是要去解決、軟化內部的衝突，讓本來被排斥的人認識到我不再把你們當作外面的人，希望你們認識到，不管怎樣，「我們」都是屬於台灣這個社會的人，大家也許過去有些衝突，但這些衝突應該不重要了，我們要去化解我們之間的一些敵意，我們應該要在新的角色裡學習去包容，承認各個不同的族群，包括外省人，這樣可以形成族群多元了……。照理說族群多元也就是說多元文化，目的就達到了，但是族群多元只是個逗點，最重要的就是後頭的「國家一體」。所以這個決議文是相當誠實的，標題就直接展現出來司馬昭之心，族群多元是爲了什麼呢，是爲了國家一體。以民進黨族群事務部的主任的話來說：「以多元主義重建台灣主體性」（註三）。所以，多元文化這個辭令爲什麼能找到一個發酵點，其實就是因爲它和政治的需要走到同一個點上了——這是在地脈絡。

全球脈絡其實就是整個台灣多元文化敘述的主線，是美國多元文化論的一個模擬，以及一個變異。從最早發展出多元文化論這整個一套話語的北美語境來看的話，它是九〇年代初才大量進入學術市場以及日常話語，而且聲勢非常大，它的出現，其實是跟七〇年代末八〇年代以來，整個所謂「對差異的崇拜」以及所謂「承認政治」的這樣一個新風潮或文化轉向有密切的關係；同時這也與早在七〇年代就出現的政治正確轉向有密切的關係。多元文化這個概念會在美國出現其實有它的脈絡，原來美國這個國家，在倫理上、政治上、道德上最大的一個痛處就是黑白問題。到八〇年代末，多元文化這個詞事實上是被用在一個新的語境之下去處理黑白問題。黑白問題在九〇年代不能夠再用二分法、二元對立的架構去再現，因爲整個語境都轉移了嘛。之前，好比我八〇年代中在美國讀書的時候，談黑白，談美國種族問題，常用「多數」與「少數」這樣一個抽象且隱晦的說法，有時候直接用黑人與白人。當然在更早，六〇年代以前，種族問題還並沒有被問題化，都說美國是一個文化熔爐嘛，所有的人都可以在裡面被熔起來。德國人、芬蘭人、甚至俄羅斯人都可以熔，但最後黑人沒辦法熔，所以黑白問題一直是美國這樣一個自詡爲古典移民國家的整個國家自我意識的理論中的最大矛盾之處。到了九〇年代，也還是得要去面對與解決這個問題，「多元文化」是在一個後結構主義文化轉向與政治正確轉向大氛圍之下，它嘗試用一個新的語彙去處理老問題。

然後美國八〇年代以來興起的社群主義其實在知識上頭跟在政治上頭和多元文化論是亦步亦趨的，例如查理斯・泰勒他本身既是一個社群主義者，同時也是一個首要的多元文化論者。多元文化論其實跟北美的社群主義共用一個原則，就是歌頌差異性與多元性。自我封閉在美國這樣一個民族國家的憲政架構下，去談這裡頭公民群體之間的相互承認跟相互包容，然後去歌頌這般的文化多樣性。所以在多元文化的大氛圍之下，出現了很多新的關於種族或族群的稱謂，糾正了過去對這些被指者的輕蔑話語。在這個話語轉變裡頭，最有象徵意義的轉變就是，八〇年代我在美國的時候，美國白人說黑人就是說black，這原來也大多已經沒有歧視意涵了，但現在在某些場合講black，就像人們說上茅房一樣，有點刺耳，現在同樣的指涉要轉換成非裔美人（Afro-American），就好像改說用化妝間比較文明是一個意思。這是一個政治正確的話語轉變。

美國是由很多種族群、種族構成的一個文化上存在差異但大家又相互承認的一個平等的、多元的地景——這是一個美式多元文化論者所期許的，雖然也會批評，但他們心目中還是認為美國其實也比較接近這樣一個狀況。我這樣敍述的口氣好像帶了一些諷刺，大家會覺得我一定是完全否定多元文化論者的講法，但其實並不然，我覺得它還是有它的一些合理性，例如對比於它之前的那種完全反事實的，說美國是一個民族熔爐的說法，我覺得它至少還敢面對這樣一個事實：熔不了嘛，至少有些東西一直還沒有，而且以後也很難被熔在一塊兒。我認為它是挑戰了過去以盎格魯—撒克遜種族為主體的民族熔爐霸權文化。在那種霸權文化裡頭，人們不會談到多元文化這個概念，要談一定是談融合，談同化。那現在呢？這些弱勢者包括猶太裔美人、非裔美人，多元文化給了他們一些修辭的力量，讓他們比較能夠有一個身份的基礎去要求被承認，反對歧視——這是它的好處。

二、將修辭對質現實

我們歷史地看多元文化論，在美國，它的確比以前那樣一種民族大熔爐的迷思要進步，在台灣，它似乎也比之前的福佬沙文主義的民粹運動要強。但是，我們對於這個問題的理解不能停留在直觀上，恰恰因爲修辭正是在直觀上對我們暗示與說服。「多元文化」是一個什麼樣的修辭，在它鼓吹的價值之下，它是否在遮蓋或壓制其他也許更重要的價值呢？要確切回答這個問題，就必得要經過現實檢測。我一向相信對任何的概念或價值的評量，都必須要做一個基本的功夫，就是要去考量這些價值在現實上頭到底如何被施行？這些價值能夠被成功實行的機會是怎樣的？我在這邊針對兩個主題進行現實檢測，一個是關於種族，一個是關於流移勞工；受檢對象包括美國與台灣的各自狀況。

㈠現實檢測之一：美國的黑白關係與台灣的原漢關係

美國黑人目前的實際生存狀況我覺得是檢測多元文化是否是一個修辭的重要試金石之一。要去談說美國黑人狀況到底怎麼樣，我覺得必須要有一點歷史感。首先我們知道六〇年代中以前，美國黑人事實上承受著非常重大的歧視，這個大家看很多電影或者小說都會得到一個直觀的理解，是不必爭議的。美國黑人的生存狀況在六〇年代以前跟所謂解放的迷思是完全相反的，在北方城市或者在南方鄉間，黑人是一個在政治、經濟、文化、審美、空間上頭都完全被歧視的群體。其實我們是很健忘的，一九六〇年代中以前在美國南方，巴士還是要分成前面是白人區後面是黑人區，白人區就算都是空位子，黑人也不能夠挪到那兒。相對於這樣一個被歧視狀況，六〇年代出現了兩個運動，一個運動就是馬丁・路德・金所領導的那樣一個黑人民權運動。這一個民權運動基本上是要去壓抑黑人作爲一個種族或作爲一個文化群體，要求黑人被包容到美國這樣一個民族國家體制裡頭。所以馬丁・路德・金的這個運動事實上是一種爭取公民權的運動，它是一個要求黑人作爲這樣一個共同體的成員，被其他人其實就是白人，所承認的運動；他承認美利堅合衆國是一個民族國家，他要求的是一個普遍的公民權。到了六〇年代中後期有了黑人穆斯林運動，像馬爾科姆・X領導的這樣一個激進運動出現了，對早期馬丁・路德・金的運動而言事實上是一個反命題；基本上馬丁・路德・金承認的東西他都否認。他基本上不承認美國是一個民主的民族國家，而是一個種族歧視國家，他不希望被「包容」在裡頭，也不要爭取公民權，他企圖透過一個非常宗教性的、美學性的、精神性的分離運動，建立一個準軍事化的，帶有父權制色彩的種族社會。在馬爾科姆・X的運動裡頭，我們已經看到他是在爭取一個很強烈的文化訴求，黑人有黑人的眞理，黑人有黑人的道德，黑人有黑人的審美，黑白這兩個群體是不能夠混同在一起的，你是你我是我好了。所以馬爾科姆・X是代表了一種很樸素的、很雛形也很極端的多元文化論。

在這裡頭我們可以看到，馬丁・路德・金領導的是一個在現代憲政民主體制下頭的追求公民權普世價值的這樣一個民主運動。而馬爾科姆・X領導的是一個文化自覺運動。假如以某種貫穿歷史的角度來看的話，我們剛才講到的一九九〇年代的多元文化論與社群主義，應該是馬丁・路德・金跟馬爾科姆・X以來一個歷史發展的綜合命題。爲什麼呢？這並不是純粹從一個形式上去推演，而是說的確無論是就它的主要精神和要求，相對於馬爾科姆・X那樣一種非民主方式，它要求是在一個憲政民主架構下進行。相對於馬丁・路德・金的對文化的漠然，它要求發展多元文化。多元文化論是要在好比美國這樣一個民族國家憲政架構之下，尋求文化群體間的相互承認，這裡既包容了某些馬丁・路德・金的普世性價值，也包容了文化特殊性的面向，所以我說這是一個歷史的綜合命題。

但是，不管是馬丁・路德・金，還是馬爾科姆・X，還是一直到了九〇年代初出現在北美的多元文化論，我覺得它們三者之間儘管差別這麼大，但是後設地看又有一個共同性，這個共同性就是三者共謀地或者巧合地都不談階級的問題。在他們對社會的多元想像裡頭，社會是一個平面的。他們想像的社會就像是美式披薩那樣的一個餅，然後多元文化就是上面撒點香腸啊，撒點青椒啊，使它看起來很多元。我這樣講好像有點搞笑的味道，但事實上我要用這樣一個比喻來說他們這三者對社會的想像都是平板的；社會沒有一個縱深，社會沒有一個垂直差異，在他們來說只有水平差異，散落在各個平面位置上的差異。八〇年代以來因爲新自由主義全球化而愈演愈烈的經濟不平等之下，也就是說在美國社會裡階級鴻溝拉得越來越大的時候，他們去慶祝所謂的文化多樣性，至少我覺得這本身是一個很有趣的現象。多元文化論者他們站在一個什麼樣的基礎之上，能夠這麼有信心地不去面對階級議題，預設社會是一個平板狀態，然後堂而皇之地去歌頌這樣一種文化多樣性？

不僅是學術上如此，大眾文化上更是如此。舉個例子來說，前些年那個好萊塢電影「泰坦尼克號」（台譯：「鐵達尼號」）在中國大陸也很受歡迎嘛，江澤民同志也勸大家都要去看這個電影是吧。我覺得大眾文化也顯露了一些時代的秘密。「泰坦尼克號」，它是有船艙等級，就是分爲頭等艙、中間艙和下等艙。在下等艙裡，「泰坦尼克號」拍攝的方式就是強調它是一種文化，下等艙裡頭的這些人一點也沒有展現出階級的弱勢，而是大家狂歌縱舞啊，那是一個快樂的、有生命力的，在某種意義上比上面的文明世界還要更眞實的「文化」。那頭等艙的，就是香檳酒小提琴，快死之前大家還要矯情地奏上一曲。大家可以看到「泰坦尼克號」是一個分層的社會，沒有呈現我所說的那個披薩式的樣態，它當然沒有那麼不合現實，這個電影假如那麼完全不合現實就沒人看了。當然這個「泰坦尼克號」是很多層的，但是這很多層在任何意義上都不能被理解成階級。「泰坦尼克號」事實上把階級轉化成差異，也就是說這些上下層並沒有階級的意涵，只是不同的文化孤島（cultural enclaves）。我覺得這個是通俗文化的展現方式，所謂社會的內部只有文化的差異性而已，階級並不存在。我們知道階級間的壁壘裡最重要的是通婚或者是愛情嘛，那恰恰好在這部電影裡頭最下等艙的人與最上等艙的人發展出了愛情，就點明他們之間存在的不是階級的壁壘，而是一種文化的差異，而文化差異下的異性相吸變成了最核心的、最浪漫的賣點所在。

多元文化論其實分享了「泰坦尼克號」的對社會與文化的想像。但我們可以提問，在這樣一種多元文化論中誰受益最大呢？這種多元文化論強調各個不同的文化孤島的美學特色，而沒有去談論這些不同的人群在這個社會裡所受到的不公平的待遇，以及不公平和差異之間的複雜相互構成關係。不平等（包括剝削和宰制關係）被懸置了，把精神集中在美學化文化差異。例如說我們如何去理解美國哈林區呢？現在美國哈林區的青少年，十幾歲的時候談論的最大的話題是說，等再過兩年我死的時候，你們怎麼幫我去辦我的葬禮啊！十七、十八歲的人談的事情是這種東西。在所謂的內城裡，道德絕望、經濟崩潰是不爭的事實，但在這種情況之下，跨國企業例如生產耐克球鞋的廠商呢，他們卻經常去剝削這樣一種文化孤島的某種審美意象，例如用那樣一種昏暗的背景，拍出紐約哈林區的那種暗紅磚的集體樓房，在那個媚俗的柔焦背景之下，黑人青少年在社區運動場裡頭縱身灌籃，在灌籃那一展現了力與美的剎那，他腳上穿的是耐克。這樣一種對於文化資源的想像，事實上是極其粗暴的，完完全全沒有考慮到它背後的某種政治傾斜。類似的例子當然還有像是 hiphop 這些流行音樂，跨國音樂公司剝削黑人青少年的某些動感，讓人在全球消費，但完全封閉消費者對於黑人青少年在美國內城裡頭遭受的狀況的理解。

這裡我帶來了一個很有意思的剪報給大家看。事情（註四）發生在美國芝加哥的一個以黑人爲主的小鎮，一九八九—一九九九年間，光這個小鎮就發生了七百八十二個凶殺案。在這個凶殺案如麻的小鎮裡頭有一個黑人，他創業生產一種美國人吃玉米脆餅所用的蘸醬（沙司），做得特別辣，然後他就把這個蘸醬掛個牌子，叫做凶殺牌蘸醬（homicide salsa），罐子的招牌上就看到一個人躺在客廳，全身好幾處冒煙，好像是被槍擊一般，但事實上他意思是說吃了他這個凶殺牌蘸醬啊，你整個人就是辣到不行，就地擺平。當地的白人牧師認爲這東西非常冒犯當地社區：我們這裡凶殺案這麼多，你怎麼還用這個當牌子啊！然後這個白人牧師建議說，你這個牌子應該要去取一個像藍調啊，或者靈魂樂啊之類的。這個小子也很有意思，他說我還取和平跟寧靜呢，我賣的是這種極辣的蘸醬，你叫我取什麼靈魂之類的名幹嘛？我看到這個報導時其實很震驚，也就是說感受到這其實是黑人對於他的處境的很魔幻寫實的一種描述，雖然是說爲了他的商業利潤，但是恰恰好透過這種描述展現出了一般多元文化論者所沒辦法看到的東西。多元文化論者他們所要看到的東西事實上是一種浪漫的、唯美的，可以被商業化、被跨國公司炒作的東西。凶殺牌蘸醬的用意也商業化，但這個商業化恰恰好指出了那些跨國公司炒作的虛僞：黑人眞正

Homicide Salsa（凶殺牌蘸醬）

每天面臨的內城就是凶殺案及其相關事物，而不是耐克喬登的灌籃以及快樂的 hiphop 一族。

所以我爲什麼要談黑人，其實也就是通過歷史扒梳黑人在美國的處境。我們看到他們的處境在過去的二、三十年中，不是沒有改變，但是改變的是什麼東西？是文化再現，說文化再現是太大了，事實上是「正名」而已，黑人在這幾十年裡他眞正得到的東西是「名」而已；從最早的 negro 或更輕蔑更歧視的 nigger，到 black，這還是去指涉人家皮膚啊，然後最後才到非裔美人。這也就是說我叫你非裔美人，跟叫愛爾蘭裔美人、義大利裔美人一樣啊，從今以後不再特別點出你的膚色了。黑人在美國的這個狀況下，透過多元文化論，獲得了一些成就，獲得了一些好處，但這些好處全部是名上的好處，就像莊子的「朝三暮四、朝四暮三」的寓言，但黑人畢竟沒有「皆悅」。因爲什麼？因爲現實狀況是，他們在這幾百年，從初現代的奴隸，被奴隸船運到美國，到後現代的所謂底層（underclass），蝟居後現代都市的內城，在美國社會最被歧視以及最悲慘的實際狀況始終沒改變，儘管名字已經上升了。所以我認爲這個多元文化，它選擇去忽視這樣一種沒有調整沒有改變的階級狀況，反而在名上，在文化再現這些層面上頭作文章。我認爲這樣的一種認識上的切割是有問題的，難道你多元文化論者從來沒有想過一個連普通大學生都會問的素樸問題嗎：「一個人或群體在社會被歧視，難道跟他的物質存在沒有關係嗎？」也就是說假如一個群體在這個社會中始終是處在一個失業或就業的邊緣，以及道德破壞、社區破壞的處境，你能夠想像這樣一個群體在這個社會中，會跟其他的群體一樣成爲相互承認，相互認同的主體之一，然後一起點綴這個百花齊放的多元文化地景嗎？我不知道多元文化論者是出於愚還是誣的心態，他們始終不願去回答這麼一個很直觀的問題，但這個很直觀的問題對於我來說，卻再合理不過。

這一個以美國爲對象的現實檢測失敗了，事實證明它果眞是一個名副其實的修辭，並沒有辦法幫我們正確地掌握現實。那回到台灣，在台灣的各種社會群體，能夠跟美國黑人狀況還有一些對比之處的其實就只有台灣的原住民。台灣原住民在大陸被稱爲高山族，是台灣的少數群體，人口維持在四十五萬左右，佔台灣總人口的百分之二。爲什麼我說台灣原住民是唯一能夠對比於美國黑人的族群呢？台灣的政治宣傳經常會說，台灣有四大族群，包括操閩南語口音的福佬人（或閩南人）、客家人、外省人跟原住民。陳映眞曾經批評過這種分類是一種僞社會科學，說這種分類事實上是要淡化漢人這樣一個概念，化一爲三之後，漢人沒有了，剩下了這三個群體，對陳映眞來說，台灣眞正有任何意義的族群分野只存在於漢人和原住民之間而已。（註五）我同意陳映眞的這個說法。四大族群之說就像是說台灣島這個披薩上分佈了四大族群，在這樣善意的並列下掩蓋掉的是在漢人三群體與原住民之間的一條深深的階級切線，也就是說在外省人跟閩南人跟客家人之間並沒有一條明顯的階級切線，這三種人群在社會生活裡頭的階級位置、工作、收入、教育機會、醫療資源、或者是生命機會都差不多。這三種人之間的差別，如有，將會是非常微小的差別，需要專業社會學家才能證明或否證其「顯著性」。

在所謂的四大族群裡頭，真正的一條切線存在於三個漢人族群與原住民之間，這個重大差異在過去的幾十年裡頭基本上沒有改變。就像黑人在美國的狀況幾百年中沒有改變一樣，原住民這幾十年在台灣社會裡頭，仍然是生活在最底層，甚至由於最近這些年開放跨國勞工，他們原有的很多勞動條件最差的工作也都被擠壓掉了，原住民青年很多不得不回到山區、回到部落閒散甚或酗酒，他們的狀況可能比十年前還差。民進黨的「族群多元，國家一體」或某些台灣學者所談的多元文化主義裡頭忘掉了什麼呢？忘掉的就是原住民面臨的是這樣一個情形，並且還在不斷惡化中，但是他們卻恭賀原住民獲得「正名」了，就像美國的黑人境遇轉折一樣，從 **nigger** 到非裔美人，原住民在這個台灣版的多元文化語境裡所獲得的唯一的口惠而實不至的文化禮物是他被叫做原住民了，但是他的生存實際狀況沒太大改變。雖然我也不會那麼粗暴地說這個名稱的改變沒有任何意義，我覺得還是有意義的，至少因爲過去台灣原住民在漢人的群體被歧視得很嚴重，我服兵役的時候，連上漢人的兵就叫原住民「蕃仔」，這是台灣的主流文化裡對原住民的日常指稱，官方或媒體最早叫他們高山族，後來叫山地同胞，到後來一九九〇年代，他獲得了原住民這樣一個稱謂，這是名的步步高升，跟美國黑人是一模一樣的。但除此之外，他的其他任何東西，包括他的社會生活的實際狀態，他的日常生活中的無力感與挫折，其實並沒有獲得實質上的改進，某些方面也許更差。

我在這裡的一個小結就是，美國的所謂多元文化，是要去面對黑白問題的一個修辭，儘管我認爲說，這個修辭它遮蓋的東西太多，它彰顯的很多東西也往往有一個意識形態的利益，但台灣的多元文化論其實比美國的多元文化論還更扭曲。爲什麼呢？因爲從美國的多元文化論我們還可以感覺到它是要去面對黑白問題的，成不成功是另一回事。但台灣的多元文化論，在民進黨官方以及一些跟官方有關的學者裡頭，他們談多元文化論卻連原住民問題都不去認眞處理，只吊在那裡當擺設。假如你是要引介美國，模擬美國多元文化論的話，你也應該忠實地去模擬吧！我不說美國的多元文化論是橘，但是呢，逾太平洋而爲枳，這個枳的意思是它根本連原住民這樣一個問題都不去面對，他的這個多元文化論打從一開始所要解決的是藍軍的問題、是選舉的問題、是國族打造的問題。就是我一開始跟大家講的，他要去解決另外的「百分之五十」，而原住民四十五萬的人口規模，在政治上並不構成任何他們需要關切的動力。他這個多元文化論是非常現實主義的，不妨說，在修辭之下，隱晦地卻是要處理「外省人問題」，這也就是說它要處理的是優勢群體之間的矛盾。所以我說台灣多元文化論事實上還稱不上是美國多元文化論的模仿（simulation），而是拙劣的戲仿（parody）。它把美國多元文化論還多少企圖針對弱勢者的一個核心精神給閹割掉了，成了一個赤裸裸的政治運作。

不管在台灣還是在美國，多元文化論的第一個試金石，第一個現實檢測，都沒通過，都失敗了。

㈡現實檢測之二：全球化下的流移勞工

第二個現實檢測我要談的就是所謂的流移勞工，也就是八〇年代以後在全球化脈絡之下快速發展的全世界範圍內的勞動力跨界移動的現象。我把流移勞工問題當作主流多元文化論的另外一個試金石。而且我也同樣要分別從美國和台灣這兩個點來討論多元文化論跟現實碰撞的一個眞實狀況。在當代往美國找工作的人其實可以分成兩類，一類是非法的勞工，另一類是合法的移入專業分子。在當代美國的文化感性裡頭，多元文化指涉的是這樣一種中間階層的專業新移民，例如美國矽谷的印度工程師啊，華人啊，或者是韓國人啊，或日本人啊，這類的群體。然後美國人說因爲他們來美，我們可以吃到日本料理，吃到印度餐等等。因此多元文化在媒體與日常生活中，當它面對的是「外國人」時，它指涉的是說我們現在可以去享受、去消費種種不同的民族的聚落、節慶、特別是各種民族的食物。這個民族食物（ethnic food）在美國是高檔消費，遠比麥當勞，甚或中餐館還要高等一些。在這樣的一種對於多元文化的想像裡頭，多元文化成爲對各種各樣的文化孤島的實證肯定。多元文化或對於多樣性的讚賞於是流行在這樣一種消費導向的心情裡頭，有時候把這個概念再揉展擴張，也可以把各種次文化的一些邊緣群體也包括進來，例如說同性戀文化與美學就帶來了一些新的美感，給歐美時裝界帶來一種新的刺激，挑戰了過去時裝界裡陰陽性對比很淸楚的主流裝扮。多元文化於是就著床在這樣子的一種中產階級的審美消費生活層次上。

恰恰好在美國多元文化的這種敏感裡頭，同樣是屬於從別的地方到美國來打工的另外一群人，這些人常常是農場勞工，卻完完全全沒有進入到他們的思辯視野。但是大家要知道，儘管多元文化論者不去談這個所謂的非法勞工問題，但是非法勞工是美國這個社會的結構構成部分。大家也許覺得非法可能就是說它在美國是點狀的、零星的存在，不是！非法流移勞工是構成美國社會結構的一個不可或缺的部分。怎麼說呢？我給大家一個數字，大家都是念思想史或文學的，不太喜歡數字，我給大家念一下，數字有時是會說話的。流移勞工在美國社會是隱身者，但是他們供應了美國勞動力市場的百分之十二，這是相當高的數字，就是美國一百個勞動力單位中恆常性地有十二個是外來勞工，而其中有三分之一，也就是約五百萬人，是非法的（註六）。你看看，美國的這個經濟算盤打得多好啊，它假如都給這五百萬人合法身份的話，那美國超市裡的很多價錢就會上來了，很多低技術工作的薪資就馬上上來了；這是一個政治經濟學的微積分，要刻意地透過合法與否的算計來讓它的基本民生物價降低，或是提高它的高科技生產力。《紐約時報》曾報導過，從一九九九年十月到二〇〇〇年十月的一年間，有三百六十九人在企圖進入美國時在跨邊界地帶死亡，而其中光是美墨邊境的某偷渡路線，一年就死了一百人。因爲美國會盤查嘛，它會有很多控制，有水的地方他不讓你走，在沙漠中假如遇到惡劣狀況，水盡糧絕，走到最後就曬死了（註七）。美國的大眾媒體比如自由派的報紙《紐約時報》，你說它也挺有意思的，雖然不會做大標題，也會在某些地方把這個寫出來。美國人每一家的晚餐桌上擺出來的食物裡頭，有百分之五十是由這些非法勞工所採摘的。所以我說非法勞工其實是社會結構的一個重要構成部分，但在多元文化論裡頭卻被掃地出門。

爲什麼多元文化論者不處理他們呢？因爲多元文化論者從一開始就強調：我們是在一個憲政的民族國家體制之下談公民之間的相互承認和認同問題。他一開始就已經把這個防火牆給建好了，然後說多元文化是談我們這個社會裡的公民，包括亞裔移民，包括黑人，包括猶太人，包括白人之間的承認跟包容關係，從一開始我們就不包括那些非法移民的問題。所以法律在這一塊的作用非常有意思，明明是一個政治經濟學問題，但卻把它正經八百地當作法律問題來處理，透過合法跟非法的形式區分，形成了一個人民的道德共識，而這個共識竟然也進入到學術圈，竟還成爲學術圈的思辯前提。學術圈竟然不會說我們不管他合法非法，只要在美國存在的問題都應該納入我們的思考。但他選擇從這樣一個合法非法的劃分開始，在合法的人裡頭去談多元文化，我認爲這是美國談多元文化的一個非常大的罩門。他們可以說，這個多元文化是從來不包括流勞，因爲他們不是美國公民，所以剝削他們，歧視他們，就不夠構成一個學術問題或者理論問題。

說到這裡，我還必須給個公道，有一個也算是多元文化論者的理論家，他的確是跟泰勒很不一樣，就是沃瑟，他在一九八三年寫了《正義的諸領域》，談到一個所謂的政治正義原則，而這是針對美國進行批評的。他說，任何的民主國家，假如你自稱自己是民主國家，那我就要對你發話了。任何的民主國家都必須符合一個政治正義原則（註八），才能夠稱它自己爲民主。這個政治正義原則其實也就是符合於美國自由主義從一開始就有的一個想像：政權必須要獲得被統治者的同意，因爲你會產生各種法律與政策，這一定會影響到某些人，這些被影響到的人應該有資格對政權提出週期性的同意，例如選舉。所謂「被影響到的人」並不限於公民，而是說任何人只要在任何一個民族國家的經濟體制裡頭勞動，只要他受制於當地的法律或公共政策，他就應該擁有充分的公民權。這是沃瑟所謂的政治正義原則，如果不符合這個政治正義原則就不能夠叫做民主國家。因此沃瑟就提出說，任何民族國家對於外來打工者，要不然你當初就不要找人家來，你假如找人家來的話，一定要給兩道允許，第一道當然是讓人家入境，那第二道就是讓人家入籍。就是說假如你接受別人來打工了，別人如果提出入籍申請，你必須要給人家第二道允許。沃瑟說假如你只允許流勞進來，卻不打算給人家公民權，那這種政治制度就不是民主的制度，而是一種軟性的種姓制度，在這個所謂的種姓制度裡頭，就分成兩種人，一種是自己人，一種就是外邦人。那外邦人當然是受制於前者了，因爲這個政體裡頭唯一能有發言權的合法公民就是自己人啊。這個在我們的歷史想像裡頭就是希臘的城邦民主，十個人裡頭有九個是奴隸，只有一個是能夠高談闊論的公民。沃瑟說，這樣一個體制啊，儘管說自己人之間是平等的、多元的、相互承認的、百花齊放的，但是對這個體制，我們沒有辦法稱它的特色是平等與多元，因爲你的平等與多元只是在你的有限的自己人群體裡頭嘛，你的這個平等與多元的邏輯是滯礙難行的，因爲它沒辦法應用於這個境內的其他人，也沒有辦法說出個首尾一貫的理由。這樣的一個體制就產生了矛盾，因爲它的特色不在於平等與多元，而在於專制統治，而這個專制統治的暴君是誰呢？沃瑟說其實就是美國所有的公民，他稱這些公民爲「公民暴君體」。所以就沃瑟來說的話，在美國這種體制之中講民主其實都沒有辦法理直氣壯，何況高談闊論多樣性。

我覺得透過社群主義者沃瑟的這樣一個談法，其實就可以更現實地指出，在美國這個社會裡頭談多元文化事實上面臨了許多問題：你怎麼去處理構成你這個社會的一個磐石的流移勞工？，你怎麼能夠把你的多元文化始終指涉到這些中產階級專業者所代表的多樣性呢？你的這個多元文化理論有很多沒法自圓其說的盲點，你都沒有辦法說服你自己嘛！所以，這個多元文化論在美國又碰到了第二次的檢測失敗。

回到台灣呢，我覺得台灣的狀況跟美國的幾乎是一樣的：流移勞工也不在台版多元文化的論述範圍之內。〈民進黨族群多元國家一體決議文〉就是一個證明文件。第八條說「各族群都是台灣主人」，那我們來看台灣主人是誰。條文是這樣寫的：「台灣不但早已是原住民族、客家人和河洛人（即，福佬人）的原鄉，更已成爲外省新住民的新故鄉、外籍新移民的新天地。」在這個主人的清單中，客家人和河洛人突然跟原住民平起平坐都可以叫台灣「原鄉」。假如對這兩個群體，台灣都是原鄉，那原住民往哪兒擺呢？「原」不是沒有意義了嗎？前面三種人的三個牌位都抬上去了，沒事了，然後呢，

「更已成爲」，「更」字不是表示更好，而是說下一級的意思。更已成爲外省新住民的新故鄉，就是說前面三個族群已經優先「入世」之後，你外省新住民才能跟著「入世」，之後你也是台灣主人。最後輪到「外籍新移民的新天地」，主人清單就結束了。「外籍新移民」指的不是台灣所謂的外勞，而指的是二十五萬左右的東南亞或大陸籍配偶，表示說妳們這些人在台灣拿了居留證或身份證了，你們叫做外籍新移民了。但很奇怪，她們既然是通過所謂合法的程序移民到台灣，其中很多都已經成爲公民了，還管人家叫「外籍」新移民。外籍新移民指的就是這些來台灣被期待履行生育職能的「新娘」；所有的職場上的男女移工都不在這裡頭。民進黨談多元文化，根本就事先已經排除他們（她們）了。

台灣的國家機器是怎麼對待爲數三、四十萬的流移勞工呢？根據台灣大學的曾嬿芬教授的研究，（註九）在引進外國勞工上，台灣、德國還有日本，這三個國家都採取一個計畫，叫做客工（guest workers）計畫。全世界的資本主義國家裡頭，就算是美國，它的移民配額相對於它在眞正使用（或剝削）的是很小，但總還是一個移民計畫；不是非法偷渡，就是合法移民，沒有一個第三條路客工計畫的。但在台灣、德國跟日本這三個地方就是客工計畫，也就是說，好比在台灣，你只能夠週期性地來這兒打工，你打完三年再續你三年，滿二次請走。客工計畫是一個美稱，用政治經濟學的語言直譯，意思也就是說，在這些國家，把外籍的勞動力當作一種可丟棄式的消費品。這個勞動力我們不負責養，你的出生成長由你的母國去養，然後到你壯年的時候，身體沒有病的時候到台灣來工作，我們讓你去做台灣人不要做的工作，做了六年啊，身上得了這些病啊那些傷害啊，人也慢慢老了，然後到你四十幾歲，你再回到你原來的出生地，然後再由你的母國負責醫病送死。整個養生送死看病的過程是由你的來源地國家負責，而台灣只是擠壓你的黃金歲月；之所在——這就叫做客工計畫。我覺得台灣跟兩個前法西斯國家一起採取這種計畫，也是挺有趣的一個現象。

但這是對於所謂外國人的歧視嗎？也不是。這中間當然還有分類的，分成工人跟專業人士，而客工計畫的歧視則是針對一般勞工。專業人士來台灣，假如是高科技人才或是頂尖學術研究人員，要申請入籍台灣，似乎並沒有什麼障礙，更沒有三年一期的問題。籌議中的移民法就將申請永久居留權的資格限定爲連續居留達七年。爲何七年？正好排除移工申請的可能性，因爲他們最高停留年限是六年。這個立意刻薄不誠的條款也被稱爲「藍領條款」，因爲白領人員並不在此限。再（註十）舉一個例子來說明這個歧視。外籍人士到台灣就業，〈就業服務法〉把（註十一）「外國人」分成甲乙丙三類，進行公衛管控。甲類（專業人士、投資者、文化藝術工作者……）是不需要體檢的，而丙類則除了入境、展延續聘之外，每六、十八、三十個月還要健檢，項目也最多。乙類介於甲與丙之間，是針對外籍教師，對他們要求入境與展延續聘時健檢，項目也比丙類要少。二〇〇四年，台灣的不少外籍或是華僑教師就曾針對這個歧視抗議過，不過他們要求的大致是要向甲類看齊，並沒有涉及到內在於整個台灣國家機器中的種族與階級的複雜歧視構造。

三、暫結：膜拜差異的主流多元文化論的階級盲點與外國人恐慌症

「多元文化」在這以上的兩個現實檢測中都失敗了，被證明爲僅僅是修辭。這使我們得以得到一個小結：不管是在北美、在歐洲或在台灣，主流的多元文化論事實上是一種民族國家的多元文化論；是在以民族國家爲一個排他性架構之下進行的一種多元文化的想像，儘管它並不如此自稱自覺。這種多元文化的想像有兩個要點：首先，從流勞的那個檢測來說，我們可以看到這個多元文化的一個意識形態效用就是作爲防火牆，它在沉默地維護民族國家裡頭所謂的自己人——也就是公民——的憲政公民權。這裡有一個非常複雜的排除跟包容的微積分，精細地利用種族歧視跟階級歧視，並以自己國家的資本主義發展爲策略目標。這個想像裡的「公民」，我們按照沃瑟的說法，事實上是一個公民暴君體。過去這幾年來，這個理論與道德的缺憾並沒有被台灣談公民社會的人反思到，他們總是認爲談公民是政治正確，公民是一個多麼聖潔的主體啊！能不談公民嗎？但他們沒有想到，或不願去想，在談公民之前，你所進行的排除政治是多麼的隱晦、多麼的壓迫。在大張旗鼓的這些所謂的「公民社會」啊，「公民意識」啊、「文化公民權」啊，這些汗牛充棟的談法裡頭呢，很多主體不是被消音了，就是被形式化與空洞化。所以我說多元文化論事實上是沉默地在維護一個防火牆，讓不符身份的人進不來。

第二個要點。從美國黑人跟台灣原住民的那個檢測我們看到，這個多元文化論只強調文化差異，

只在一個文化面向上談差異、歌頌差異，避而不談的一直是社會的不平等。從這裡我們可以看到一個很重要的問題，可以比較深入一步去談，也未嘗不會帶來一些典範轉移的可能。我覺得歌頌差異也不是一個完全壞的東西，但是要看你的敏感度有多高，也就是要看你如何掌握關於「差異」的其他相關社會面向，假如只是單純地歌頌差異的話，往往會造成很多很多的扭曲。在這裡我們應該重新拉回一個敏感：是不是應該要釐清差異跟不平等這兩個概念之間的關係。多元文化論一直是只談差異（其實在文化轉向之後大家就只談差異），但是差異跟不平等這兩個概念以及概念後頭所指涉的現實，難道不是一直在互相建構、互相穿透、互相影響嗎？假如我們那麼天眞地只在一個差異典範的論述位置上，一直只敏感差異問題而忽視平等問題的話，我們會不會在歌頌差異的同時，也是不自覺地在歌頌不平等呢？所以我說這個典範的議題很重要。這個時代讓談平等問題看起來有些不合時宜，但我覺得平等問題恰恰好是談差異問題的一個核心，但多元文化論往往不談這個事。

多元文化沒有通過這兩個現實檢測，落實了修辭的地位，這是事實。但這個失敗給我們一個什麼啓示呢？是不是說我們就從此不要去談多元文化了呢，反正它只是個蒙混的修辭？我個人不樂觀，但是思辯起來會比較樂觀一點。也就是說多元文化論既然沒通過那兩個檢測，那我們是不是可以換一個積極的方式去想：假如多元文化論不迴避社會平等問題，不迴避反思對外邦人的恐慌與歧視，那是不是我們可以在這樣的基礎之上想像一個更爲健康、更爲實在的多元文化論呢？因此，我不是說因爲它沒有通過這兩個檢測，就把多元文化取消了，而是說既然已經發生了這兩個問題，我們是不是可以考慮以這兩個問題作爲新基礎，重新構思它。假如多元文化論立志不要變成一個修辭，那是不是在努力面對這兩個問題之後的它，會變得比較堅實比較激進？我覺得是有可能的。所以我並沒有要把多元文化的這個概念過早埋葬。重建它的討論我將另作討論。

附記：這篇口語化的文字是〈多元文化的修辭、政治和理論〉一文的部分內容。該文口頭發表於北京的一場讀書會（二〇〇五年九月二十四日）。謝謝李岳小姐對那天的錄音所做的非常優秀的逐字稿整理。目前的論文是根據李小姐的勞動果實所潤改的，我刻意保留當天的口語語法與演講導向的內容，只在少數地方稍作增減，並補上必要的出處。

註釋：

註一：關於這個所謂「省籍路徑民主化」的討論請參考台社編委會，〈邁向公共化，超克後威權——民主左派論述的初構〉，《台灣社會研究季刊》二〇〇四，第五十三期，頁一至二十七。

註二：《聯合報》，二〇〇四年九月二十三日，A10。

註三：楊長鎮〈以多元主義接納中華文化在地化〉《聯合報》二〇〇四年九月二十七日，A15。

註四："Crusader Makes a Salsa a Hot Topic." New York Times, Oct. 10, 2000, A18.

註五：陳映真〈愛台灣——政治人物當符咒念〉。《聯合報》，二〇〇四年十月十八日。網路版。

註六：New York Times. September 4, 2000, p1.

註七："The Desperate Risk Death in a Desert" New York Times, October 31, 2000. A13.

註八：Michael Walzer, Spheres of Justice. New York: Basic Books. 1983. Pp. 58-61.

註九：曾嬿芬，二〇〇四，〈引進外籍勞工的國族政治〉，《台灣社會學刊》，三十二期：頁一至五十八。

註十：移民聯盟〈台灣移工現況及官方版／移盟版移民法簡介〉，二〇〇四年。

註十一：謝謝廖元豪教授提供這方面的訊息。

【時勢論衡】

一個沒有美國的亞洲

——從美國的東亞戰略轉型看東亞一體化的可能與挑戰

陳扶餘

一月十八日，美國國務院發言人辦公室公布了國務卿萊斯（Condoleezza Rice）當天在喬治亞大學的演講內容，爲其上任以來最大的外交政策調整拉開了序幕。萊斯的演講包括兩個方面，一是外交轉型，即外交佈局大調整；二是轉型外交，即外交使命的轉換。在這篇名爲「轉型外交」（Transformational Diplomacy）的演說辭中，素有「武士公主」之稱的萊斯表示：美國國務院將回應新的歷史召喚，重新調整美國的外交戰略和資源部署，在全球範圍推動「轉型外交」。她指出：當前美國外交資源的配置仍然殘留著冷戰時期的遺跡，外交人員過度集中在西方國家和各國的首都地區。因此，她主張，在今年內從歐洲和華盛頓抽調出一百個外交職務，轉派到中國或印度等發展中大國；在最近的幾年內，也將視需要隨時調動數以百計的外交人員到外交戰場的最前線。她強調：當前的許多挑戰的本質是跨國的、是區域的，並不侷限在一國境內，因此需要一種全新的思維和更準確的回應。

在演講中，萊斯不斷提及中國、印度、巴西、南非、印尼等國家興起對世界格局帶來的影響，表示美國外交力量要向這些地區傾斜。據美國國務院官員透露，美國國務院現在海外使領館的外交官和雇員數量爲七千四百四十名，其中將有近四千多名外交官的職務涉及了這一次的人事異動，主要將被派往非洲、南亞、東亞、中東等地區。更重要的是，美國在各國的外交人員將不再集中於各國首都，而會分散到各個重要城市，並在這些城市中建立獨立的外交崗位，加強和這些國家地方政府的聯繫，推行所謂的「公共外交」。萊斯表示，美國計畫建立「區域性公共外交中心」（Regional Public Diplomacy Centers），這意味著美國外交官將跳脫國對國外交的傳統範疇，不再單作國家官員的工作，而是能夠用流利的當地語言在類似半島電視台這類區域性媒體與當地民眾進行對話。萊斯希望透過這些「公共外交平台」加強與外國人士在線上交流，以便美國能在緊急情況下啓動快速反應部隊，在產生衝突的地區控制局勢。

事實上，外交總是服務於整體國家戰略。萊斯外交佈局的調整和外交使命的轉換，恰恰與美國國防部部長拉姆斯菲爾德（Donald Henry Rumsfeld）近年來極力推動全球軍事基地大調整相配套。該計畫希望將美國海外駐軍的性質從被動的承擔區域安全防禦角色，轉型爲主動針對地區衝突進行干涉和鎮壓的「機動部隊」，藉以體現「駐守與機動相結合」的戰略構想。就在這篇演說發表的隔天，一九日，萊斯在華盛頓和韓國外交通商部部長潘基文舉行了首次韓美部長級戰略對話，雙方就駐韓美軍的「戰略靈活性」達成原則協議，並簽署了「韓美雙邊自由貿易協定」。

其實，早在三年前，美國根據其全球軍事戰略計畫，就力圖推動將駐韓美軍轉變成爲能夠自由干預亞太乃至全球事務的「機動部隊」，但爲韓國總統盧武鉉所拒絕。去年三月，韓美就駐韓美軍戰略靈活性問題開始正式談判，盧武鉉總統明確表示，韓國政府不允許駐韓美軍在沒有韓國同意的情況下捲入東北亞各國間的爭端，並強調說，韓國政府永遠不會在這一問題上妥協。爲消除分歧，維護韓美同盟關係，雙方就此問題先後進行了十二次秘密談判，並於去年十一月達成初步協議並決定在今年一月舉行首次韓美部長級戰略對話予以確認。一般認爲，這是韓美同盟關係的重大突破，駐韓美軍的性質已由昔日「專注朝鮮半島防務」，轉變成爲干預亞太乃至全球事務的「機動部隊」，這就預示著東北亞軍事格局將發生激烈變化。

美國國務院和國防部這一連串的外交轉型和軍事戰略轉移，被視爲是自一九四〇年羅斯福總統提出「先歐後亞」全球戰略原則以來，美國全球戰略重心另一次的重大轉移，其目的是爲了在後冷戰時期的國際關係格局中，實施「新干涉主義」的全球戰略再部署，一方面回應全球反美勢力的新挑戰；一方面瓦解發展中新興大國以及區域一體化趨勢對美國一元超強霸權體系的威脅。其中，中東伊斯蘭地區的安全與穩定，以及東亞一體化（東盟十加三）的發展，向來被視爲在本世紀挑戰美國世界霸權的最大可能。

本文的論旨不在於闡述當前美國的全球戰略和外交部署的更迭，而是通過對戰後美國東亞政策的耙梳，說明美國在戰後兩體制對立冷戰體系下，爲了實現對蘇聯和中國的軍事圍堵和貿易遏制，如何藉由「集體安全體系」建構出「國家壟斷資本主義同盟」的積累機制，並透過跨國公司（Trans-national cooperation）的經濟活動做爲中介環節，將美國與東亞個別民族國家之間，以及東亞各國之間的矛盾和利益作了人爲的劃分，形成「垂直分工，市場在外（美）」的區域分工格局；而跨國公司做爲冷戰體系「國家壟斷資本主義同盟」積累機制的必然產物，做爲歷史的結果，又如何在一九七二年「美元／黃金體系崩解後，藉由美國東亞政策從「遏制＋援助」轉型到「遏制＋貿易制裁」的空隙中，取得了獨立性，將生產流程拆零成爲幾個子流程，用中間產品的形式分別在區域內部不同的國家進行生產、流通，再組裝銷售（部份銷售到區域外的市場，越來越多的最終產品在區域內消費）形成後冷戰時期的「區域製造網絡結構」。這種區域製造網絡結構不但改變了區域內民族國家與民族國家之間的從屬關係，提供了東亞區域經濟一體化體出現的物質基礎，也讓美國如芒刺在背，將東亞一體化的發展視爲是在本世紀前半葉挑戰美國全球霸權的主要因素之一。

一、戰後美國的東亞政策與「垂直分工，市場在外」生產體系

事實上，美國外交政策隨著軍事戰略的轉移，並非肇始於今日。美國是戰後初期唯一的經濟大國，是唯一有能力向外國提供財政援助的國家。長期的孤立主義外交加上與歐亞大陸分隔世界兩大洋的地理位置，從南北戰爭以後，美國本土就不曾遭到戰火的侵蝕。兩次大戰期間的軍火供應，刺激了美國工業的高速發展，也帶來資本積累的契機。一九四〇～一九四五年間，美國企業實現稅後純利高達一千二百四十九億五千萬美元，這個數字是戰前六年的三・五倍。戰後初期，全世界資本總額的三分之四，工業產能的三分之二，黃金儲備的百分之六〇全部集中在美國，它的船舶噸位是世界船舶總噸位的一半，出口額也佔世界出口總量的三分之一。透過美國在世界經濟的活動，美國的財貨和意志可以無遠弗屆滲透到自由主義世界的任何一個脈管末稍；通過戰後援助計畫和貸款，可以讓世界大部分地區的經濟脈動和美國這個「搏動著的工農業心臟」聯繫起來。美國就是仗勢著這種強大的經濟力量，開始在世界範圍複製自己的形象。

戰後初期美國的全球戰略構想，基本上是延續了羅斯福總統在一九四〇年因應德、義、日三國同盟條約的簽訂所提出的「先歐後亞」的全球戰略原則。根據這個戰略構想，美國必須先在歐洲戰場上集中力量挫敗納粹德國，才能在全球範圍戰勝整個法西斯國家集團，確立美國在世界資本主義的領導

地位。（註一）羅斯福的意圖是通過「大國合作」互相妥協與讓步，在戰後建立一個在美國的領導和支配下的「聯合國」（United Nation），打造出一幅以美國爲中心的世界藍圖。根據這個意圖，英、美、蘇三國首腦先後在一九四五年二月和一九四五年七月間共同簽署了「雅爾達協定」和「波茨坦宣言」。

雅爾達會議和波茨坦會議是大國外交和強權政治的產物，確立了戰後國際體系，也劃分了美蘇兩國各自的勢力範圍。但是，「大國合作」本來就是一種現實主義的外交政策，是大國利益的相互妥協。美國做爲戰後唯一的經濟強權，在美蘇兩體制對抗中居於主導的地位，它利用自己的優勢推動稱霸世界的國際戰略，逐步的在全球的範圍內進行冷戰戰略部署；蘇聯則在「鞏固社會主義祖國」的指導原則下，營造國家安全環境，避免同美國發生正面衝突。美國在西方世界炮製共產主義擴張的威脅來動員與組織盟國共同對抗蘇聯；蘇聯爲了國家安全的理由，將東歐納入自己的勢力範圍不容許美國插足其中。美國要稱霸世界，就要先鞏固資本主義中心的歐洲；蘇聯要分庭抗禮，就要按照自己的意志來改造東歐。

美蘇公開、全面的對抗不可避免，只是時間問題。隨著美蘇在戰後德國賠償問題的破局和美國企圖利用它在太平洋戰場上的優勢，將蘇聯排除在對日占領之外，英、美、蘇三國的同盟關係就開始鬆動。

戰爭時期，美國的全球戰略設想是通過「大國合作」和「集體安全」來主導世界政治經濟體系的發展，擘劃美國在世界範圍的強權地位。中美關係正是這個集體安全體系不可分割的一部分。戰後初期，美國是以遏制蘇聯的擴張作爲政策目標，曾經設想透過中美結盟來構築東亞安全體系，並在美國嚴格的控管下對日本進行非軍事化和民主化改造。當時，美國對日政策的目標是：「保證日本今後不成爲美國的威脅，不再成爲世界和平與安全的威脅」。但是，隨著中華人民共和國的成立、《中蘇友好同盟互助條約》的簽訂、韓戰的爆發、人民自願軍的抗美援朝，亞洲大陸一連串的局勢變化逼使美國將亞洲政策的重心，轉向以美、日軍事同盟爲核心的「日本—東南亞—美國」戰略防禦框架，以軍事爲中心，以經濟援助爲手段，全面遏制中蘇聯盟和共產主義擴張。

這是戰後美國東亞戰略的第一次重大轉折。

在此之前，美國政府內部以國務卿迪安・艾奇遜爲首的一派，倡導「日本—中國—美國」的戰略模式。他們認爲，復興日本經濟的最佳途徑，就是恢復並擴大日本與中國的傳統貿易。同時，透過中日之間有限的貿易往來，也可以防止中國採取「一邊倒政策」全面的向蘇聯靠攏。這個思維，基本上反映在一九四九年十二月廿三日國家安全會議所審議的 NSC48/1 號文件上，但是，受到以參謀長聯席會議和國防部爲核心的軍方勢力的強烈反彈。國家安全委員會隨即在十二月三十日進行修改，通過了 NSC48/2 號文件。

NSC48/2 號文件基本上貫徹了軍方的意志，和艾奇遜不同的是，他們主張主張通過「日本—東南亞—美國」模式來推動日本經濟復興。它主張：「遏制蘇聯在亞洲的力量和影響，美國不僅要加強在日本、沖繩、菲律賓的地位，保持亞洲大陸沿海島嶼防衛鏈的完整，而且還要通過政治、經濟、軍事等各方面的援助，加強亞洲非共產主義國家的實力，促進這些國家的經濟自立和政治穩定」。軍方堅持要斷絕共產主義國家和非共產主義國家的政治經濟關係，一律禁止日本向中國出口，而將東南亞作爲日本經濟的替代市場。至此，美國正式把日本列入東亞遏制政策的戰略防禦體系，走向重新武裝日本的道路，並把中國徹底的排除在日本經濟復興計畫之外。可見，美國的亞洲政策，基本上延續了冷戰初期對歐洲政經形勢的分析，認爲遏制共產主義的最佳手段，就是向那些面臨共產主義威脅又貧窮落後的國家提供經濟援助。在美國政府的政策設想中，運用經濟、軍事和財政援助來實現亞洲復興和直接對亞洲共黨國家進行遏制政策具有同等的重要性。也就是說，戰後經濟復興計畫和對共產主義國家的遏制政策根本就是一對孿生兄弟，都是屬於西方冷戰戰略的重要手段。

NSC48系列文件還有一個值得特別關注的現象，就是東南亞在美國遏制戰略中的地位明顯的上昇。特別是，NSC48/5號文件確立了對中國的全面禁運後，爲了彌補日本復興計畫不可或缺的原材料供應地和製成品市場，資源豐富、人口衆多的東南亞就變得炙手可熱。一九四九年三月廿九日，國務院政策設計委員會主任，也是遏制問題專家凱南（George F. Kenman）提出了該委員會第五十一號文件（PPS51），全面闡述了美國的東南亞政策。該文件認爲：蘇聯對東南亞的野心，與其說是爲了直接的戰略或經濟目的，倒不如說是爲了對付美國及其盟國。東南亞作爲橡膠、石油和錫等原料產地，同時又是溝通南北、東西半球的「交通十字路口」，對自由世界來說至關重要。「中國被共產黨征服後，東南亞就成爲從日本向南伸展到印度半島這一遏制線上的致命環節。亞洲太平洋地區的三個主要非共黨基地—日本、印度、澳大利亞—的安全在很大程度上依賴於東南亞不受克里姆林宮控制。如果失去東南亞，尤其失去菲律賓和印度尼西亞，那麼，這三個基地勢必陷於彼此隔離的境地」。該文件強調，爲了保證該地區成爲對抗共產主義的前哨陣地，美國政府應該給予該地區金錢、武器和技術等援助。同時，爲了實現美國關於日本、印度、西歐的經濟自立的戰略目標，東南亞應該在「垂直分工」的基礎上發展出一個「互相依存」的區域經濟體系，也就是說，發展出「做爲原料產地的東南亞」和「做爲工業製品產地的日本、西歐和印度」之間的經濟互相依存。（註二）

爲了實現上述的戰略目標，美國不顧印度、緬甸和南斯拉夫的抗議並且將中國、朝鮮和越南排除在外，單方面的在一九五一年九月四日在舊金山召開了「對日媾和會議會」，並且由出席和會的四十八個國家（蘇聯、波蘭、捷克拒絕簽字）和日本簽訂了《舊金山和約》。和約內容共有廿七條，除了領土和駐軍等具有爭議性的條例外，還規定「日本作爲主權國家具有聯合國憲章提及的單獨或集體自衛的自然權力，並可自願加入集體安全協定」。此一條文爲美國重新武裝日本，並將日本納入亞洲太平洋地區集體安全防衛體系，提供了法源依據。

其次，在賠償問題上，和約規定：「除了在和約中另有規定之外，各盟國實質上放棄一切賠償要求。日本願意儘速與曾遭受日本軍占領和損害的盟國進行談判，以求在製造上、打撈上及其他工作上提供服務，作爲協助賠償各國修復其所受損害的費用」。（註三）此一條款，取消了波茨坦宣言以來對日賠償的多邊協商形式，改由日本採取雙邊協議的方式，個別的與求償國磋商賠償方案。同時，在賠償內容上也從拆遷過剩生產設備的「實物賠償」，改爲實質上以商品、資本和勞務輸出爲主的「勞務賠償」。條約中還規定，日本可以用生產資料充當賠償，和約期限短則五年，長則二十年。如此一來，「勞務賠償」方案恰恰提供了日本打開東南亞各國的市場，並在東南亞地區進行產業佈局的條件。通過這些雙邊勞務賠償協定和合作協定，日本重化學工業取得了東南亞地區提供長期而穩定的輸出市場，改變了日本與東南亞的貿易結構，其影響對戰後東亞地區的產業格局意義深遠。

在東亞戰略上，另一個亟待解決的棘手問題就是英國。南亞和東南亞是傳統的「英鎊區」，是西歐殖民主義傳統利益的禁臠。雖然，第二次大戰結束後，大英帝國的國際地位已經今非昔比。但是，英國政府仍將維護英國的大國地位和英帝國利益做爲對外政策的中心，絕對不願意放棄它在上述地區的傳統勢力。因此，英國一方面反對過分限制與蘇聯、東歐的貿易，認爲這種限制將使其經濟活力受到損害，從而對美國產生過度的依賴；一方面，也反對過分限制對華貿易，認爲對中國的禁運將逼迫日本向南亞和東南亞進行擴張，這就意味著日本將在大英帝國的傳統市場上同英國相互競爭。

一九五〇年一月，英國在斯里蘭卡首都科倫坡召開大英國協外長會議，倡議針對「防止共產主義在亞洲傳播」以及經援東南亞等問題成立協商委員會。同年九月，協商委員會在倫敦集會，提出一份名爲「南亞及東南亞合作性經濟發展的科倫坡計畫」，包括：亞洲各成員國經濟發展的六年規劃，以及促進該地區經濟發展的其他計畫。隨後，該組織正是更名爲「南亞及東南亞經濟發展協商委員會」，英國、加拿大、澳大利亞、紐西蘭、印度、巴基斯坦、斯里蘭卡、馬來西亞和婆羅洲都成爲創始會員國。（註四）這個由英國所倡導的「科倫坡計畫」，既是英國維護其在亞洲傳統影響力的結果，又是英國在南亞、東南亞地區推行冷戰政策的產物。「科倫坡計畫」出現及其隨後的發展，標示著英、美兩國在亞洲冷戰中既聯合又鬥爭的關係，也標示著新、舊帝國主義勢力在東亞地區的最後角力。（註五）

剛開始，美國對「科倫坡計畫」的態度相當隱晦。一方面，美國清楚英國政府希望促進東亞地區經濟發展的努力，是根植於冷戰意識型態，可以做爲美國東亞遏制戰略的補充；一方面，英國的此一舉動隱藏著維護其在東亞傳統影響力的內在目的，這又挑戰了美國正刻苦經營而且日趨成熟的霸權體系。這是美國所無法容許的。導致美國面對「科倫坡計畫」如此投鼠忌器的原因，在於美國在東亞戰略上確實存在著資源相對不足的問題。事實上，從一九五〇年初開始，美國政府的對外援助計畫就放棄了先前要求受援國進行民主改革的相對條件。正是因爲美國把遏制亞洲共產主義擺在第一位，因此在對亞洲的援助行動中才形成了「以軍援爲主、以經援爲輔」的格局，這一點與美國對歐洲的援助計畫大異其趣。例如，從一九五〇年至一九五一年美國對東南亞援助總額是二億一千四百萬美元，其中軍事援助爲一億九千一百萬美元，占援助總額的百分之八十九；經濟和技術援助加在一起僅有二千二百萬美元，只佔了援助總額的百分之十一。（註六）這樣的數字，當然無法支撐起東南亞經濟復興的使命。

朝鮮戰爭爆發前，美國強調其東亞戰略的重點是戰略防禦，不願意在亞洲過度承擔軍事義務。朝鮮戰爭爆發後，特別是中國人民自願軍加入朝鮮戰爭後，美國領導人開始相信中國是比蘇聯更具冒險性的敵人，對美國最直接的威脅是在亞洲，而不是歐洲。中、美兩國在朝鮮半島的直接對抗使杜魯門（Harry S. Truman）政府全面加強遏制中國。爲了進一步把東亞非共黨國家拉進自己的戰略軌道，「對遠東的安全保障做出貢獻」。美國除了不顧中國與菲律賓的反對，片面的與日本簽定《舊金山和約》與《美日安全條約》之外，爲了實現遏制政策和冷戰軍事化，美國還通過一連串的雙邊和多邊軍事同盟條約在亞洲構築軍事防禦體系，包括：《泰國美國關於軍事援助協定》、《美國菲律賓共同防禦條約》、《韓國美國共同防禦條約》、《美國與台灣共同防禦條約》，並召集了英國、法國、澳大利亞、紐西蘭、菲律賓、泰國和巴基斯坦在馬尼拉簽訂《東南亞集體防務條約》及其附件《東南亞集體防務條約議定書》和《太平洋憲章》。美國透過這些軍事同盟條約構築了「西太平洋集體安全體系」，終於在亞洲建立了以遏制中國和蘇聯，以及共產主義威脅爲基本目標的軍事同盟體系。

一九五四年四月廿六日，關於解決朝鮮問題和恢復印度支那和平問題的「日內瓦會議」在瑞士日內瓦聯合國大廈舉行。會議在朝鮮問題上並未達成任何協議，但是在七月二十一日通過了《日內瓦會議最後宣言》，結束了法國在這個地區進行多年的殖民戰爭，確認了印支三國的民族權利。「日內瓦會議」提供了美國重新修訂亞洲遏制政策的契機。艾森豪威爾政府將這一次會議視為是西方所經歷的一次重大挫敗，為了謀求解決之道，美國隨即召開國家安全委員會第二〇七次會議，國務卿杜勒斯（Dulles, John Foster）在會議中首度倡議組建「東亞集體防務體系」，藉以挽救印度支那尚未被共產黨控制的地區，以及防止東南亞其他國家落入共產黨的手中。在杜勒斯的構想中的東南亞集體防務體系，包含兩個不同性質的組成部份：由較少的亞洲國家所組成的軍事同盟，以及在這個軍事同盟的外圍再擴大組織一個服務於亞洲地區經濟發展和穩定的大規模亞洲國家集團。

這個構想的得到艾森豪威爾的支持，並在八月四日由國家安全委員會所通過的《美國遠東政策的考察報告》（NSC5429/2號文件）中，正式提出建立「西太平洋集體防衛體系」和「亞洲自由國家經濟集團」的新政策。

艾森豪威爾政府亞洲政策的最大特點，是把中國當成是美國在亞洲地區的頭號敵人。NSC5429系列文件（包括台海危機後修訂的5429/5號文件）出台，確立了美國的亞洲政策以對中國的遏制為目標，相應的也調整了美國對亞洲其他非共黨國家的政策觀念和實踐。艾森豪威爾政府所提出的「西太平洋集體防衛體系」的構想，基本上繼承了先前「島嶼防衛鏈」的戰略思想，是NSC48系列文件中關於「建立從阿留申群島直到菲律賓的島嶼防衛鏈」的擴大版本。

其次，在經濟政策上，艾森豪威爾政府提出創立「亞洲自由國家經濟集團」的構想，一方面有利於提高遏制亞洲共產主義勢力的效果；一方面也有助於將英國及法國在亞洲的勢力驅逐出去。同時，艾森豪威爾政府還進一步主張建立「東南亞條約組織」（SEATO, Southeast Asia Treaty Organization）（註七），爲美國進一步介入東南亞地區的內部事務提供條件。「東南亞條約組織」的建立，標誌著美國正式將東南亞地區納入它的全球冷戰體系。

英國政府當然清楚，美國這一連串的亞洲政策其實是「項莊舞劍，意在沛公」。當美國官員就上述計畫與英國代表協商時，英方雖然沒有從原則上加以反對，但是對美國提出來的計畫表現得意興闌珊。此外，東南亞條約組織的亞洲成員國，如泰國、菲律賓、巴基斯坦等，對於美國強化該組織反共職能也沒有多少興趣。大多數的東南亞國家對地區性計畫都不感興趣，一方面他們害怕地區性計畫的實施會妨礙各國內部的發展；另一方面他們也不希望印度和日本藉由這個機會，以犧牲小國的利益來增強他們自己在亞洲地區的經濟力量和影響。

除上來自盟國的消極因素之外，導致艾森豪威爾政府的「西太平洋集體防衛體系」和「亞洲自由國家經濟集團」的戰略構想胎死腹中的因素，還有其內在困境。首先在擴大對亞洲的經濟援助和建立

「亞洲自由國家經濟集團」的政策上，由於杜魯門主政時期奉行財政擴張政策，認爲國家財政的擴張可以刺激國民經濟的發展，從來沒有嚴肅對待國際收支赤字的問題。單單是一九五〇年，即使在貿易順差十一億美元的情況下，還是出現了三十五億美元的赤字。因此，艾森豪威爾政府一上台就主張「大平衡戰略」，採行財政緊縮的保守政策。問題在於，導致美國在整個五〇年代出現嚴重的國際收支赤字的主要原因，恰恰是美國對外的經濟和軍事援助（主要是海外駐軍費用）。由於美國政府對亞洲的援助向來都是以軍援爲主、經援爲輔，因此在裁減對外軍事支出成效不彰的情況下，美國國會當然不會同意擴大對外經濟援助計畫。

雖然，艾森豪威爾政府關於「西太平洋集體防衛體系」和「亞洲自由國家經濟集團」的戰略構想，最後在各種主客觀因素的制約下並未付諸實施。但是它卻是第一次全面揭露了美國打算單方面的主導亞洲軍事及經濟安全事務的企圖，也標示著美國所一手打造的「國家壟斷資本主義同盟」戰略框架，做爲一種國際秩序，將全面的取代舊殖民主義國際秩序，取代英、法等老牌殖民主義國家在海外殖民勢力，成爲在冷戰架構下的新秩序。這樣的秩序，表現在美國在全球範圍所建構的「軍事集體防衛體系」，更表現在以「巴黎統籌委員會」（COCOM）爲決策機關的遏制政策，也表現在以「國際貨幣基金組織」（IMF）、「國際發展開發銀行」（IBRD）和「關稅貿易總協定」（GATT）爲表現形式的布雷敦森林體系。在美國推行其對日經濟復興政策的過程中，強烈的反共意識型態一直支配著美國決策者的大腦，成爲美國政府貫徹對日經濟復興政策的最主要依據。韓戰的爆發，決定了美國的東亞戰略上從「美國—中國—日本」的對蘇遏制走向「美國—東南亞—日本」對中蘇同盟，特別是針對共產黨中國的遏制模式。這對戰後日本、乃至於整個東亞的發展產生了極其重大的影響。其程度之深、範圍之廣甚至超出了美國決策者的最初構想。

首先，它影響和制約著日本、甚至整個東亞對外貿易和國際直接投資（FDI）的發展格局，形成了日本向東南亞進口能源、橡膠、木材、礦產等原材料，輸出工具機、鋼材、零組件等生產投入，卻對美國輸出食品、紡織、雜貨（一九六五年後以鋼鐵、電器、汽車等產品為主）等消費性最終產品的貿易格局。形成這個「垂直分工、市場在外」的東亞經貿格局的根本原因，正是因爲在冷戰體制下，日本同東南亞、美國之間存在著利益的共同性和需求的互補性使然。

這個「垂直分工、市場在外（美）」的東亞經貿格局，一直要到廿世紀八〇年代以後，因爲中國的改革開放，以及隨之而來的東亞跨國企業國際直接投資的區域性佈局，才讓日漸形成的「東亞區域製造網絡」經濟結構所取代。因此，不考慮在世界局勢上的兩體制對立及其規定性，就無法掌握戰後世界資本主義積累的特殊規律，（註八）便無從理解東亞經濟在冷戰時期如何依靠「垂直分工、市場在外（美）」產業構造迅速崛起的戰略意涵，更無法說明以 WTO 爲具體表達的跨國資本全球化，在後冷戰時期的提出及其朝向區域經濟一體化發展逆轉的結構因素。

其次，正因爲日本經濟復興政策的從屬性，也決定了日本外交政策的從屬性。日本的外交政策向來以美國的東亞政策爲依歸，爲了追隨美國孤立中國的政策，寧可扼殺中日民間貿易發展的萌芽，轉而向東南亞尋求外部市場。在美國東亞戰略的支配下，日本通過戰爭賠償、經濟援助和直接投資等方式扶植東南亞地區的親美反共政權（到一九六八年為止，日本對發展中國家提供近五十億美元的經濟援助和二十億美元的直接投資，其中大部分都集中在東南亞）。中國大陸學者崔丕就感慨說：「今天，冷戰時代已經過去，冷戰時代的意識也已經不再完全支配日本政界首腦的思維。日本政府早已將日美關係、日本東盟關係、日中關係作爲日本外交的三大支柱；日本經濟也正經歷著「離歐（美）返亞」的戰略轉換。但是，一個民族，一個國家，在怎樣的歷史條件下開始它新的經濟、政治關係發展，便怎樣取得它在新的經濟、政治關係中所具有的現實條件，這就是長期的歷史性力量。冷戰時代所形成的日本對外經濟關係和外交政策，正是今天日本仍然將日美合作、日本東盟關係擺在格外突出的地位，而對東北亞區域經濟合作沒有表現出更大熱情的重要根源」。（崔丕，一九九三）

二、區域製造網絡結構的形成與東亞經濟一體化

戰後美國爲了確立它在世界資本主義體系中的霸權地位，一方面在軍事安全領域建立了以「北大西洋公約」、「美日安保體制」爲核心的集體安全防務體系；一方面在國際經濟領域，推動了以「國

際貨幣基金組織」（IMF）、關稅貿易總協定（GATT）和巴黎統籌會（COCOM）爲基本架構的「國家壟斷資本主義同盟」國際經貿秩序。對於美國而言，鞏固並發展軍事安全防務體系和自由主義國際經貿秩序，是進行對社會主義國家「遏制戰略」取得成功的不二法門。因此，戰後美國對外經濟戰略的核心，就是建立一個以美國爲中心的國際金融體系和自由貿易體制，一方面爲美國的資本、產品開闢世界市場，攫取鉅額經濟利潤和自然資源；一方面在積極拓展西方資本主義國家的多邊貿易的同時，進行對蘇聯、東歐和中國等社會主義國家的貿易管制，藉以遏制共產主義的擴張，將美國所謂的自由、民主、價值觀、生活方式以及自由市場推廣到全世界。

要完成這個目標，就需要建立並鞏固以美元爲中心的國際貨幣體系。

早在二戰期間，美國便企圖建立一個以美元爲中心的國際貨幣體系，戰爭期間的「租借法案」，提供了這個野心實現的契機。一直到一九四五年十二月一日爲止，美國根據《促進美國國防法》總共向盟國提供了價值高達五百多億美元的貨物和勞務，黃金源源不絕的流入美國本土。美國的黃金儲備從一九三八年的一百四十五億美元增加到一九四五年的二百億八千萬美元，約佔當時世界黃金儲備的百分之五十九，提供了美元霸權地位粉墨登台的有力條件。

從美國的角度來看，英國的貿易特惠制度和英鎊區（註九）是戰後妨礙美國對外經濟擴張的主要障礙，它主張在經過一個短暫的過渡期間後，要取消一切保護關稅和貿易限額，清除一切形式的金融壁壘，例如競爭性貨幣貶值、多種匯價、雙邊清算協議和限制貨幣流通等等。爲了建立這個「開放而一體化的經濟體系」，一九四四年七月美國在新罕布什爾州布雷敦森林小鎮召開了布雷敦森林會議（Bretton Woods Conference）。這個由四十四個國家七百三十位代表出席，討論戰後國際經濟合作問題的會議，決定建立一個以「國際貨幣基金組織」（IMF）、「國際發展開發銀行」（IBRD）和「關稅貿易總協定」（GATT）爲主要架構的「布雷敦森林」國際金融體制，規定並主宰了自戰爭結束到一九七一年爲止的世界金融秩序。《國際貨幣基金組織協定條款》把美元同黃金直接掛勾，規定三十五美元兌換一盎司黃金，其它貨幣對外的幣值一律用一定數量的美元或黃金表示，確立了美元在國際貨幣中的主宰地位。

布雷敦森林體系是國際霸權的具體表現，是新舊霸權間相互角力產物，而躲在贏家在背後支撐著它的是世界上最強大、最不可挑戰的美國經濟和軍事力量。持平的說，從一九四四年七月布雷敦森林體系成立到一九七一年八月美國放棄黃金／美元兌換機制的這一段時期，世界經濟增長迅速，國際貿易和國際直接投資有長足的發展，這不能不歸功於布雷敦森林體系所提供的相對穩定的國際金融環境。它一方面透過國際貨幣合作，消彌了戰前六大貨幣集團相互對立、傾軋的局面，藉由美國的世界強權規定了資本主義國家之間的貨幣秩序，爲世界經濟的增長提供了穩定的外部環境；一方面，由美元／黃金匯兌機制所保證的固定匯率，在這一段期間有效的消彌了各國之間的競爭性貨幣貶值，爲國際貿易和國際投資提供了便利的條件。但是，任何一種國際貨幣體系都需要某種特定的政治秩序的支持，它本身就是世界霸權的一種表現形式。「布雷敦森林體制」畢竟是美國利用其在世界經濟中的支配地位所一手打造起來的，以美國利益爲核心的國際貨幣體制。

戰後以來，由於美蘇對抗的冷戰形勢，美國爲了在全球範圍遏制蘇聯共產主義勢力的擴張，將西方集體安全保障體系和世界自由主義經濟體制聯繫起來，將經濟復興、貿易管制和軍事對峙綑綁在一起，導致美國國際收支長期處於鉅額赤字的狀態。這不僅挑戰了美元體系的穩定，威脅著自由世界國際經濟體制的框架，同時也成爲制約美國全球戰略的重要因素。然而重建後的德國、荷蘭和日本，由於新型的生產機具的引進和使用，勞動生產率長期高過美國，在在挑戰了美國在國際貿易和國際金融的霸權地位並擴大了美國的國際收支赤字。在美元／黃金兌換機制下，國際收支赤字就意味著黃金儲備的流失，一個沒有了黃金保證的國際貨幣體系，它的固定匯率是釘在紙上，而不是水泥牆上。

越南侵略戰爭標示了美國全球干涉政策的頂點，給美國的政治、經濟、軍事以及國際地位造成極爲嚴重的影響。它使美國領導人不得不承認美國的力量有限，不得不重新審視這個發生巨大變化的世界。尼克森上台時，所面臨的國內外形勢相當嚴峻。當時，在越南戰場上的美軍高達五十四萬多人，用於戰爭的費用二七〇億美元。一百萬海外駐軍分散在全球二〇〇〇多個軍事基地，爲四〇多個國家承擔反共防禦的「義務」。在國內，尼克森的難題也不小，通貨膨脹加劇，貿易順差流失，財政赤字擴大，反戰聲浪四起，社會矛盾尖銳，戰後民主、共和兩黨同聲一氣的反共外交的民意支持度也在日漸喪失。更嚴重的是，正當美國在越南大肆進行軍事干涉的時候，西歐及日本的經濟正悄悄的翻身而起，開始跟美國在經濟領域上分庭抗禮，美國逐漸喪失了在資本主義世界中經濟霸主的地位。就在這種內外交迫的情況下，尼克森政府不得不實行「戰略緊縮」，走向現實主義的外交政策。

這是戰後美國東亞戰略的第二次重大轉折。

尼克森外交政策調整的主要內容是主張「從對抗轉向對話」，一方面對蘇聯推行「和平結構」（緩和聯繫）展開對話；一方面試圖改善與中國的關係，打開通向中美關係正常化的大門。如此一來，從杜魯門政府以來爲歷任美國總統所奉行的「遏制政策」，就受到一定程度的衝擊，取而代之的是主張「伙伴關係、實力和談判」三大支柱的新和平戰略。早在一九六七年，尼克森就在著名的《外交季刊》上發表一篇名爲〈越南之後的亞洲〉的文章，爲他的「戰略緊縮」思想投石問路。他指出：「其他國家必須認識到，美國將來做爲世界警察的作用很可能是有限的」，因而在向美國提出援助要求之前，必須由「地區國家自己做出集體努力來遏止威脅」。爲了進一步說明「尼克森主義」（（Nixon Doctrine）的內涵，一九七〇年二月十八日，尼克森向國會提出一份外交政策報告。該報告被認爲是「美國外交政策的分水嶺」。尼克森在報告中指出：「美國將參加各盟國和朋友的防務和活動，但美國不能也不會制訂全部方案，擬定全部計畫，執行全部決定，負起保衛世界自由國家的全部責任。只有在我們的幫助眞正起作用，而且是被認爲符合我們的利益的時候，我們才會給予幫助」（趙學功，二〇〇一，頁223-225）。尼克森主義不是要退回到孤立主義，也不打算放棄外交上的干預政策和在西歐和亞洲的軍事存在，他只是力求讓盟邦承擔更大的責任，最終使美國的戰略收縮不僅不會損害到美國利益，反而有助於增強美國實力。尼克森主義是戰後美國根據自身力量的變化，對外交政策進行的一次重大調整，它不僅確立了尼克森政府對外政策的基調，也成爲往後幾屆美國政府外交政策的指導原則。

在尼克森主義的指導下，美國政府在國際貨幣市場上又再度消極，只不過這一次，它不會再用貿易盈餘和黃金儲備來作爲國際經濟的緩沖劑。它要向各國政府表態，它要讓他們都意識到，它所一手打造的國際貨幣和貿易體系本來就應該爲美國的利益服務。如果爲了要消除美國的國際收支赤字非得要讓這個貨幣體系瓦解的話，美國將會袖手旁觀。一九七一年春天，美國出現一個世紀以來首次的貿易赤字。過去，歷屆美國政府都在擔心如何擴大貿易順差以便支付對外軍事開支和經濟援助，現在，他們還要操心如何彌補貿易逆差的經常帳缺口。一九七一年四月，國際清算銀行報告，歐洲央行的歐洲美元存款，從年初的三十億美元暴增到一百億美元。更由於各國央行要包攬本國公民拋售的美元，估計一九七一年外國央行美元儲備的增加額將達到三百億美元。

一九七一年五月，國際貨幣體系在美國國際收支赤字的重壓下開始走向崩潰。一週之內有五十多億美元湧向德國聯邦銀行以便趕在美元貶值前兌換成德國馬克。五月五日，開盤後一個小時內就有十億美元資金湧向德國聯邦銀行的外匯交易窗口，德國被迫宣布暫時放棄固定匯率。五月六日德國、荷蘭、比利時、瑞士和奧地利等國宣布關閉外匯市場。一九七一年八月十五日美國政府被迫宣布停止美元兌換黃金。如果說，一九九一年八月十六日蘇聯解體和一九九四年三月三十一日巴黎統籌會和中國委員會宣布解散，標誌著建構在冷戰體制下以美國為首的「國家壟斷資本主義同盟」正式退出歷史舞台，那麼，一九七一年八月十五日美國宣布放棄黃金和美元兌換機制，導致布雷敦森林貨幣體系瓦解，就是在冷戰集體安全體系所建築起來的反共堡壘上鬆脫掉落下來的第一塊磚頭。

伴隨著國際冷戰架構的興衰和轉折，東亞各個經濟體在第二次世界大戰後捲入四次國際產業結構的調整與遞嬗的過程。（圖一）首先，日本在五〇年代中期以後的經濟復興，是在美國的經濟援助和蓄意引導下，一方面發展了資本密集型產業，一方面通過使用勞務賠償、經濟援助和直接投資的方式，為日本工業生產在東南亞取得了穩定原材料供應並打開了商品市場與資本市場；其次，六〇年代的日本開始進行產業外移，其實是日本國內產業政策的延伸——外移夕陽產業集中發展新興技術和朝陽產業，當中除了經濟資源的合理配置外，也涉及美日兩國外交政策和東亞戰略的規定，形成了日本與東南亞國家「垂直分工、市場在外（美）」的分工體系；隨後，七〇年代，在布雷敦森林國際貨幣體系崩潰和發生在一九七三—一九七四和一九七八—一九七九年的兩次石油危機期間，日本利用「垂直分工、市場在外」的結構特性，將製成品的加工程序拆零，將資本密集段外移到四小龍生產，將勞力密

圖一　戰後國際性產業調整與傳遞浪潮示意圖

50 年代	美國 → 日本（資本密集型產業）
60 年代	美國 → 日本（技術密集型產業） 美國、日本 → 亞洲四小龍（勞力密集型、部份資本密集型產業）
70 年代	美國 → 日本（技術密集型產業） 美國、日本 → 亞洲四小龍（資本密集型產業） 美國、日本、亞洲四小龍 → 東盟四國（勞力密集型產業）
80 年代	美國 → 日本（創造性、知識密集型產業） 美國、日本 → 亞洲四小龍（標準化資本、技術密集型產業） 美國、日本、亞洲四小龍 → 東盟四國（勞力密集、部份資本、低技術密集型產業）

資料來源：汪彬：《東亞工業化浪潮中的產業結構研究》，第三一八頁。

引自，1耿協峰：《新地區主義與亞太地區結構變動》，北京，北京大學出版社，二〇〇三，頁一〇五。

集段外移到東盟四國生產，以尋求更合理化的經營效率；正是這種在冷戰時期「國家壟斷資本主義」機累積制的規定下的「垂直分工、市場在外（美）」的經濟戰略，決定了區域內各國在分工上的位置，東亞國家扮演起爲日本產業提供了關鍵的原材料、低廉的製造成本和不斷增長的新興市場的角色。它的客觀結果，是一方面爲八〇年代以後的區域經濟一體化提供了歷史前提；一方面也在日本和東亞各國之間形成了不對稱的從屬關係。（註十）

眞正改變這種垂直分工的冷戰

經濟架構的動力，是來自於冷戰解體過程的外部衝擊。在八〇年代雷根總統上台以後，美國放棄「經濟援助＋遏制政策」的冷戰戰略，轉而以「公平貿易」爲口實，採行「貿易制裁＋遏制政策」的戰略方針。從一九八三年開始，美國展開一連串與東亞主要國家間的貿易談判，導致日本和四小龍等東亞新興工業化經濟體的貨幣，在美方平衡貿易的壓力下被迫升值，工資及各項生產成本飛漲。因此，日本和四小龍被迫將產業轉移到成本更爲低廉的東亞鄰近國家。但是，這些大量流入東亞發展中國家的國際投資主要的著眼點在於資本效益，而不是商品市場。跨國公司的分支機構通常將其製造流程細分爲幾個子流程，然後分別將這些製造流程建設在可以獲得最高生產效率，或者廉價的勞力的經濟體之中，形成了相對獨立的東亞區域內製造網絡體系，改變了東亞地區的國際分工。中國大陸學者汪彬將這種新型分工體系歸納爲下列特點（註十一）：

1. 多邊、互補性。即這種分工是在若干個在資源、勞動力、資金和技術等生產要素稟賦上相異的經濟體之間進行的產業分工，相互間容易實現優勢互補、結構昇級。
2. 垂直分工與水平分工交織並存，並由前者向後者發展。即在不同層次國家和地區間建立的國際產業分工關係，隨著每一方資源稟賦的變化和比較優勢的轉移，出現一個垂直分工與水平分工交織並存，分工程度不斷加深，分工密度不斷細化，總體上由垂直分工向水平分工發展的動態過程。

3.複合、網絡型國際分工。即在這一分工體系中既存在不同產業間的分工，也存在產業內分工，還存在同一產業的跨國企業內部的新型分工模式，從而使這一分工體系出現「由線到面」的發展過程和網絡型的畫面。

這種新型分工體系，說明了後冷戰時期東亞「區域製造網絡結構」取代了冷戰架構下「垂直分工、市場在外」的東亞區域分工體系。事實上，近年來東亞地區對外貿易的快速增長，與八○年代中期後大量投入到東亞發展中國家的國際直接投資有著緊密的聯繫。譬如說，跨國公司既可能從它的總公司輸出資本和半成品到它的海外子公司，也可能從它的海外子公司輸入產品服務其母國市場。這就大大的促進了雙邊貿易的份額，促進了東道國對外貿易的增長。東亞地區區域內貿易在世界貿易總額以及東亞對外貿易總額的比重增加的主要原因，是日本和新興工業化經濟體對中國大陸以及東盟國家國際直接投資輸出的增長，造成東盟和中國大陸在工業投入上對資本輸出國的進口大量增長，導致區域內依賴關係的深化。也正是這種以跨國公司爲載體的區域經濟活動，提供了「區域經濟一體化」發展的物質基礎和結構動力。

「表二」的數據，引用自日本學者浦田秀次郎（urata）的〈FDI——貿易關連的出現及東亞經濟成長〉一文（註十二），反映了一九八六年和一九九五年日本製造業跨國公司在東亞地區的採購和銷售情形。從一九八六到一九九五年，日本跨國公司在東亞地區的子公司，對東亞地區的中間產品供應和商

表一　1986 年和 1995 年日本在亞洲的製造業跨國公司業務情況（%）

指標	採購					銷售				
	本地市場	進口			東亞在進口中的比重	本地市場	出口			東亞在出口中的比重
		日本	其他東亞地區	東亞			日本	其他東亞地區	東亞	
採購和銷售量的地區性貢獻										
1986										
亞洲	42.2	45.3	5.6	50.9	88.1	54.7	15.8	12.8	28.6	63.1
東盟	47.4	38.7	7.0	45.7	86.8	59.3	10.0	18.6	28.6	70.3
1995										
亞洲	40.3	40.3	14.4	54.7	91.6	58.4	18.8	13.4	32.2	77.3
東盟	37.9	44.3	13.4	57.7	93.0	60.1	18.9	11.7	30.6	76.7
企業內交易在交易量中的比例										
1986										
亞洲	6.8	66.6	47.6	-	-	8.9	76.5	20.1	-	-
東盟	8.2	66.7	43.5	-	-	9.2	78.5	24.2	-	-
1995										
亞洲	15.3	77.4	44.9	-	-	15.8	84.5	49.9	-	-
東盟	18.2	77.2	29.0	-	-	21.5	84.5	48.5	-	-

資料來源：日本通產省（Ministry of International Trade and Industry，二〇〇一年改制為 Ministry of Economic and Industry, 簡稱 METI）

品銷售市場的依賴度日漸增強，佔其採購總額的百分之五四・七、銷售總額的百分之三〇・六，其中有百分之四〇・三是對企業母國（日本）的採購，而在製成品方面，有百分之一八・八的產品也是回銷到日本母國。特別值的重視的是，企業內部貿易在交易總量中所佔的份額所代表的意義。東亞子公司對日本母公司的採購額從一九八六年佔交易總量的百分之六六・六上升到一九九五年的百分之七七・四，顯見日本在八〇年代後對東亞開發中經濟體大量的國際直接投資輸出，帶動了從日本進口生產投入產品（資本財）的增長。另一個方面，從東亞子公司的對日本的採購佔進口總額的比重的下降（一九八六年是百分之四五・三，一九九五年下降到百分之四〇・三），對亞洲其他開發中經濟體的採購份額卻大幅上升（同一期間從百分之五・六上升到百分之一四・四）的情形來看，反映出區域依賴性的增強趨勢。

通過對「表一」的研究，我們可以從日本跨國企業的採購和銷售活動中，得出饒富意義的結論：首先，日本跨國企業通過其進出口和國際直接投資的區域性佈局，深化了區域內的依賴關係，而東亞地區做爲日本跨國企業的採購和銷售市場的重要性不斷的增強；其次，在日本跨國企業採購和銷售總額中，東亞地區所佔份額的增長趨勢，也表明了日本跨國企業在促進區域內流程分工中的角色日趨活躍，已經在東亞地區建立了一個地區性的製造體系。

跨國公司早期的海外運作策略，由於海外子公司要依靠母公司的投入和生產資料，兩者之間的聯繫較爲緊密。隨著海外子公司的採購和銷售網絡的不斷擴展，兩者間的國際直接投資和對外貿易間的聯繫開始減小。多數跨國公司把東亞作爲其出口基地，在區域內採購零組件，然後組裝成成品出口到其他地區。以日本的電視製造業爲例，它們通常將製造流程分爲零部件製造和整機裝配兩個子流程。然後將零部件製造放在有充足的熟練勞動力的經濟體中（如NICs），而將整機裝配放在廉價勞動力充足的經濟體中（如東盟國家），電器製造商向最後裝配地出口零部件，然後將裝配好的電視機出口到各個地區。同樣的情形，我們也可以在汽車製造業中看到更加細緻的流程分工和生產控管（圖二），藉以說明日本跨國公司在流程分工中的作用，以及東亞區域性製造網絡體系的形成。

冷戰結束，以及東亞「區域製造網絡結構」的形成，使得亞洲太平洋地區的大國關係，擺脫了過去建立在意識型態對立的基礎上的結盟對抗，轉向尋求一種複和式的區域安全結構，從而改變了內部的互動模式——從冷戰時期居於主導地位的結盟對抗和大國均勢戰略，轉向協商合作與平等對話。當然，美國做爲後冷戰時期世界上唯一的超級強權，爲了維持其冷戰時期在亞洲太平洋地區的傳統利益，仍然在該地區維持爲數將近十萬的海外駐軍，同時透過日本的「周邊有事」立法來加強兩國間的軍事結盟，並且對台強迫推銷「地區飛彈防禦系統」（TMD）、提高軍售，意圖在亞太地區製造不安藉以從中牟利。但是東亞地區絕大多數發展中國家和地方政府卻積極倡導「合作安全」和「綜合安全」的觀念，尋求建立一個由合作性雙邊關係和多邊關係所組成的區域安全網絡。問題的解決不再取決於東

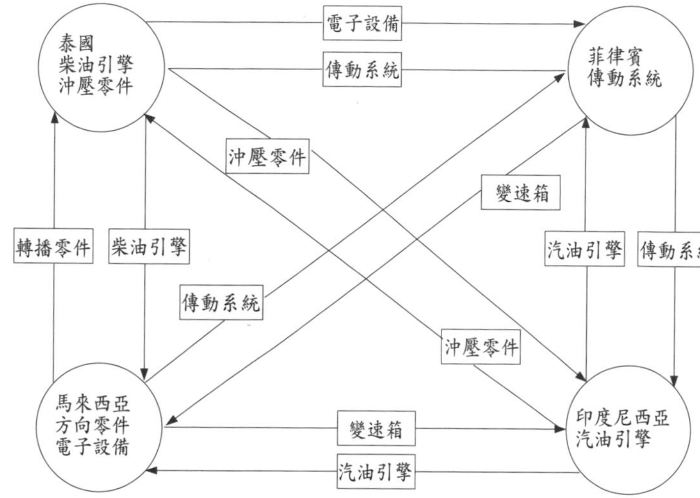

泰國
柴油引擎
沖壓零件

菲律賓
傳動系統

馬來西亞
方向零件
電子設備

印度尼西亞
汽油引擎

電子設備
傳動系統
沖壓零件
變速箱
轉播零件
柴油引擎
汽油引擎
傳動系統
傳動系統
沖壓零件
變速箱
汽油引擎

西方對抗局面的變化趨勢（如韓戰和越戰），轉而在自主性區域安全合作的基礎上，通過理解、友好和合作來尋求地區衝突的解決方案（如柬埔寨問題和晚近的北韓核武六國會議）。其中最爲典型的代表就是東盟組織以小國結盟的地位所發起的「東協高峰會」（EAS），儘管迄今爲止它只是一個協商對話的平台，但卻是亞太地區唯一的區域性安全合作組織，其影響力不可小覷。這種透過各國政府主導的多邊安全機制，越來越爲各國所主動接受，其議題也從傳統的軍事安全領域擴大到生態環境、經濟金融安全、跨國販毒、民族衝突和國際恐怖主義等非傳統領域區域安全議題，維護和實現地區安全的主體也逐漸超越了民族國家政府，逐漸涵蓋了大量的非政府組織（NGO）社會團體和個人。

三、從「東盟·中國十加一」到「東亞高峰會」看區域一體化的契機和挑戰

回顧廿世紀的歷史，區域經濟一體化做爲上個世紀末才出現的一個新興事物，無疑是當代世界經濟政治發展的一個新特點和新趨勢，將會對廿一世紀世界形勢的發展產生巨大的影響。根據世界貿易組織（WTO）的統計，及至一九九六年爲止，全世界區域性經濟合作和一體化組織的數量是一百四十四個，但是根據分析，實際上對世界經濟產生一定影響的區域組織，約莫三、四〇個，其中以歐盟（EU）、北美自由貿易區（NAFTA）和亞太經合會（APEC）發展和動向最受各方矚目。

前二者，在經濟上都表現出區域一體化的基本特性，表現出聯盟國間高度的互相依存性。以成立於一九九四年的北美自由貿易區爲例，根據國際貨幣基金會〈一九九九年貿易統計年報〉指出，短短數年間，加拿大和墨西哥與美國間的貿易額，都超過了本國外貿總額的百分之八〇，他們在美國的外國直接投資存量也超過了百分之六〇。現在，加拿大成爲美國最大的貿易伙伴，墨西哥名列第三。歐盟的情形更是不遑多讓，歐盟十五個國家超過百分之六〇出口貿易都是在內部成員國間進行，另外有百分之一三是出口到東歐等國家，出口到美國和日本的，僅佔其出口總額的百分之七·六和百分之二。外國直接投資的情形也是如此，成員國間的直接投資佔其外國直接投資的百分之四〇·五。

反觀，同樣屬於三極集團中的日本和東亞情形就沒有這麼樂觀。由於歷史的因素、日本的態度以

及美國在西太平洋地區的特殊利益，東亞地區一直無法出現一個眞正較具經濟一體化性質的區域組織。目前較爲活躍的亞太經合會，就其性質，不過是亞洲太平洋地區的一個經濟論壇，制度的設計體現著美國在該地區的特殊利益和矛盾，短期間尙難對其抱有太大希望。一般而言，要從一九九八年十二月在河內召開第六屆「東南亞國協高峰會議（ASEAN）」，並發表包括「河內行動計劃」、「東南亞自由貿易區」以及「共同優惠稅率計劃」在內的《河內宣言》以後，國際間才將關注東亞經濟一體化進程的目光投向日趨活潑和自主的「東南亞國協高峰會」。

在此之前，東協正式高峰會議總共召開過五次，分別爲一、一九七六年，巴厘島會議；二、一九七七年，吉隆坡會議；三、一九八七年，馬尼拉會議；四、一九九二年，新加坡會議；五、一九九五年，曼谷會議。本著「相互合作」與「互不干預」的基本立場，前幾屆的東協高峰會只停留在區域安全論壇。雖然，爲了因應輔成立於一九九二年的亞太經合會在貿易及投資自由化方面進展的挑戰，東協高峰會一再地縮短實現東南亞自由貿易區的時限，然而，一直要到一九九七年爆發亞洲金融危機之後，加強區域政治經濟合作，藉以協助東南亞度過經濟危機才成爲該屆峰會東協各國最關切的當務之急。一九九八年，東協高峰會議發布《河內宣言》，主張繼續加速關稅調降時程，並決定提前自二〇〇二年開始啓動，將六個原始會員國所有的「涵蓋清單」之產品關稅，降至百分之五以下；至於東協四個新會員國，則在考量其發展程度的差異下，分別規定越南於二〇〇六年、寮國與緬甸於二〇〇八年及高棉於二〇一〇年，先後完成「共同有效優惠關稅協定」調降關稅規定。迄至目前，六個原始會員國百分之九十五製成品（manufactured products）之關稅，已降至百分之五以下，除極少數「例外商品」和「敏感商品」外，已實現了協定的要求。

二〇〇二年十一月四日，中共總理朱鎔基和東盟十國領導人在出席東盟與中國領袖高峰會議（簡稱東亞十加一會議，日本與韓國未參加連署）後，共同簽署一份名爲《中國與東盟全面經濟合作框架協定》的自由貿易協定，各國同意在二〇〇二年所落實的東盟十國自由貿易區的基礎上，擴大規模於二〇一〇年建成中國—東盟自由貿易區。《框架協定》是中國與東盟全面經濟合作的里程碑，它的簽署標誌著中國與東盟的經貿合作進入了嶄新的歷史階段，也爲東亞經濟一體化進程邁開了歷史的一大步。

「中國—東盟自由貿易區」建成後，將形成一個擁有十七億消費者（如果加上日、韓，則共有二十億人口）、近二兆美元國內生產總值和一兆二千億美元貿易總量的經濟區。屆時「中國—東盟自由貿易區」將是世界上人口最多的自由貿易區，也將是發展中國家組成的最大的自由貿易區。爲了表示誠意，掃除東亞一體化的傳統障礙，中共總理朱鎔基在簽約後更片面的宣布了「亞洲減債計畫」：全部或部分免除了越南、柬埔寨、寮國、緬甸、阿富汗、馬爾地夫等國對中國的債務。同時，爲了避免南海主權爭議此一傳統矛盾，再次成爲擴大合作的障礙，與會各國也在和平互信的基礎下簽訂了《中國與東盟關於非傳統安全領域合作聯合宣言》和《南海各方行爲宣言》，希望能夠通過友好協商和談判，以和平方式解決南海爭端。

「東亞自由貿易區」的實現，不但意味著中國在東亞經濟中的主導地位上升，更重要的是，配合中國在二〇〇〇年推出的西部大開發計畫所日漸成熟的內需市場，透過自由貿易區的免稅優惠，輸入東南亞所生產並滯銷的廉價日常消費品，一方面滿足西南六省民衆要求擴大消費的需求；一方面它將可以避免東協國家與中國沿海經濟的產業結構出現重疊設置的現象，造成彼此在外貿市場的進行削價競爭。就東盟各國而言，「東亞自由貿易區」的實現，非但解決了九七年貨幣金融危機以來，出口受阻、工廠倒閉和資金外移的窘境，爲東盟各國的農礦原料和勞力密集直接消費品找到了一個人口超過二億的出口市場。更重要的是，由於跨國公司在區域內的直接投資和貿易活動所形成的「區域製造業網絡結構」，東盟國家無法排除與日本和東亞新興經濟體之間的關係，關起門來自行配套，其中涉及的資金與貨物流動更無法透過傳統的雙邊自由貿易協定來解決。因此，透過跟中國大陸的結盟，逼使東北亞三國（中、日、韓）排除傳統的矛盾和美國的干預，回應東亞經濟一體化的要求。以日本對東南亞商品市場和資本市場的依附程度而言（日本在東南亞的海外直接投資總額達九百一十二億美元，佔其海外直接投資總額存量的百分之二三・五；日本對東亞出口佔其出口總額的百分之三七・九，其進口佔進口總額的百分之四六・二），而更重要的是日本跨國企業歷經數十年，在東亞地區苦心積慮所建構起來的生產和流通配套體系，日本將有可能被迫「脫歐入亞」，完成「東亞十加三」經濟一體化的歷史性格局。

一個區域經濟組織是否能夠眞正的起作用，其決定的因素往往是必須先有經濟一體化的實質，然後才有制度化的需要。東亞地區在冷戰時期架構在「國家壟斷資本主義同盟」積累機制下的「垂直分工、市場在外」區域產業分工體系，在八〇年代以來藉由跨國公司的投資和貿易活動，已經轉型爲「區域製造網絡」結構，創造了區域經濟一體化的基本前提。但是，這個經濟前提只提供了一體化的可能性，但不能保證東亞區域一體化實現的現實性。一九九五年 WTO 成立，由於 WTO 在本質上是服務於跨國壟斷資本全球化的國際經貿秩序，其決策方式不可避免的要反映大國利益和地緣政治特性，使得主要國家藉由區域集團貿易與投資自由化的整合過程與結盟，增加其在多邊體系的發言份量與對抗籌碼，而區域集團間的合縱連橫，成爲擴大多邊影響力的重要途徑，使得區域經濟整合活動並未因此而歇緩。特別是二〇〇三年九月間，WTO 第五屆坎昆部長級會議對「杜哈發展議程」（Doha Development Agenda）多邊貿易談判之破裂，顯示 WTO 進一步推動全球貿易自由化的前途坎坷，也促使區域貿易協定的簽署，蔚爲風潮。

有鑑於此，二〇〇三年十月，第九屆東協高峰會簽署了〈巴厘島共同宣言〉（Declaration of the Bali Concord）確立 ASEAN 共同體之三項基本架構——即建立「東協安全共同體（ASEAN Security Community，ASC）」、「東協經濟共同體（ASEAN Economic Community，AEC）」及「東協社會文化共同體（ASEAN Socio-Cultural Community，ASCC）」之後，進一步在第十屆東協峰會通過以深化區域整合、縮小發展差距爲目標的「萬象行動綱領」（Vientiane Action Program：VAP），成爲指導東協二○○四年至二○一○年經濟、政治和安全合作的新「六年計畫」，並建立東協發展基金（ASEAN Development Fund ：ADF），以推動該綱領和各項行動計畫的實施。二○○四年十一月廿九日，東協加三（中國大陸、日本和南韓）高峰會議更在上述的基礎上，同意從二○○五年起，將「東協加三高峰會（ASEAN+3）」轉型爲「東亞高峰會（EAS）」，由馬來西亞輪值召開。

第一屆東亞高峰會議之所以受到世界各國的關注，除了是預期在二○○二年「東盟十加一」會議的基礎上，是否將出現「東盟十加三自由貿易區」的歷史格局外。更重要的是，它處心積慮地把世界唯一超強的美國排除在外。此舉雖然引起美國的震驚和不悅，更派出負責亞洲事務的助理國務卿佐立克專程訪問 ASEAN 核心的泰國、越南、菲律賓、印尼、馬來西亞、與新加坡六國進行遊說，但在東亞各國堅持此係亞洲國家的內部事務的前提下遭到婉拒，大會主席馬國阿布都拉總理（Abdullah Ahmad Badawi）僅同意邀請澳洲與紐西蘭出席這次高峰會，以減消美國擔心高峰會議過度向中國傾斜的疑慮。

這個由東盟主導的東亞高峰會（EAS）在二○○五年十二月十四日在馬來西亞登場，與會國從原來的「十加三」，變成了「十加六」（在中國、日本、與南韓之外，加上了印度、澳洲、與紐西蘭），意味著東亞爲建制共同體的努力，特別是安全及經貿的整合。這是自從馬來西亞前總理馬哈蒂，在一九九〇年十二月十日提出「東亞經濟集團」構想，將美、加、澳等國排除在外，而遭到美國和日本的聯手抵制而胎死腹中以來，第一次在亞洲事務上出現一個沒有美國參與的，眞正的「東亞高峰會議」。從會後所共同簽署的〈吉隆坡宣言〉來看，宣言將東亞峰會的性質定位爲「廣泛就涉及共同利益與關切的各種戰略、政治與經濟問題進行對話的場所，以期推進東亞和平、安定與經濟繁榮」，也就是說，基本上「東協十加三」機制所推動的東亞峰會，並不僅僅是一個地區經濟合作進程，它更具有很強的政治涵義，它有利於東亞地區各國之間政治關係的改善，提供了一個使各國可以透過對話，加深瞭解和理解，進而改善關係，增加合作的區域平台。這就意味著，東亞峰會在東盟的主導下，正逐步的從原本以經濟發展爲主軸的區域性組織，轉變成包括政治、安全、社會、衛生、環保、乃至教育、文化無所不包的區域共同體和集體安全機制。無怪乎，今年東亞峰會的輪值主席馬來西亞總理阿布都拉揚言，要把東協合作範圍擴大到集體安全領域，最終在二〇二〇年變成「亞盟」，與歐盟分庭抗禮。

本屆峰會另一個受到國際觀察家矚目的焦點是，澳洲的與會。澳洲的與會雖說是在美國的外交折衝下，不得不然的結果，一定程度代表著美國在東亞的傳統利益的重申。但是，澳洲能獲邀參加本屆東亞高峰會代價是放棄三百年來作爲白種人國家的驕傲，被迫承認自己是亞洲的一部份。其中，特別是澳洲承諾加入東協友好合作條約（ASEAN Treaty of Amity and Cooperation）舉動，更顯得意義深遠。

東協這個基本條約最重要的精神，在於締約各國保證互不侵犯，且不與區外國家聯盟攻擊另一締約國。問題在於中國大陸早已簽署加入該項條約，而澳、紐兩國又受制於與美國的簽訂的聯盟條約（ANZUS Pact）。一旦國際形勢如本文前言所述，美國的「轉型外交」將東亞的一體化以及中國的和平崛起視爲美國國際霸權的威脅？那麼，澳洲在這個問題上的態度便值得玩味。

最後，本屆東亞峰會打破東協國家「相互合作」與「互不干預」的基本原則，對於緬甸軍人政府持續壓制人權，最近又將民運領袖翁山蘇姬（Aung San Suu Kyi）的軟禁期延長一年提出譴責。東協國家不願意看到聯合國或歐美國家的新干涉主義，恃強懲戒他們的亞洲鄰居，寧可自己承擔責任，藉由區域集體安全機制來勸阻緬甸不要自絕於國際社會。這是否意味著東亞國家希望排除美國的干涉，建立一個由亞洲人自我管理的區域秩序，也就是在後冷戰體系下，藉由區域一體化的發展來建構「一個沒有美國的亞洲」的企圖。也值的有識者來共同關切。

總之，雖然「東亞十加三自由貿易區」目前仍然處於芻議的階段，而所謂建立一個與歐盟分庭抗禮的「亞盟」的構想，仍然停留在少數國家的主觀願望。但是，從後冷戰時期以美國爲首的「國家壟斷資本主義同盟」的解體，以及透過跨國公司區域經濟活動所構建的「區域製造網絡結構」看來，東亞區域一體化的發展勢頭絕非空穴來風。這一點，可以從在本屆「東亞峰會」後，美國迅即宣告國際戰略和外交重心的轉移，以及日本緊急召開「經濟財政諮詢會議」，擬定爭取在二〇一〇年前分別與中、韓、東盟簽訂包括雙邊自由貿易協定的「經濟夥伴關係協定」（EPA），來對抗東亞一體化的發展看出一點端倪。

註釋：

註一：Steven T. Ross, American War Plan, 1919-1941, N.Y. 1992, Vol. V, pp.98-141. 引自（崔丕：《冷戰時期美國對外政策探微》，北京，中華書局，二〇〇二，頁，頁三五。

註二：PPS51, United States Policy Toward Southeast Asia, March 29, 1949, The State Department Policy Planning Staff Paper, 1949 Ⅲ, N.Y. Garland Publishing Inc. 1983,pp.32-58.; 引自崔丕：《美國的冷戰戰略與巴黎統籌委員會、中國委員會》，長春，東北師範大學出版社，二〇〇〇，頁二〇九。趙學功：《巨大的轉變—戰後美國對東亞的政策》（天津，天津人民出版社，二〇〇二），頁四八。

註三：《國際條約集》，北京，商務印書館，一九七四。

註四：劉雄：上引書，頁二四〇。成員國後來在美國的要求下擴大到美國、越南、柬埔寨、印尼、菲律賓和日本等非大英國協成員國。

註五：一九一七年美國總統威爾遜針對殖民地主權問題提出「民族自決」的方案。二次大戰後，這個方案刺激殖民地民族解放運動，出現了大量的「新興民族國家」。美國為了實現其全球冷戰戰略一方面違背了反殖民主義承諾，支持歐洲的拖延戰術，一方面利用杜魯門總統第二任就職演說，宣稱美國將對低度發達地區提供技術援助。這個被稱為「第四點計畫」的援助計畫，是戰後美國對發展中國家海外援助的開端，也是美國有系統的第三世界政策的開端。杜魯門在演說中強調：「為從海外獲得利益而進行剝削的老牌帝國主義，在我們的計畫中沒有立足之地。我們所設想的是一種以民主的公平對待的概念為基礎的發展計畫」。「第四點計畫」的推動逼使英國為了鞏固在東南亞地區的傳統利益而提出了「科倫坡計畫」，展開了兩個新舊霸權在東亞的勢力更迭過程中的角力。

註六：劉雄：上引書，頁二四六。

註七：一九五四年九月八日由美、英、法、澳大利亞、紐西蘭、菲律賓、巴基斯坦、泰國在馬尼拉簽署的一個國家集團組織。總部設在曼谷。當時的「越南共和國」、柬埔寨和寮國由其宗主國法國代表參加。其宗旨是採取集體行動反對共黨國家的外部進攻與內部顛覆活動，以維持八個成員國的穩定。一九七二年巴基斯坦宣布退出，一九七七年該條約組織解散。

註八：「關於國家壟斷資本主義同盟」機累積制的具體規定，請參考：陳福裕，〈進入 WTO 後的產業衝擊和勞工就業〉一文，二〇〇〇。

註九：當時英國做為老牌的帝國主義國家在國際貨幣金融領域還有相當的實力，國際貿易有將近百分之四〇仍然用英鎊結算，英鎊還是世界主要儲備貨幣之一。

註十：Rowthorn, Robert : "Replication the Experience of the NICs on Large Scale " IN K. S. Jomo and Shyamala Nagaraj, eds. , Globalization versus Development : Heterodox Perspectives. Basingstoke: Macmillan. 2001. 引自《東亞奇蹟》一書，頁三三一。

註十一：汪彬：《東亞工業化浪潮中的產業結構研究》，第三一八頁。引自，1 耿協峰：《新地區主義與亞太地區結構變動》，北京，北京大學出版社，二〇〇三，頁一〇五。

註十二：（浦田秀次郎：〈FDI—貿易關聯的出現及東亞的經濟增長〉，收錄在 Joseph E. Stiglitz, Shahid Yusuf 主編：《東亞奇蹟的反思》，World Bank，2000，中譯本：北京，中國人民出版社，二〇〇三，頁二九九）

【台灣文學史料】

「光復文學」的出發點

——談台灣光復初最早出現的報紙副刊〈詞華〉、〈藝文〉與〈學林〉

曾健民

一、前言

在並不算長的台灣歷史中，最有爭議性的部分，就是從甲午割台以來的近百年史；因爲在這百年中，台灣經歷了兩個帝國主義（日本帝國主義與戰後的美國帝國主義）以及長達三十七年的反共戒嚴，這種特殊的歷史不但湮滅「歷史」且長期扭曲社會意識，使一般人無法有正常的「歷史意識」。特別在台灣的特殊政治、文化環境中，從八〇年代以來，所謂的「台灣史觀」，一直就是台獨勢力的政治先鋒；他們透過「建構」台灣史觀煽起台灣民衆的歷史感情，取得政治支持，並透過執政權，操弄文化、教育、宣傳機構進一步打造民衆的歷史意識以及民族、國家的認同。周而復始，不斷進行台獨歷史意識的再生產，而使台灣社會瀕臨分裂的危機狀態。面對這種危機，治本之道，在紮實的歷史研究，努力蒐求和挖掘、整理史料，依據史料進行論辯。

對台獨勢力而言，所謂的「台灣文學史」更是其「台灣史觀」的前鋒。他們以意識形態所建構的所謂台灣文學史論，已替其政權打下了一半天下。這只要從台灣政權數年來，不顧師資和研究積累不足的問題，火速在各大學擴張增設台灣文學系所多達二十多家來看，就可以知道。因此「文學台獨」早已是「文化台獨」的核心，而「文化台獨」更是「政治台獨」的重要基礎，這是一個明白的事實。

就像仍然處於空白荒蕪地帶的台灣四〇年代史一樣，台灣文學史中，二十世紀四〇年代的文學史也一直處於比較空白的狀態，因此也一直是「文學台獨」們喜歡反覆作僞造扭曲的地帶。特別是有關一九四五年後台灣光復初期的歷史，他們把台灣「光復」顚倒爲「終戰」；把台灣復歸祖國顚倒成「再殖民」，把戰後接收台灣的國民政府扭曲成「外來政權」；把「二二八事件」扭曲爲「中國人屠殺台灣人」的政治圖騰；把《新生報》〈橋〉副刊有關「如何建設台灣新文學」的論爭，誤導爲中國作家與台灣作家之間的矛盾對立。

面對這排山倒海而來的逆流，我們堅持站在客觀史實、史料基礎上進行批判的立場，要有「論」，也要有「據」，有「據」（史料）才會有有益的「論」，才會有說服人心的宏論。首先，作者與陳映眞先生在一九九九年，共同出土並編著了《新生報》〈橋〉副刊論戰的史料集（《一九四七～一九四九台灣文學問題論議集》）；並得到廈大朱雙一先生和日本橫地剛先生的大力合作，共同努力，發掘出土幾近湮滅的史料，在「人間思想與創作叢刊」上發表了一系列有關光復初期歷史、文學史的研究成果。而且，二〇〇〇年由中國作協與江蘇省作協、江蘇省社科院共同在蘇州舉辦了一次「台灣新文學思潮（一九四七～一九四九）研討會」，許多當年參與那場〈橋〉論爭的老作家們也出席，發了令人感動的歷史證言。通過這場研討會大大鞏固了這段文學史的客觀基礎。去年（二〇〇四年）作者與藍博洲、橫地剛兩位先生，又共同出土編著了《文學二二八》一書，基本上解決了二二八前後的文學問題，期望透過這些事件前後的文學作品的公刊，以扼止「文學台獨」在二二八問題上扭曲、作假。

然而，過去的這些工作，只處理了一九四七年二二八前夕到一九四九年之間的台灣文學問題，依然留下一九四五年八月十五日到一九四六年年終的這段空白；這段時期是光復後台灣文學再出發的原點，雖然沒有豐富的創作，然而是一個關鍵的時期；在這時期，台灣文學如何由殖民地的文學轉換成完全的民族文學，其轉換過程如何，其具體內容如何，是非解明不可的工作。適逢今年是台灣光復六十周年，作者在本年八月十五日先出版了《一九四五・破曉時刻的台灣——八月十五日後激動的一百天》，這本書首先解決了台灣光復早初的歷史空白，接著作者又編著了一本名爲《一九四五・光復新聲——台灣光復詩文集》，它是一本資料集，其中蒐羅了台灣光復當時作家以及文化人，在這個台灣歷史的大變革中的文學作品和思想言論。

依據前述的經驗和積累，作者在本文想討論的問題，是有關台灣的光復文學的出發點；所謂的「光復文學」，依作者的見解，那就是台灣光復這個大歷史變革時期的文學；而其出發點，就是，台灣光復後（日本投降後）最早出現的兩家報紙的文藝副刊（或文藝欄），一是《台灣新報》的〈詞華〉和〈藝文〉欄，另一是《民報》的〈學林〉副刊。

二、關於《台灣新報》

一九四四年，日本的侵略戰爭已呈頹敗之勢，但是日本軍國主義仍然欺騙人民，瘋狂叫囂進行「本土決戰」；爲了榨盡日本人民的血和汗投入戰場，遂進一步強化法西斯的統制。當時被奴役爲日本「南進基地」的殖民地台灣，也不例外；爲了加緊思想言論的控制，壟斷信息，進而強化軍國主義的戰爭宣傳，台灣總督府把當時台灣的六家報紙（《台灣日日新報》、《台灣日報》、《台灣新聞》、《東台灣日報》、《高雄新聞》以及當時台灣人創辦的唯一一份報紙（原名《台灣新民報》的《興南新聞》）合併成一家，改名爲《台灣新報》，從一九四四年四月一日開始出刊。當時，這唯一的一份報紙的唯一任務，便是宣傳、鼓吹日本「聖戰」，欺騙台灣百姓。

一九四五年八月十五日日本投降後，成爲敗戰國民的原《台灣新報》日本人指導者，已自顧不暇，經營權逐漸轉移到原《興南新聞》的台灣人員工手中。隨著台灣光復的大變革，該報也逐漸轉型，表現出自由、和平、民主的新時代風格。因此，從日本投降的八月十五日起，一直到十月十日第一份由台灣文化菁英所創辦的中文報《民報》創刊爲止，五十天之間，《台灣新報》是台灣唯一的一份報紙，這期間，台灣民衆的消息來源，除了這份報紙之外，只有依賴收音機廣播。

該報一直以日文出刊，進入了一九四五年十月，終於出現了中文欄（十月二日）；到了十月十日台灣歡慶「國慶」之日後，就轉變成以中文版爲主日文版爲副的版面了；自此，高昂的中國民族主義成了該報的基調；從社論、專論到專欄，都反映了新時代的要求。該報從十月十一日起連載了〈中國民族運動〉一文，介紹了中國近代革命的歷史，從太平天國、義和團、辛亥革命到五四運動；也登載了〈國民革命和台灣〉及〈國定紀念日介紹〉等文；另外，也開闢了充滿民族正義批判色彩的小專欄，如〈新聲〉、〈民鋒〉、〈前進〉、〈藝文〉、〈詞華〉等，對原殖民者以及本地御用士紳展開了猛烈的批判。該報在短短的三週內，特別在一九四五年十月的台灣，扮演了一個重要的思想啓蒙角色。當時在該報社任職的幾位重要台灣作家、評論家，如王白淵、呂赫若、吳濁流等，在這段時間起了一定的作用。

該報於一九四五年十月二十五日被國民政府接收後，隸屬行政長官公署宣傳委員會，由李萬居擔任社長，並以《台灣新生報》的新生名稱重新出發。正如其名，該報自此又爲建設「新生台灣」而繼續前進。

三、用古典詩詞迎接了台灣光復——《台灣新報》的「詞華」、「藝文」

由於作者手中欠缺十月三日到十月十日的報紙資料，因此這八天的動向不得而知。僅就手中的資料來看，十月十一日的該報，除了熱烈報導了前一天台灣五十年來第一次慶祝「國慶」的消息之外，在報紙下面一角出現了以〈詞華〉爲名的小專欄。就如其名，這個專欄刊載創作的古典詩詞，其主題是歡賦台灣光復之喜。譬如，十月十一日的〈詞華〉除了刊載了王白淵的自由詩〈光復〉之外，另外有張天春的〈祝光復〉，其前半部如下：

白日青天幟遍翻，天教台土得還元，
萬民大慰雲霓望，四海均沾雨露恩，
地賜省口欣特別，文興漢學慶長存，
今朝舉國家家祝，結綵張燈喜莫言。

這個〈詞華〉欄，從十月十一日起一直存續到十月二十四日該報被行政長官公署宣傳委員會接收，改名爲《台灣新生報》爲止，每天都有刊出；大多數作品是如「台灣光復喜賦」之類；可以說，在日本投降台灣光復的這個歷史巨變時刻，反映在文學上的，大多數是這類的古典詩詞；不但在《台灣新報》、《民報》等報紙上，當時創刊的雜誌，如《新風》、《台灣月刊》等，也有許多這類作品。可以說，古典詩詞是「光復文學」的最早且最重要構成。作者蒐集到的這類慶光復的古典詩詞，大約有六十首之多。

另外，從十月十三日起，《台灣新報》也出現了以〈藝文〉爲名的小副刊；一直到十月二十四日止，總共只出刊了六回。其內容分別是：黃得時的〈岳武穆的滿江紅〉（十月十三、十四日）、黃得時的〈唐景崧與牡丹詩社〉（十月二十、二十一日）、林金莖的〈論省教育的特殊性〉（十月二十二日）、以及最後一次黃瓊華的〈台灣光復與女性〉（十月二十四日）。該欄雖然取名爲〈藝文〉，但由於刊出次數不多，無法充分顯示其性格。這四篇都是論說文，沒有文學創作出現，而且這四篇中，只有黃得時的兩篇與中國古典詩詞有關，勉強可歸爲藝文類。另二篇只能算是時評，與文學無關。因此，〈藝文〉只是一個早夭的文藝欄。

台灣光復的大歷史巨變中，並沒有出現一定量的白話文新文學作品，誠然可惜，但是卻出現了許多古典詩詞，反映了民衆對台灣光復的喜賀之情，也難能可貴。這種文學現象反映了台灣文學的特殊性。究其因，首先是因爲從一九三七年起日本殖民者廢漢文欄的高壓政策下，白話文作家失去了文學園地，雖然還有尚存一息的《風月報》（後改名為《南方》），但是因其吟風弄月的消極性格（實際上，在軍團主義的高壓下，也只有如此才能生存下去），無法提供新文學作家伸展的空間。光復後，失去發表園地長達八年的白話文作家，除了少數幾位如王詩琅、朱點人、楊守愚等人之外，大多已意興闌珊。此外，大多數日據期白話文作家的根本創作動機，是「抗日、反殖、歸宗」，而今日本投降、台灣光復，基本個人的宿願已達成，身心鬆懈也就無力創作了。另外，便是時代大轉變，個人爲了生計、職業也不得不先放下筆來。

在台灣，從事古典詩詞創作的舊文學作家，其基礎是很深厚的。就如黃得時在〈台灣光復前後之文藝活動與民族性〉一文中（《青溪》五十五期，一九七二年）所提及的：

> 「自從『五四』以後，國內一般人認為舊文學已失去其價值，變成了一種死文學，但是就台灣來說，情形並非如此，毋寧說，它的存在有著特殊的意義」

黃得時所說的特殊意義，就是指在殖民地條件下，台灣舊詩在保存中國固有文化上，以及作爲其間接表達反抗日本的祖國意識上，有強烈的民族性，有重大的現實意義。因此台灣各地都有詩社、吟社，最興盛時曾多達千個之多，其中以台北「瀛社」、台中「櫟社」、台南「南社」最有名。

就是這些台灣舊文學作家（當然，包括許多新文學作家也從事舊古典詩詞的創作）深厚的「民族性」，以其古典詩詞最先迎接了台灣的光復。

四、五十年來的第一個「國慶」

日本宣佈投降後的第五十天，早在九月一日就在重慶成立的台灣省行政長官公署，終於派遣了前進指揮所於十月五日抵達台北。這是八月十五日後第一批正式來台的國民政府官員，雖然全體人員不過八十人，但是其象徵意義是很大的。它的主要任務是「注意日方實施（按語：即是受降、接收）情形，調查一般狀況，並準備接收工作」。在陳儀履台之前（十月二十四日），前進指揮所的到來，有宣示「台灣光復」的實際作用，安定了台灣民心，並且有效地嚇阻了多達五十萬的日軍、日人心存觀望的僥倖心態。

十月十日，以林獻堂、林茂生爲代表的台灣士紳共同舉行了台灣五十年來的第一次「國慶日」，全台民衆歡天喜地，張燈結綵，各戶懸掛「國旗」各處搭建歡祝牌樓，被壓抑了五十年的民族感情以及國家認同，一夕間如地底岩漿般爆發了出來，氣勢萬千。當時擔任《台灣新報》記者，到慶典現場採訪的詩人、評論家王白淵，在翌日的《台灣新報》「詞華」欄，寫了一篇簡短但感情深刻的白話詩（光復），其原文如下：

小兒離開了母親
夜裡不斷的哭著
兒在險暗殘暴裡
慈母為兒斷心腸
求不得　見不得
暗中相呼五十年
夜來風雨而已散
一陽來復到光明
啊！
光復　我父母之邦

五、《民報》——光復第一份中文報刊

同一天，也就是一九四五年十月十日，台灣光復後第一份中文報《民報》誕生了。該報由林茂生擔任社長，許乃昌（早年曾留學上海、莫斯科，據考證他曾加入中國共產黨）任總編輯，主筆陳旺成

（日據期台灣民眾黨的中堅幹部）。該報以繼承日據期的重要反日報紙《台灣民報》的精神自許；特別在社論、小專欄〈冷語〉、〈熱言〉、以及讀者投書的〈檢查衙門〉、〈茶館〉、〈自由論壇〉、〈民衆論壇〉、〈新婦女〉等小方塊上，即時反映了光復初變動快速且矛盾複雜的社會現實，並適時予以揭發批判。不但作到了「爲民喉舌」的任務，甚且擔任了「爲民前鋒」的啓蒙角色。因此也得罪了當權者遭惡勢力的忌恨，而於二二八事件中遭到停刊的命運，社長林茂生也不幸在事件中罹難。

該報除了是光復後最早創刊的報紙之外，還有另外一個特色，那就是從創刊到停刊，一貫堅持用中文，不另設日文版，而其他的報紙如《台灣新生報》、《人民導報》等，在一九四六年十月二十五日禁止日文欄之前，都特設有日文版。《民報》的這種作風突顯了該報堅定的民族立場。對於這種立場，該報於十月十八的〈冷語〉欄上，有簡單的說明，它說：

「民報諸同人，都在使用台灣式的白話文，想給青年諸君容易明白。日文和日語於學者作種種的研究上，或者還有存在的價值，至於在我們的日常生活上，須要拂拭淨盡，才有新鮮的氣象可觀。這就是諸同人在光復後，即決意發刊純國文報紙的心情」

剛剛脫離日本殖民者強推行長達十五年的「國語（日語）普及運動」，以及八年的「皇民化教育」

後的台灣青少年，許多人不僅不懂中文，甚至連母語的台灣方言（閩南、客家話）也不會說。另外，依據殖民者官方的說法，台灣的日語普及率已高達百分之七十，不管殖民者官方的說法有無誇大之嫌，可以肯定脫離日本殖民統治後的台灣社會，日語有一定程度的普及，而青少年層幾乎只會講日語，不懂台灣話。從當時這樣的特殊語言環境來看，《民報》一貫堅持使用白話文的作風，的確令人佩服。《民報》可說是台灣光復初期「去殖民」與「祖國化」的時代風潮中的最突出楷模。

除了許多簡短雋永的、批評時政、臧否人物的小專欄之外，《民報》從一九四五年的十二月起創設了文藝副刊〈學林〉；它由著名作家、歷史學家、《民報》社論委員楊雲萍所主編，總共刊出了三十四回，而於一九四六年一月二十八日，刊出了林拱樞的〈一個回憶（上）〉後結束。

至於〈學林〉確切的創刊日是何日？由於資料佚缺無法判明。依現有資料，一九四五年十二月二日的〈學林〉，刊出了吳漫沙的連載長篇小說〈天明〉，且註記有第二回；還有另一篇劉家謀著的〈海音——據楊氏習靜樓鈔本〉，也註記有第二回；因此可推定，〈學林〉不是創刊於一九四五年的十二月一日，就是創刊於十一月底。

六、《民報》〈學林〉副刊

〈學林〉不是一個純粹的文學副刊，只可以說是以文學爲主的副刊；因爲它也刊載了許多思想、議論文章，如石朝桂的〈教育與政治〉（一九四五年十二月十日）、秋鴻的〈談自由〉（一九四五年十二月十日）、呂伯陽的〈台灣新文化〉（一九四五年十二月二十八日）、何里的〈現代青年〉（一九四六年一月二十六日）、張翊的〈我們要認清國家與國旗〉（一九四五年十二月六日）等等。從今天的角度來看，或許可以說這些文章的觀點略嫌拙稚不成熟，但是站在當時的時代氣氛來看，剛剛脫離殖民主義、軍國主義及法西斯主義的重重壓迫的台灣，思想甫解放的時刻，像這些有關政治、教育、自由、國家等的思想論題是新時代所迫切需要的，也是大家關心的。同時它也反映了台灣復歸祖國進入了民族國家時代的精神特徵，因爲這些論題，在過去的殖民、法西斯統治下是絕不可能存在的。

在文學創作上，〈學林〉從第四回開始分三期重刊了賴和的小說〈辱〉。編者在刊頭上記有「台灣小說選」的字樣，而且在「編者記」上也說明了，這「台灣小說選」原來是日據末期李獻璋所編的一本小說集，其中收有幾篇賴和的作品，可恨在剛組版付印時，橫遭日警禁止出版；現在台灣光復了，編者依據當時的「校樣」刊載以廣流傳。雖然編者也說：「有機會時，想再登刊」，但卻一直未能實現。在〈學林〉重刊賴和作品的不久之前，剛創刊的《政經報》一卷二期（一九四五年十一月十日）就已刊出了賴和的《獄中日記》，它是賴和在日本發動珍珠港事件當日被日警拘捕入獄的日記。就像「學林」編者楊雲萍所說：「先生不只是台灣的代表的文學作家而已，他生前對日本帝國主義的卑鄙殘暴，沒有絲毫妥協，反抗到底，尤令人敬佩」，而爲〈獄中日記〉的刊登寫序的作家楊守愚，也指出刊出〈獄中日記〉的意義在「當著這歷史的轉換期，爲紀念故人生前的功績，爲激勵文學同志的奮起」。由此可見，在台灣甫光復之初，首先刊登了賴和的作品，除了有紀念故人「反抗日本帝國主義」喚起民衆精神的意義之外，還有「激勵文學同志奮起的作用」。這也是台灣光復初期，文化界普遍地把過去被日本殖民者長期壓抑隱蔽的反帝、反殖的歷史，予以復原、正名一樣，都屬於楊雲萍所說的「歷史的光復」的一部分。

〈學林〉中的大多數作品，幾乎都是青年新進作家的創作；其最大的缺憾，除了文學藝術的表現手法尚未成熟之外，就是中文語言的運用生澀、不通順。譬如吳瀛濤的短篇〈起點〉，其感情豐富，文學表現手法亦佳，準確表現了光復後台灣青年的共同感情，但可惜語言初學，生澀不通順之處甚多，大大妨礙了文學的基本功能。語言運用能力的問題，並非吳瀛濤個人的問題，是大多數青年作家作品都有的問題，如周傳枝的連載小說〈災殃〉或周遭的〈可憐的她〉等等。難能可貴的，這些青年作家在嚴厲的「皇民化」教育下，仍能保有漢文的根底，而且通過私底下閱讀中文作品，而得以在光復後馬上運用白話文創作，其對文學的熱誠和勇於使用初學的白話文創作的精神，令人敬佩。這種現象，是台灣光復初期普遍的一種文學現象——語言轉換或適應的問題；譬如日文作家呂赫若，在光復後半年就以初學的白話文寫了〈故鄉的故事〉一樣。而〈學林〉副刊中的這些作品也反映了這樣的文學現象。

另外，〈學林〉的青年作家大多是省籍青年，但也有一小部分是外省籍青年；他們或許是以基層公務員或士兵的身份來台，譬如，發表了〈台灣我希望你〉（十二月二十六日）、〈惦念〉（十二月二十七日）、〈寄語〉（十二月二十九日）等作品的候耀華，或〈流亡人〉（一月九日）的李雲，他們的作品，中文語言運用嫻熟，主題鮮明，唯一的缺點是文學藝術性不高，還停留在習作的階段。光復後，外省籍作家的加入，豐富了台灣文壇的內容；不論在語言、或表現上都有促進台灣文壇進步的作用。〈學林〉首先反映了這種新的變化；而這種新的變化，到了一九四六年一月一日創刊的《人民導報》的「南虹」副刊，則完全顯現了出來。「南虹」是由大陸來台木刻家黃榮燦主編，大量引介了大陸進步作家的作品，把進步的抗戰文藝帶進了台灣，對剛脫離殖民統治復歸祖國的台灣文化界來說，有很大的啓發作用。

〈學林〉也刊登了不少新詩，大多是青年作家的試作。這些作品語言生澀、文學性不高，有點像日記的分行。它們把充沛感情直接抒發於作品上，這對瞭解光復初青年作家的感情傾向上，倒不失爲第一手的好材料；同時，也可以把它們看作是二、三〇年代台灣白話詩運動的另一次出發。

包括吳漫沙的連載小說〈天明〉，以及鐵漢的〈魯迅的詩〉、新人的〈阿Q性〉、秋鴻的〈我與祖國文學〉、以及楊雲萍的〈我們的「等路」——台灣的文藝與學術〉等，都是十分成熟的白話文作品。不論在語言、主題或民族感情、表現形式上都是百分之百的中國現代文學，同時，它也充分展現了當時台灣的歷史特色。台灣新文學本來就是在二十年代從白話文學出發的，譬如賴和就是台灣白話文學的開拓者，經過十年的發展，到了三〇年代上半，已形成了一支不小的文學隊伍；然而，隨著日本發動全面侵略中國戰爭，日本殖民者禁絕了台灣的白話文學。失去發表園地的白話文學，忍辱負重八年，終於迎來了台灣光復之日。在日本殖民統治垮台和台灣復歸祖國的大歷史轉換期，「學林」副刊的出現以及這數篇作品的出現，預告了台灣白話文學傳統的復歸。作家秋鴻還在〈我與祖國文學〉文末呼籲大家一起推動「祖國文學啓蒙運動」，因爲：

「過去我們同胞，皆受日人不健全的教育，從中舞弊，封鎖我們接觸祖國固有的文化，所以一切無從知曉，文學是文化的源流，若要明白祖國一切的事情，非從文學做起不可」

秋鴻此言，是主張要推動透過引介、閱讀祖國新文學，來認識祖國。

七、其他雜誌上的文藝狀況

一九四五年八月十五日，日本宣佈投降，台灣光復後，最早出版的刊物就是楊逵的《一陽週報》。由於該報佚失不可查，只可經由旁證得知，它大約創刊於九月十日左右，共出版九期（十一月十七日）

迄今只可看到第九期的目錄；從該目錄可知，該期是「紀念先總理誕辰專刊」，轉載了胡漢民、蕭佛成等人的紀念文，還有楊逵的作品〈犬猿鄰組〉和茅盾的〈創造〉等。可見得該刊應該也闢有文藝園地。

從十月一日創刊的《台灣民主評論》開始，陸陸續續有雜誌創刊，一直到一九四六年一月底爲止，光復後不到半年間出版的雜誌有下面這些：

一、《前鋒》（光復紀念號）（十月二十五日），月刊，由「台灣留學國內學友會」（理事長廖文毅）所出版。

二、《政經報》（十月二十五日），半月刊，是「政治經濟研究會」的機關刊物，社長：陳逸松，主編：蘇新，編委：王白淵、顏永賢、胡錦榮。

三、《民生》（十月二十五日），旬刊，發行人：苗栗謝增德、謝金俊。

四、《時潮》（十月二十五日），綜合雜誌，吳漫沙主編。有評論文如〈關於御用士紳與漢奸〉、〈光復後的婦女問題〉、〈台灣學生運動〉等，都是當時的重要問題；另外也有文藝創作，如林荊南的〈有一天〉等。

五、《新青年》（十月），半月刊，主編方慶清，發行人：郭啓賢。

六、《新風》（十一月十五日），月刊，編輯兼發行人：王清焜，第一期有作家龍瑛宗的光復小說〈青天白日旗〉。共出版二期。

七、《台灣青年》（十一月十二日），半月刊，三青團台灣區團部籌備處發行，發行人：李友邦。共出版十期後停刊。

八、《新新》（十一月二十日），月刊，綜合性雜誌。編輯：黃金龍，發行人：吳亨霖。共發行八期後停刊。

九、《現代週刊》（十二月十日），行政長官公署宣傳委員會出版，主編吳克剛（公署參議）。

十、《台灣月刊》（一九四六年一月），「上海台灣革新協會」出版，編輯：王鍾麟。

十一、《台灣雜誌》（一九四六年一月），月刊，台北文化運動委員會指導，編輯：林知命。

十二、《中華》（一九四六年一月二十日），月刊，主編龍瑛宗，發行人：陳國柱。共出版二期後停刊。

十三、《台灣畫報》（一九四六年一月三十日）國民黨台灣省黨部出版，主編：藍蔭鼎，社長：林紫貴。

十四、《新台灣畫報》（一九四六年一月三十一日），月刊，行政長官公署宣傳委員會出版，編輯：白克、柳健行，發行人：夏濤聲。共出刊十期。

這些雜誌或多或少都刊有文藝創作，一般以自由詩較多，且大多以台灣光復為主題。譬如《前鋒》

光復紀念號，便有三首詩；介舟的〈台灣光復歌〉，孔乙己的〈台灣光復〉以及林耕南的〈八月十五以後〉。《新風》創刊號上有「新風詞苑」，全都是慶祝光復的古典詩詞，如林述三的〈慶祝台灣光復賦〉，李慶賢的〈台灣光復喜賦〉等。以光復為主題的隨筆也不少，但是有日文的也有中文的作品；譬如，《新風》創刊號上，有陳氏董〈歡迎喜慶之日〉、野馬的〈被祝福的存在〉、賴起鑑的〈光復雜感〉等作品。

至於小說創作方面，最有代表性的作品，就是龍瑛宗的兩篇日文短篇小說。它分別發表在《新風》創刊號上的〈青天白日旗〉，以及《新新》創刊號上的〈汕頭來的男子〉。〈青天白日旗〉描寫了一個農民阿炳帶著小孩木順仔，上街市集賣龍眼。看到原本沒精神生氣的街市，突然間變得朝氣勃勃，人潮出奇的多，大家臉上都笑嘻嘻；而且牆上電線桿上都貼滿了「台灣光復」、「感謝祖國」的標語。這裡，龍瑛宗對台灣光復初的街頭景象，有十分寫實的描寫。主角阿炳唸著唸著這些標語，難以動搖的實感漲滿了身軀，心想首次聽到台灣光復時不敢太相信，還像做一場夢一樣。阿炳又回想過去常受日本警察無理的毆打，心中充滿了沒有祖國的悲哀。然而，眼前又貼滿了「台灣光復」的海報，唸著唸著覺得身心輕鬆許多。這時看到有人在賣青天白日旗，孩子木順仔吵著：「阿爸，好漂亮！買一隻吧，好不好？」

阿炳拉著神氣地揮舞著青天白日旗的木順仔，一路回來。冷不提防迎面來了一個日本警察，照以前的自然反應，爲避免挨打，必定想方設法避開他。但阿炳又想回來，現在自己已是堂堂正正的中國人民，有什麼好害怕？阿炳遂拉著木順仔和旗子，「毫不介意地挺胸昂首，搖搖擺擺走過去，日本警察呆著看他一眼，倒也讓他們走過去。」

龍瑛宗透過這樣的短篇小說，一個簡單的故事情節，傳神地描寫了台灣光復的社會實像，也傳達了他自己久久被壓抑的民族情懷。雖然他不得不以日文創作，但其精神卻是中國的。就如他在《中華日報》「文化」副刊（一九四六年十月十七日）上，一篇用日文寫的極短詩〈心情告白〉所透露的心情一樣。他如此寫道：

我雖然是
用異國的調子
歌唱

我是
真正的中國人
真正的中國人

我在
心中哭泣
是為了老百姓
是為了老百姓

龍瑛宗的作品和文學思想是光復文學出發點的最傑出的代表。

二〇〇五年十月五日

決戰時期的台灣劇運

——簡國賢和他一輩的劇場人

鍾喬

從國家到「國民戲劇」

一九四三年年底，時值日本發動太平洋戰爭末期，在一項稱作「台灣文學決戰會議」的現場，「台灣文學奉公會」的會長山本眞平說，「後方戰士的責任，是在擴大生產以及昂揚決戰意識……（中略）在思想戰方面，各位文學工作者承擔著增強國民戰力的任務。」

這一席官方說法，基本上爲「皇民化時期」的文化傾向定了主調。也就是文化是日帝決戰體制中不可或缺的一環。而文化的皇民化又是保障殖民地台灣藝文專業者得以獲致殖民母國認可的重要「指標」。依此，奉公會會長繼續爲「皇民文學」做出「指標性」的述說，「當然，文學也一定要貫徹強韌有力且純粹無雜的日本精神以創作皇民文學。」

「皇民文學」以日本精神作爲延伸的基磐。其間，意味著前皇民化階段的日本統治時期，台灣人的主體意識是以「次等公民」的身份，在殖民地存在著的。唯有皇民奉公的國家政策被制定之後，經由全面投身戰時體制的歷程，或許才可能有機會成爲日本精神的一個組成部份。因而，他進一步有了這樣的結語，「以文學的力量，激勵本島青年朝向士兵之道邁進，以文學爲武器，激昂大東亞戰爭必勝的信念。」

在這樣的結語裡，文學作爲軍國主義發動侵略戰爭的思想武器，已經是再明確不過的佐證了！從而，我們得以回過頭去，對於「皇民化運動」的基本方針進行理解。

衆所週知，自一九三七年日本發動侵華戰爭初期，並未料想到有朝一日須以動員台灣兵員至戰場的局勢。當這樣的需求出現時，「皇民化」於是成爲強制同化主義的重要環節。首先，是以推行日語來取代漢語；再有，便是全面禁止台灣民間信仰、宗教活動以及民間的傳統戲曲；更且鼓勵提倡日式名姓、棄絕漢族姓名。總的說來，是以殖民者現代化產業、交通、教育、醫療、法政體系，經由戰時狀態的包裝，將台灣人漢文化的構造，進行有系統的瓦解。

這樣的瓦解，用一句當年盛行的話語，便是「皇民練成」。具體行動，便是在總督府的統合下成立「皇民奉公會」，並在稱作「台灣決戰文學會議」中確立「本島文學的決戰態勢」。以日人作家西川滿為核心的皇民派文化人，更露骨地在《文藝台灣》雜誌上以發刊詞表明，「文學創作的心，只有呼應國家的心才能躍動。」（註一）

當文化成為貫徹國家聖戰意識的一環時，作家周金波以小說《志願兵》來描述一位台灣青年，如何經由深信神道精神終而被徵入特別志願兵的故事，加入了戰爭後備軍的文化隊伍。也有小說作家陳火泉以《道》這篇作品，形容生而卑微的一位台灣人，如何希冀經由深入「大和民族」高貴的靈魂轉化成日本人。小說中，雅號稱作青楠的主人翁為戰死後的自己的墓誌銘寫下，「生於台灣、長於台灣，而以日本國民死。」的註記。

表現於文學界的皇民化運動。除了有陳火泉、周金波這樣深陷天皇之道的台灣作家之外，也存在著為爭取台灣漢文化主體意識而極力辯說的文化人士。例如，當皇民文學派意欲將當年的文學雜誌全面統合於戰時配置時，台灣作家黃得時當場反駁說，「沒有必要進行對文學雜誌的管制……。」（註二）

呂赫若更在他的日記中，對唯美親戰的日本皇民化作家西川滿，言辭犀利地加以批判。他寫到，「總之，西川滿是因為無法以文學的實力折服人，就用手段陷人於奸計……金關博士的至理名言：妨害台灣文學成長的就是文學家。」

日語教育的普及，讓台灣人從自身的母語系統中脫離，進而編入戰時文化體制，有形無形中成為入侵中國大陸的組成份子。然而，與此同時，卻又是台灣文化人、作家較為有所表現的時期。就在當局大肆壓制報紙的漢語欄目時，知名作家楊逵做出令人側目的回應，他寫道，「六十～七十歲的老人現在開始接受國語（即日語）教育，將來要幹什麼，難不成到墳墓裡去讀報嗎？不過，現在的報紙盡是扭曲事實的報導，倒是適合墳墓裡的人看。」（註三）

就在此刻，以日人爲核心「樹立台灣爲日本文學主體性」的《文藝台灣》雜誌，和以台、日兩地傾左翼作家合作開辦的《台灣文學》，形成文化界兩股對峙且深具號召性的雜誌。兩本雜誌的成員，分別依各自的理念出發，對於當年的戲劇運動，發揮了深刻的影響力。

先就雜誌本身出發，《台灣文學》派的代表人之一黃得時，有這樣的分析：

「前者（指《文藝台灣》）在編輯方面過於追求完善與趣味，看上去非常精美，但由於覆蓋面窄，脫離生活，一部份人評價並不高，而《台灣文學》無論怎麼講，始終堅持貫徹寫實主義精神，非常野性，充滿『霸氣』和『豪氣』。」

値得特別一提的是，《文藝台灣》創刊之初，原本強調的是「藝術至上、唯美至上」。一九四二年，戰局催逼下，立即調整方向，編輯了〈大東亞戰爭〉、〈皇威之光普照大地〉、以及關於話劇敢死隊演出的〈皇民化劇〉等特輯，藉以強化歌頌戰爭的特色。此刻，本島內四十個以上的劇團被合併、重組到〈皇民化劇〉的巡迴演出團隊中。強制整合的機構是代表官方喉舌的「台灣戲劇協會」。（註四）

回顧台灣新劇，從早期沿襲歌仔戲舊本加以稍作改良的演出，以至皇民化宣傳劇的出現，只有短短十來年時間。

最早，對於新劇的出現抱以極大熱忱，卻又在焦慮中棄守的，該推是人稱「新劇第一人」的張維賢。一九三三年左右以張氏爲代表的「民烽劇團」初次爲劇場界帶來春雷般的回響。但，事隔不到幾年，隨著侵華戰爭所啓動的皇民化運動中，由於語言政策的改變，讓劇團的演出出現轉折性的巨變。張維賢針對這樣的巨變，曾經以「語言問題未解決」和「從警察的神經過敏而來的干涉」兩個議題，訴說了劇場發展的關鍵瓶頸。（註五）

此一瓶頸，充份描述了原本就根基薄弱的新劇，又因著戰時體制的爆發，遇上了迫在眉睫的困難。雖然，一九四一年，因著國家軍事動員的僵化宣傳，導致「近衛新體制」做出了文化策略的調整，發展區域或地方性文化的說法，局部鬆動了國家一元指令的門閥。然而，所謂「國民戲劇」仍然以「國體」、「國防」的核心概念，來規範地方文化衍生的可能性。這也就產生以《台灣文學》成員爲主導的「台灣鄉土戲劇研究會」，沿續文學上如何呈現台灣特色的精神，以有別於「在台灣的日本精神」，並進而在非常侷限的政策隙縫中，對〈皇民化劇〉提出檢討。

然則，即便是稍作喘息的文化復甦，時間上，還是相當短暫的。一九四二年，就在「台灣戲劇協會」成立之際，對於劇本與劇團的審查，幾乎到了滴水不漏的地步。甚至，經由總督府的情報局出面，邀請日本「內地」的劇壇要人，前來出任戲劇界的指導。此人即往後活躍於劇場界的松居桃樓。當他到台任職時，正值「大東亞共榮」的宣傳甚囂塵上，於是，曾以「大東亞戲劇」爲藍圖，意欲以台灣作爲轉折點，融合富「東方主義」色彩的音樂、舞蹈，爲南洋與中國的戰事，做文化的後備，不久，因不被日本中央採用，轉而在青年劇運動中，扮演起推波助瀾的核心角色。

就在松居桃樓積極推動青年劇，藉用納粹德國以戶外演出召集十萬人聚集的模式，將祭典與劇場結合的構想出現時，他一手編導、策劃的《赤道》隨後問世。

《赤道》的公演，對於《台灣文學》的成員而言，無疑是一大刺激。成員之一的作家張文環便曾表示，「同仁（指《台灣文學》）看來不太舒服……。」並進而質疑這批日人的戲劇能力。於是便也「匆匆忙忙組織戲劇研究會起來」。（註六）

這「匆匆忙忙」說得雖有些草率。實質上，背後的意涵深刻。理由是，要在匆忙中展現不一樣的戲劇觀。如此，有了日據末期扮演決定性角色的「厚生劇團」的誕生。

而簡國賢便是在這樣充滿著未知的契機和迷霧般的一九四〇年代，因著加入「厚生」的行列，展開了他短暫卻又如慧星般掠過時代夜空的戲劇人生。

時序進入一九四三年，經常出入「山水亭」的這批進步文藝作家和劇人們，展開了益加具挑戰性的創作生活。從呂赫若的日記中，我們會閱讀到類似「晚上到士林公會堂指導〈戲劇挺身隊〉的戲……。」的記載。亦即，他的劇場生活是在「挺身隊」這樣的皇民奉公組織的名義下進行的。但，實質上，卻又充滿著對時局中的文化規範與政策的不滿。於是，日記中，呂赫若針對他的對手們寫道：

「下午四點半出席於『明治製菓』三樓召開的，有關『興南新聞社』的籌設『藝能文化研究所』第一次預備會，對那些無聊傢伙們的氣焰感到錯愕。雨沛然而降。」

與此前後，簡國賢也已推出他的重要劇作：《阿里山》，並獲至好評。

與「國民戲劇」抗擷的「厚生戲劇」

最初，《阿里山》的公演是以「青年劇」的名義，由桃園「雙葉會」這個地方上的文化團體推出的。「青年劇」原本也是皇民化運動中推行學習「國語」（即日語）運動的一環。隨著「近衛新體制」階段，提出重視地方發展，並有意見表示，應該讓富娛樂性質的文化活動進入閉塞的農村。因而，出現了「青年劇」的推廣活動。

表面上，這只是一場由官方發動的、以語言同化主義出發的文化認同運動。在關鍵性的幾個年頭，卻潛藏著文化人意圖藉由時局的縫隙，表達對體制或隱或顯的衝撞。

當時的情境，大抵是因著高唱「皇民練成」的口號阻絕了民間戲曲的演出。重點在於，跟隨著美軍在太平洋戰事的捷報連連，日軍屢遭敗仗之苦。因而，台灣農村的米糧生產成爲戰事重要的奧援。既須鼓勵生產，便得運作得以發揮影響力的娛樂文化，在鄉間慰勞農民並增加生產。長久以來，農村需要以及習慣的傳統布袋戲、皮影戲遭禁絕後，失去了得以讓農民感興趣的娛興節目。這時，卻有重新復甦的機會。從官方的政策出發，民間戲曲或新編劇碼，都必得在反映時局下，將皇民奉公的精神編入。因此，便有布袋戲搬演日本民間或童話故事的戲碼，在野台上出現的景象。

然則，卻也有諸如來自《台灣文學》背景的進步文化人，在口說編入皇民化思想的話語中，意圖讓新劇在雅俗共賞的前題下，帶進描述鄉土的寫實、在地精神。語言問題，也被重新提出來討論。前此，曾提及張維賢因日語的政策性置入，對劇場演出造成難以想像的困擾。現時，則以因應推廣「皇民化想像」的需要，何不在舞台上恢復普羅大衆皆能接受的台灣話語，並依劇情發展，讓演員在該穿和服時穿和服，該穿台灣民間戲服時，便自然而然著裝上台。這一切，都顯示了戰時體制下，進步派文化人如何在權宜中找尋劇場的出路。免於在皇民化的單一強制思維下，失去台灣新劇的創造力和生命感。

鄉土戲劇似而在「青年劇運」的遮敝與開放之間，活出了一線生機。對復甦新劇運動具企圖心的諸多人士，開始以修讀專業課程的方式，讓戲劇成爲一門兼具藝術專業性，又不乏在地內涵的文化機制。

也是在這樣的前題下，王井泉這位新劇運動的旗手，在「厚生戲劇研究會」成立前夕，於《興南新聞》發表了關係日後劇場界甚爲重大的短文：〈麥子不死——從「民烽」到「厚生」的回憶〉文章如此說道：

「近來，戲劇的文化勢力，逐漸在一般的認識中受到重視，加上『青年文化常會』、『藝能文化研究會』等活動頻仍，的確讓人高興。趁此機運，也不能不給以往沉滯的戲劇帶來些作品！此時此刻面臨著就要產生出什麼來的待產期。厚生戲劇研究會，就在這個時期為了實現戲劇所擁有的文化使命，組織起來了。在此，回顧往昔，我想探觸一下台灣戲劇的某一部分。我是在大正十三年（一九二四年）參加『星光戲劇研究會』的時候，開始跟戲劇發生關係。當時，不過是藉由戲劇來宣導改良風氣，並未抱持了確切的理念。到了昭和八年（一九三三年），組織了『民烽戲劇研究會』後，這才初步掌握了戲劇的理論，而在昭和九年（一九三四年）八月舉行的第一次發表會上，有中國的翻譯作品《飛》（一幕）、大衛．品斯基（David Pinski, 1872-1959）《一塊錢》（一幕三場）、拼湊模仿風格的佐佐成雄的《佐原始人之夢》（一幕十二景）、易卜生作品（一部）等節目，在永樂座公演的時候，原本吵吵鬧鬧的觀眾，也看得如青蛙照到水面般肅靜下來。」

單就能讓人肅靜觀賞一事也可算是成功了。而舞台裝置、燈光效果等更是依照佐佐成雄的指導，大家都下了一番工夫。完備而成之下，與目前的戲劇相比也毫不遜色。有了那次的公演，也才碰上與中山侑等人創立『台灣劇團協會』的機會。隨著「民烽劇團」、「戲劇俱樂部」、「新人座研究會」、「台北戲劇集團」的結束，成了新劇運動的先鋒而展開活動。昭和十二年（一九三七年）二月，在榮座舉行了創立共同紀念公演。民烽推出的畢洛（Lajos Biro, 1880-1948）《新郎》（Bridegroom），戲劇俱樂部負責演出了小山內薰的《兒子》，以及新人座研究會的前田河廣一郎《登陸地》、台北戲劇集團的契軻夫《熊》。當時還策劃了『新劇祭』，網羅了與近代劇相關的圖書、劇照、節目單、海報等舉行『近代劇資料展覽會』。記得在那前後，霍普特曼（Gerhart Hauptmann, 1862-1946）《日落前》（Vor Sonnenaufgang, 1889）（德文原意『日出前』，應為誤譯），也以廣播劇形式播送。後來事變發動，新劇運動就消失影蹤了。要求『全民作戰（國民總力戰）』的事變，創造了契機，把無緣的政治與戲劇兩相結合起來。戲劇作為文化政策的首要課題，變得被積極關照了。被禁止上演過的歌仔戲搖身一變，成了變種的新劇。也就成了現在這樣歪七扭八的東西了。際此為了民生育樂（國民厚生）的戲劇而呼籲之秋，來談說當務之急是改革方針云云，倒沒必要。但是，要改革卻祇是把內地（指日本）的新劇原封不動移植過來，也解決不了問題，沒有觀眾就站不住腳的戲劇，一定要敏銳地攝取在觀眾之中流動的生活感情或時勢，觀眾有什麼要求，那就把現實理想化，接著把理想現實化，我想，討人喜歡的戲劇就出現了，在台灣建立國民戲劇的這個問題，是應該當作特殊事情來考察的。把日本本島（內地）的新劇原封不動拿過來，到頭來觀眾來看了嗎？再說，只是接觸到氛圍，觀眾又能理解到什麼呢？在這裡是否留有檢討的餘地呢？厚生戲劇研究會朝向正確的、看了高興的戲劇，念茲在茲，試圖致力於解決此一課題。戲劇必須是看了高興的東西。這正是戲劇的生命，也正是在正確的意義上必定是看了高興的東西。關於台灣戲劇的問題，受到諸多困難的箝制，我們正希望『文化常會』與『藝文』合力推展起研究之步伐。

民烽戲劇研究會算是我在新劇運動上起的頭，接下來要靠年輕人的熱情一起，將建立國民戲劇的戲劇活動這一脈給撐起來。從『民烽戲劇研究會』到『厚生戲劇研究會』這十年之間，歷史一下子越過了幾百年。時代的生活條件改變了，戲劇也因此必然要推進起來。『民烽戲劇研究會』時代所播下戲劇改革的種子，在今天的『厚生戲劇研究會』裡冒出新芽。這正是麥子不死，一個結束了就是另一個開始了，另一個結束了又是一個開始，整個地流動下去吧！」（姚立群譯）

文中透露了「被禁止上演過的歌仔戲搖身一變，成了變種的新劇。也就成了現在這樣歪七扭八的東西了。」說的便是官方政策下，對戲劇創作的扭曲。再有，如何虛應「皇民化」需求，在實質內容上復甦本土進步色彩時，他又說「但是，要改革卻祇是把內地（指日本）的新劇原封不動移植過來，也解決不了問題……」最後，是在這樣如何不被「皇民練成」所捆綁的策略下，帶著興奮與感慨的心境，有感而發地說，「從『民烽戲劇研究會』到『厚生戲劇研究會』這十年之間，歷史一下子越過了幾百年。」

百年若十年，是長足的進步；十年若百年，則是漫長的等待。

無論進步或等待，在西川滿氏對戲劇使用台灣話語嚴厲譴責，並屢有來自日帝官方的疑慮表示，鄉土戲劇實有助長殖民地民族主義復甦之虞的攻擊下，隨之而來的，已經是帝國在法西斯主義驅動下，全面而徹底的皇民化戲劇宣傳了。

在這樣的歷史轉折點中，「厚生」的成員們，持續爲新劇的發展付出多方的心力。從一九四三年八月間，成員之一的曾文博所寫下的排練場日誌中，我們發現「厚生」的幾項重要計劃，皆因諸種原因，而被迫取消。其中之一，便是由簡國賢編寫的《雲雀姑娘》和《阿里山》因排練不夠充足而另做打算。再有，便是名導演林摶秋寫作的《巴達維亞風暴》一劇，原本要由呂赫若擔綱演男主角，卻因呂氏身體不適而終究未如期公演。（註七）

此一時期，活躍於戲劇界，並曾在當年知名的劇團——「鐘聲」中備受矚目的劇場導演宋非我，針對時下的戲劇界，有了如此語重心長的期許。

他在〈愛的劇場——寫於「藝文」公演／期待於戲劇界〉一文中，做出了如下的表述：

「日本的《音樂大進軍》、德國的《希望音樂會》等電影，為求內容的明朗有趣，下了極大的工夫。我想，這是順應時局、自然而然的企劃，確實跟上了國民的文化娛樂思潮。這也正是敏銳的製作者相當地因應了今日時勢之需所拍的明朗作品。觀賞這些極為健康的影片的同時，也思索到，目前（戰時）後方要如何做出明朗作品？要做此思索，就『如何給予一般國民健全的娛樂機構』這一點上，我們必須讓時代的指導人，亦即作為應該順著潮流的娛樂機構建設者的文化人以及藝術家，自覺到振作與責任。換句話說，因為供需一直是相對的關係，至少應該因應實際的使用限度，確實地備妥精神的糧食以防飢渴，我想，這必須當作任務正視。不過，台灣的戲劇界變得怎樣了，關於這部分，我自己有反省的地方。也為此，台灣戲劇等娛樂問題必然站到前面來了。話雖如此，我卻是戲劇搞不下去了，躲到播音室裡頭去，自說自話似的，從麥克風傳送著自笑自嘆的故事，一派『當家播音員』（一聲優）的模樣。所以，要說拙論是在發牢騷，還不如說是期望著一次跨越而嘗試寫下來的東西。在今後的戲劇，首要的就是開明的經營者，也就是找出真正愛好藝術的投資人（資本家）。有此既有實業家的手腕又具有藝術涵養者，從而折衷企業的野心與藝術的良心，將其合理化，以求取營運機能完善的經營。他會是在愛護養成藝人的同時，在創業戰線上，也能想充分施展手腕、有其擅長的所有者。而且，這始終能因時、因地制宜而能屈能伸的企業家，一定要有大家長的器量與強韌。其次，需要有教養的演員。持續好學勤問、不為了不平或妒忌而浪費每天時間、默默勤勉於藝能磨練的典型模範演員，是很重要的。我們要迎接透過『藝文』（藝能文化研究會）完全鍛鍊身心、有教養的演員。如果要一腳踢開烏合之眾啦、下三濫啦、戲子啦這些辱罵演員的話，非得靠演員自己的教養。把這些個罵人的人都拉過來成為自己的戲迷，也只有掌握住自己的藝術才華一途。最後，一定要把有如『肥料製造廠』、臭氣沖天的劇場予以翻新，才能有賓至如歸般愉快明朗的劇場與闔家光臨的觀眾，有了舒適完善的劇場，終致能夠把攤子上買生啤酒的客人都招攬過來。進來劇場了，客人們猶如看著親朋好友演的戲似地，對這一切湧現喜愛之情。

在事物的成長道路上，恐怕難免有段不成熟的幼年期。不以養育心情去看，而直接予以排斥，變成到了今天的風氣。如果就算是幼稚也有意導引而加以批評的話，台灣戲劇界也就自然地跨出大步了。

我是在這般的意義上身為一般有識之士來觀賞『藝文』的公演，並忝為『藝文』的負責人，今後還要一路不斷施展營運的妙手，直到本島表演文化（藝能文化）開花結果的那一天

到來。」（姚立群譯）

這篇發表於一九四三年七月間「興南新聞」的短文，是宋非我爲回應松居桃樓以「藝能文化研究會」之名首演之《赤道》一戲而寫的。在皇民化戲劇運動雷厲風行的年代中，無論進步派的本土文化人，或奉行皇民意識的作家、劇場導演，皆有可能成爲官方藝文機構網羅的對象。應該是在這樣的前題下，宋非我以如此迂迴的方式，寫了這篇回應文章。令人深思的是，就在松居桃樓旗幟鮮明地表白，戲劇是戰爭的文化武器，並依此規範劇場得爲「大東亞共榮」效命之際，宋非我卻有意無意地指說要透過「藝能文化研究會」來提升演員的教養。這裡透露了宋氏對當時本地劇場界藝術性不足的焦慮及關切；同時，似乎有藉戲劇藝術性的討論，刻意迴避替《赤道》的皇民演劇宣傳之意。

從這樣的脈絡，便也不難理解當時在法西斯戲劇道路的高壓性指導下，本島進步文藝作家與劇場人，是如何穿越重重戰事精神總動員的迷霧，以表面上的「服膺」，來找尋抵抗之道。不難想像，包括宋非我、簡國賢、呂赫若、楊逵在內的劇場人，在當時都被要求須對戰時體制「表態」的……。而宋非我的「表態」，似乎和其他進步藝文人士類似，都是採迂迴前進或跳脫主軸方式，免於成爲法西斯「皇民之道」的宣導機器。

宋非我是張維賢的得意門生。本名宋獻章，年輕時，因信仰無政府主義，取了「非我之我」之意的「非我」爲藝名。由於結識張氏的關係，有機會進一步體認到，蘇聯寫實主義表演方法論大師——斯坦尼斯拉夫斯基的表演體系，因而，在上文中，他提到「需要有教養的演員。持續好學勤問、不爲了不平或妒忌而浪費每天時間、默默勤勉於藝能磨練的典型模範演員，是很重要的。」

「演員修養」以及「確實備妥精神食糧以防飢渴」，在戰時的時空下，是戲劇得以獲至欣賞的重要元素。特別是相對於由「內地」來的日本專業性皇民化劇團而言，若無相應的準備，只會慘遭被觀衆唾棄一途。這樣的反思，當然與宋非我曾和劇場界民族主義抗日人士歐劍窗共事相關。歐氏因演抗日戲劇，被日人逮捕入獄，並遭凌辱至死。

再有，宋非我於文中提到「話雖如此，我卻是戲劇搞不下去了，躲到播音室裡頭去，自說自話似的，從麥克風傳送著自笑自嘆的故事，一派『當家播音員』（一聲優）的模樣。」也是非常眞實的寫照。其一，在於時局的控制下，如何找到迂迴的文化戰線；其二，則是焦慮著戲劇的水平如何提昇。

也是在這樣的劇場時空下，宋非我認識了「厚生」的簡國賢。他在時隔半個世紀之久的一九八〇年代末期，接受訪談時說，「那時候，我在電台主持放送劇。他（指簡國賢）剛從日本學習戲劇回台灣。因為是戲劇工作者，他時常聽我的放送劇。之後，他就經常編寫一些日文劇本，提供給我放送；主題主要是控訴日本帝國的殖民統治，描述一些路見不平、拔刀相助，伸張人民正義的故事。」（註八）

這樣看來，也就不難理解，劇場人如簡國賢和宋非我，是如何在壓制的時局下，屢思如何以富有民族、民衆性的新劇，從低俗、不入流的「改良戲」中脫身，再創新局了！

再舉當年曾在「厚生」製作中演出的張文環的《閹鷄》一劇爲例。則更不難探知其間的義理及其背後的波折。

《閹鷄》演出，連連幾場皆爆滿。卻引發了禁演的事態。一直到戰後的一九五五年，參與該劇音樂設計的呂泉生，才道出其中「秘辛」。他在〈我的音樂回想〉一文中提及，「從頭至尾充滿濃厚的漢民族色彩，使滿堂觀衆陶然而不自覺手舞足蹈……（中略）演奏中恰巧電線發生毛病，舞台一時漆黑，便有人以手電筒代照，要求不要停止，繼續演……。」

呂泉生於是繼續說，「理由何在?民謠是老百姓的心聲，日政府壓制台灣語言的歌曲，忽然聽到喜愛的聲調，人人的心弦爲之動搖……」

從《閹鷄》的禁演，回看簡國賢與宋非我的廣播劇，並聯想宋在文章中對提升戲劇水平的期待，我們似乎理出了決戰體制下，台灣進步劇場界如何在帝國高壓的文化宣示論中，從藝術性與行動性上雙軌迂迴前進的動向。

〈牛涎〉與《赤道》的分庭抗禮

一九四三年七月二十六日這一天，對於台灣的新劇運動而言，具有劃時代的意義。因爲，就在宣揚皇民化政策的「國民戲劇」指導者松居桃樓，於當時的《興南新聞》發表他的演出作品《赤道》一劇的開演文章〈寫給赤道的觀眾〉一文的同一天；簡國賢發表了與之並列的重要文章〈牛涎——猶如濡浸熱情之火炬〉一文。在文章中，簡國賢以相較於以往「厚生」成員更爲明確的態度，提出了對於「國民戲劇」以及松居桃樓的批駁。

歷史，因著一個劇作家的對於劇運的介入，發生著微妙的改變。其間，當然存在著劇作家批判軍國主義、殖民帝國主義的思想背景，只是，劇作家在法西斯刺耳的號角聲中，並無法將批判的投槍明白、直接地直搗帝國文化的核心。

在戲劇學者石婉舜的譯筆下，簡國賢的文章是這樣寫的：

「在『必須要想辦法改善台灣戲劇』的共鳴下聚集在一起的年輕人們，受到少數有識之士的後援與激勵，稍後於『藝文』，『厚生戲劇研究會』就開始了。台灣戲劇的現狀是非常寂寥的，最難忍受的是這種寂寥之感逼上心頭。不錯，要求改善的聲浪很高，各種對策也被討論了，但很遺憾的是，距離實行的階段還很遙遠。光只是呼籲的聲浪充斥，很多問題並不能解決。大家總是袖手旁觀地想著：總會有人挺身而出罷！我們未免太年輕了。荒地上的雜草總是要除掉。要揮下開拓的鋤頭就只有靠年輕生命的熱情與力量了。我們因而出發。我們大家都沒有經驗。我們都很貧窮。我們只是想著，從現在開始要認真地活著！要認真地創造！這裡有我們的夢、有我們的理想、有我們的歡喜、也有我們的煩惱。戲劇這條道路表面上看來充滿著華麗的色彩，但實際上卻是踏襲秋霜前進的一條嚴苛的道路。藝通於道，所以是藝道。藝就是要磨煉、試煉我們的靈魂。有志於樹立新文化的我們，將以戲劇探求在這個時代中真摯地生存的方法。

現在是『國民戲劇』高唱入雲的時代。在特殊情況下的台灣提倡『國民戲劇』，不用說，非得有特殊的方法不可。形成國民意識的原理是不變的，但卻不是那種馬上能有具體掌握、直接就能出示該如何之類的事情。台灣的戲劇將被導引到什麼方向呢？這正是我等肩負之責任。不用說這絕非一朝一夕能完成之事。必須要有恆心做下去才行。正如卡賓特所說『讓熱情安靜地燃燒吧！猶如濡浸的火炬。』這三個月來我們一直默默地工作著，距離發表的日子也近了。林摶秋說，『我們是一步步前進的牛。』一步一步像牛般，我們踏實地走過來。行進中的牛會淌下口涎罷！牛的口涎總是一派悠然自得、緩慢而下的樣子。因而想到『牛涎』這句話，戲劇的道路也必須像牛涎一樣呀！」

感性中挾帶著理性的訴說，隱藏諸多耐人尋味且迂迴前進的意涵。

首先，它是為回應導演林摶秋而來。就在此文發表的一週前，林導演同樣在《興南新聞》發表了〈一步步前進的牛——「厚生戲劇」導演手記〉一文。文中詳細描述劇團成員如何在艱苦的狀況下，仍秉持不屈不撓的工作狀態及精神，各司其職於各自的岡位。特別是在全無奧援的情形下，如何因「從閣樓裡發現參與第一期新劇運動的『民烽劇團』的五個聚光燈與配電板時，」就像撿到一萬元一般興奮不已！從而，林導說「經濟力可以說全然是零，我們只有為台灣戲劇全力以赴的身體，除此無他。」在文章的結尾處，於是意有所指地說，「我們拖著可能是過重的行李心無旁騖地向前行。我們是一步步前進的牛。」

在強調「去皇民化」軍國主義戲劇宣傳的道途上，簡國賢和當時代的進步劇場人一樣，只能在制度性高壓下，採行迂迴突圍的策略。他意有所指的說，「藝通於道，所以是藝道。藝就是要磨煉、試煉我們的靈魂。有志於樹立新文化的我們，將以戲劇探求在這個時代中眞摯地生存的方法。」因而，這不是一條隨「皇民練成」口號起舞的「藝道」，而是在戲劇中探求新文化門徑的「道」。

再者，當他表示「形成國民意識的原理是不變的，但卻不是那種馬上能有具體掌握、直接就能出示該如何之類的事情。台灣的戲劇將被導引到什麼方向呢？這正是我等肩負之責任。」這樣的想法，一方面運用了「國民戲劇」的文化國策做掩護；同時，卻暗裡直指了「國民戲劇」實以「國民」為幌子，意欲迅即實行法西斯文化政策，收到「馬上掌握、直接出示」皇民戲劇的成果。

這種制度性的文化高壓，在皇民化階段，並非僅針對殖民地台灣而來。主要以僞「滿洲國」的入侵爲根基，而後，日漸形成侵華的事實。台灣僅僅是這「大東亞共榮」的一個組成部份。悲哀的是，殖民主義下的台灣人，將以「皇民練成」之夢，做爲日本帝國入侵中國的「軍魂」。

顯然地，這是簡國賢在「國民戲劇」階段中，相當重要且具有時局針對性的短文。那麼，他所針對的「國民戲劇」又是一種怎麼樣的面貌呢？

就好比日本帝國中心在我國東北的僞「滿洲國」成立，緊接著展開侵華戰事後，便在因應戰時所需的前題下，制定掌控文藝及輿論、宣傳的「官制文化」，交由情報處擴大的「弘報處」來掌管一樣；「國民戲劇」的源起機構「台灣戲劇協會」，也是由總督府情報課會同「皇民奉公會」組合而成的戲劇宣傳團體。

另外，爲有效宣傳皇民化戲劇運動，國民精神總動員的輿論，從日本擴散到殖民地各處。甚且，當日軍入侵的腳步深入中國大陸時，也有類似的文化策略如戰火般延燒。重點在於，無論是國民動員或戰事宣傳，都需要所謂的藝文界中有代表性的人物出面爲帝國整合皇民勢力。在侵華戰爭的道途中，近衛首相便曾召集通訊社和著名的雜誌社，以懇談的名義，要求爲戰爭協力。包括《中央公論》、《日本評論》、《文藝春秋》等刊物，都曾派出作家至中國戰場，將英雄化、淒美化後的「戰爭文學」輸送至日本，做爲國民精神總動員的最佳文宣。

那麼，在當時的時空下，以殖民地身份置身戰線後方的台灣，又是如何被捲進國民精神動員的狀態的呢！

首先，由出身戲劇世家的松居桃樓來台，針對如何推廣皇民宣傳的戲劇，進行廣泛的調查。他在緊鑼密鼓的拜會之後，因應「大東亞共榮」思維的需要，將台灣戲劇文化攏進「南進」策略中的一環，亦即，對南洋展開戰爭宣傳的一個轉運站。

基本上，松居氏的想法是：單單從日本內地推動能擴及涵蓋南洋在內的「大東亞戲劇」，其可能性甚低，因而須從台灣出發，方能依地緣戰略關係，發揮其影響力。這時，他選擇了以國族圖騰為終極服務目的之「國民戲劇」，做為文化宣傳的策略方針。

從而，人們清楚地看見了，一個以日本國家為基軸的戲劇宣揚策略，經由殖民地台灣的「日本國家化」，得以進而將南洋或中國大陸整體涵蓋進「大東亞」的範疇中。

然則，再怎麼樣言辭溢美的宣傳，還是要有實質的創作為根基。就在松居桃樓與呂赫若同席觀賞過簡國賢的《阿里山》一劇，並表達禮貌性的讚賞之後，他著手策劃並導演了《赤道》一劇。劇目取材於八木隆一郎的原作《南海的花束》，是參加情報局「國民戲劇」競賽的作品。劇中的場景，就是以南洋為背景，描述擔負開拓南洋機場新航線的飛行員，如何在爭取飛行榮譽的過程中，被「赤道附近的海域給吞沒……」的淒美經歷。於是，劇中主角在目睹自己的部屬為投身拓業而犧牲性命後，與起了揮淚再次啓航的決心和意志。

《赤道》的公演，雖然不盡針對簡國賢的《阿里山》而來。從諸多蛛絲馬跡，卻早已嗅得出「厚生」諸君，對於這樣藉由「南洋」飛航拓業，以達到宣揚皇民之道的演出，不以爲然。理由在於，這和膜拜皇民神道的陳火泉的小說《道》，異曲同工，皆爲鼓動青年參與文化志願兵的行列，並投身「南進」戰爭的宣傳。

一九四三這一年，對於台灣進步的劇場界而言，堪稱相當特殊而時有進展的一年。年初，就在呂赫若看完《阿里山》，並在日記上留下「相當好，令我感動讚賞！」並寫說，「自已也一定要嘗試描寫吳鳳」的前後，知名左翼抗日作家楊逵也分別以《撲滅天狗熱》和《怒吼吧！中國》二劇，展開他的文化戰線。值得一提的是：楊逵在戰時體制下，也僅能以擅於迂迴前進的文化戰略和時局週旋。這多少與簡國賢藉《阿里山》一劇，重新澄清「文明」與「野蠻」的分際，有著異曲同工的效應。

《撲滅天狗熱》以農村天狗熱（即登革熱）蚊疾爲背景，農民在一位陳少聰醫師的協助下，終於合力阻擋了蚊疾的肆虐，並適時將稱作李天狗的放高利貸的劣紳，給團團包圍，折其惡勢。在此，重要且隱藏的指涉，即是李天狗既可視爲理該撲滅的本地食利階級，也不妨進一步隱射爲日本當局的化身。至於，改編自俄國作家的劇作《怒吼吧！中國》，則藉《戲劇挺身隊》須倡行「大東亞共榮」之名義，大肆高呼「把英、美趕出中國的日子就要來臨了！」明白背後潛藏意涵的人，都不難知曉，楊逵所指的「趕出中國」，當然是包括日本在內的帝國主義勢力，只是在當時的時空下，當然，他無法直接陳述。便僅能藉「指桑」來「罵槐」了。

《阿里山》一劇是簡國賢在決戰體制下，實踐「有志於樹立新文化的我們，將以戲劇探求在這個時代中真摯地生存的方法。」的一項創作。這裡頭，既有立根基於民間社會的「道」，也有不容稍加輕忽的、沿續「台灣文學」傳承的「新劇」之藝。融合成他所謂的「藝道」。

值得特別一提的是：日據時期是如何「形塑」吳鳳其人其事的呢？又或者說，吳鳳是如何被日本當局利用做「理蕃政策」文化工具的呢？

最初，在殖民統治的前期，總督府爲有效箝制原住民的頑抗，於是刻意彰顯吳鳳事蹟，繼而予以喧染化的編纂。其目的，無非藉討好漢人的「開化」來貶抑原住民的「野蠻」（註九）。

這樣的策略背後，隱藏著日本殖民統治如何以現代化的優越感，來裝點漢人如吳鳳者的「開化」。如此一來，便也不難明白，眞實記載中的吳鳳，爲何由一個因資源糾紛遭原住民殺害的通事，轉而「神格化」成「殺身成仁」的聖者了。

藉由「吳鳳」神話，日據政府得以披上文明現代化的外衣，對被統治的「野蠻」原住民進行教化性的征奪。這樣的神話，在皇民化時期，便也進一步轉而爲符合軍國核心意識的「犧牲小我、滅私奉公」的精神。

呂赫若在讚賞簡國賢的《阿里山》一劇前後，隨即在日記中，對於松居桃樓的《赤道》及其背後的軍國主義熾焰，深不以爲然。這一般說來，是當年出入「山水亭」的《台灣文學》派文人的共同態度！然則，「皇民化」是一組涵蓋著戰爭發動以及後備精神動員的「動詞」，特別是精神動員部份，必得以直接或間接的方式，動員這樣或那樣的藝文界力量，爲「大東亞共榮」的精神號召齊整步伐。這就形成了歌頌「皇民之道」的皇民文學，例如，陳火泉的《道》、周金波的《志願兵》，也推動了《赤道》這樣的皇民化戲劇的演出。另外，當然，就是在軍國主義的「國民精神總動員」下，如何利用國策的縫隙，展現文化鬥爭的美學表現了！楊逵固是再鮮明不過的例子。簡國賢雖未展現如楊逵般明顯的策略，〈牛涎〉一文中提及的「藝就是要磨煉、試煉我們的靈魂……。」一句話，已經述說了很多弦外之音。

弦外之音，當然也意味著直言的困頓。國策所形成的藝文方針，無論在僞「滿州國」的東北，或殖民地的台灣、朝鮮，毋庸置疑地發揮著全面性的指導功能；另外，殖民統治運用「現代性」所拋射出來僞開放視線，實爲殖民地下人民最難「突圍」的關卡。遠的不說，就以日本帝國擅用「吳鳳」神話，來區隔日本人比漢人文明，但漢人相對於原住民，也在殖民者提出「吳鳳論」的先進論述下，終而明白自身的「文明」遠高於「番人」的野蠻一般，話語霸權，其實無時無刻不隱藏於「現代化」表象的背後。

這樣的課題，對於《台灣文學》、「台灣鄉土戲劇研究會」一輩的文人和劇場工作者而言，都是莫大的考驗。也因此，這一輩在穿越一九四〇年代迷霧中，時而頓挫、時而揚起的進步文化人，終而在戰後目睹國府接收專員貪腐有加，而御用士紳仍思仰賴殖民殘餘，意圖將台灣拱手讓給帝國勢力時，毅然投身批判現代化魔咒的社會主義陣營，潛身爲地下黨員。

簡國賢非止是當中的一員，而且，在步上流亡的道途中，一直以他的不滅的信仰，成就地下黨人與勞、農弱勢者比肩共勞動、學習的工作者，直到被捕入獄……最後，在點燃理想主義的爐火一刻，被槍決於馬場町刑場！

註釋：

註一：尾崎秀樹：《舊殖民地文學研究》第三部分之〈決戰下的台灣文學〉一章，陸平舟與 Aida Fusako 共譯，人間出版社，二〇〇四年十一月。

註二：同上。

註三：《台灣新民報》，一九三七年六月一日。

註四：同註一。

註五：張維賢（「民烽劇團」創辦人）：〈論台灣戲劇——以台灣語為主的戲劇〉，《台灣新文學》一九三六年十一月號。

註六：張文環以懷念王井泉與「厚生」戲劇所著〈難忘當年事〉，《台灣文藝》一九六五年十月號。

註七　石婉舜：〈厚生戲劇公演始末〉，《一九四三年台灣「厚生戲劇研究會」研究》，國立台灣大學戲劇學系碩士論文，二〇〇二年一月。

註八　藍博洲：〈尋找台灣新劇運動的旗手宋非我〉，《消失在歷史迷霧中的作家身影》，聯合文學出版社，二〇〇一年八月。

註九　間扶桑子：《陳大禹劇作〈吳鳳〉的特徵和意義》，海峽兩岸台灣文學學術研討會之論文。

【書評書介】

突破兩岸分斷的構造，開創統一的新時代

——《春雷之後——保釣運動三十五週年文獻選輯》序

陳映真

冷戰與內戰造成兩岸分斷的構造

二戰結束前夕，以美蘇兩極爲中心的世界冷戰態勢逐漸形成。及至到了一九五〇年韓戰爆發，把世界東西冷戰推向最高峰。與韓戰爆發的同時，美國以軍事力量介入台灣海峽，中國在外力干涉下，兩岸分裂對峙，同族而相仇，形成國際冷戰與國共內戰互相疊合的構造，深遠地影響了兩岸人民的命運。

在台灣，冷戰和內戰意識形態無限上綱，極端化的反共仇共意識和宣傳統治一切思維。台灣是「自

由中國」，而大陸則是「匪區」、「共產中國」；台灣是「安和樂利」之土，大陸則「赤地千里、哀鴻遍野」。台灣是反共、民主、自由世界之一員……大陸是「蘇俄赤色帝國主義集團」的一員……而對於兩岸分裂對峙的展望，一方面是「漢賊誓不兩立」，宣稱台灣在政治和主權上的「唯一正統」，一方面誓言以武裝「反攻大陸」、打敗「共匪」而完成「中華民國之統一」。

一九五〇年後，這種冷戰加內戰的意識形態，是絕對性霸權表述和霸權意識形態，攖之者必遭獨裁政治的強壓而破身亡家。其結果是兩岸分斷構造之固定化和長期化，以及祖國統一論、統一方針論只允許國府的「勝共統一論」、「反攻大陸統一論」一家獨佔，不許有分號！

一九七〇年的釣運舉起了第一面祖國統一論的旗幟

但一九七〇年保衛釣魚台運動的一聲春雷，首先打破了這冷戰思維的霸權性。在冷戰年代，台灣的中國想像是「自由中國」、是「中華民國的正統」。有少數自由主義派雖然不滿蔣介石的獨裁與「不民主」，但基本上是反共、反大陸、親美的改良主義。台灣曾在一九四六—一九四九年間呼應大陸同一時期的「和平建國」、「民主改革」、「反對內戰」的民主運動，到一九五〇至一九五三年全島性白色恐怖時，台灣這一波民主運動在一九四九年的「四六事件」及其後展開的「肅諜」行動的大逮捕、大屠殺中，徹底被鎮壓。於是光復後這第一波民主統一建國運動，被冷戰歷史所湮滅。

一九七〇年的保釣運動不久發生左右分裂。其中的左翼，在一九七一——一九七二年間，突顯了在祖國分裂的當下，台北和北京對保衛釣魚島的方針完全不同：台北宣稱以美日反共同盟爲重，視保釣運動爲「敵人」的「統戰伎倆」，在北美橫加鎭壓；北京以釣魚島爲中國神聖領土，誓死保衛。於是保釣左派首次提出了海外中國人「認同」北京的中國或「台北」的中國的課題，是爲「認同運動」，即全面再思冷戰歷史下的中國想像的劃時代的運動。

「認同運動」很快在同一時期向祖國統一運動飛躍，於是進入了保釣運動和統一運動並舉的新階段。一九七一年八月布朗大學的美東討論會和九月安娜堡的國是大會，正式宣告「中華人民共和國政府爲代表中國的唯一合法政府」。這是一九五〇年在新帝國主義干涉下中國民族分裂對峙以來，第一個由海外愛國主義運動正式提出克服民族分裂構造，並呼喚民族的團結的先聲。一直到今天，民族統一的言論與行動不曾中斷，至最近的二〇〇五年三月《反分裂國家法》的通過，我們的民族統一運動又進入新的階段。但歷史不會忘記，海外的統一運動是釣運，早在一九七一年開始提出的。

民族統一運動的提出，自然涉及民族統一的具體方略，一九七三年，釣運中以《橋刊》和《野草》爲喉舌的中間派提出了並得到左翼支持的國共第三次和談的呼籲，要求國共雙方主要以和平談判的方式，尋求祖國統一的方策。前文說過，國民黨在宣傳上只講「勝共統一」，只講「消滅共匪統一」，把國共兩次和談的歷史徹底妖魔化，渲染成中共以和談搞「統戰」和「欺騙」，把國民黨在大陸內戰失敗的責任，全推給了中共的「和談」宣傳。國共再和談之說，成了戒嚴體制下台灣的大忌。

然而，事隔三十年，海峽兩岸的對峙成爲全球矚目的戰爭危險區。大陸基本上在堅決反對台獨基礎上，表示盡一切力量促成兩岸和平談判，在「兩岸均屬一中」原則上完成祖國的完全統一。這項政策，相應於中國綜合國力之日升，得到世界多數國家的支持。

對「台獨」運動和理論的批判

講民族統一，倡國共第三次和談，當然就反對當時以北美洲爲中心的所謂「台獨」運動，這是理有必至的。保釣運動中一開始就觸及反「獨」，從文獻上看，一九七〇、一九七一—一九七五都有研究和反對「台獨」的評論、理論文章。和統一運動合起來看，以今日的語言說，釣運從一開始就抓住了「反獨促統」的大義，這是至今都有重要歷史和現實意義的思潮。一九七一年到七五年的「反獨促統」論主要以比較「自由」的北美爲討論的場域。到了一九七六年，台灣遭逢一九五〇年以來最大的外交危機：一九七二年，被逐出聯合國的台灣，面對一波又一波國際外交上許多國家與台斷交，改與北京建交的風波；尼克森、季辛吉先則秘密，繼則公開訪華，島內人心惶惶不安。在此背景下，台灣長老教會在戒嚴體制下發表《人權宣言》，力言台灣應進行民主化改革，並建立台灣爲一個「新而獨立的國家」，向美國訴求不要讓台灣被「國際政治」出賣，並保護推動《人權宣言》的相關牧師不受國府鎮壓。美國國務院公然以信函保證保護「台獨」牧師。

一九七八年，台灣《夏潮》雜誌披露長老教會的《人權宣言》事件，同時由陳映眞、王曉波寫文章批評長老教會充當分裂主義急先鋒。長老教會與島內台獨勢力相結合的問題，至今更爲明顯。一九七八年的論爭場域主要在台灣，美國釣運也寫了不少文章支援。今天的長老教會，已成島內「深綠」、「急獨」的宗教勢力，問題和矛盾依然存在。一九七八年島內外批判長老教會「台獨」的鬥爭，至今仍有先驅性的意義。

重新見證和認識中國革命和新中國的運動

台灣長老教會的「人權」論，不及於主張統一和左派人士的「人權」。對於一九七四年的台大哲學系肅清事件、一九六八年的陳玉璽被台日特務聯合綁架回台受審的監禁事件、一九七六年陳明忠被捕拷問判刑事件、一九八〇年留美學生葉島蕾被拘捕事件等，台灣長老教會的「人權」不聞不問，但卻受到北美釣運左派的聲援，從而掀起反對美蔣校園特務對釣運人士的監視、偵查的運動（一九七五—一九七六）。

海峽的民族對峙和極端化的片面反共宣傳，在釣運中崩潰。親訪親歷新中國，究明中國革命的眞相，重新認識新中國，在一九七四年至七七年蔚然成風。旅美著名的科學家、學者、詩人、作家如楊振寧、何炳棣、王浩、吳健雄、袁家騮、謝定裕、葉嘉瑩、於梨華等，以及釣運的學者、學生幹將紛紛回國參訪睽別多年的祖國。回美後將耳聞目睹巡迴放映幻燈片、做報告發表感想，把被冷戰宣傳妖魔化的祖國形象顛倒過來。

當然，也有個別觀察敏銳的人，在回國參訪中，察覺了中國革命走過彎路，隱藏著不幸的革命的暗部。他們的觀察不受容於當時滿腔火紅的革命派，也是容易理解的。文革結束後，中共中央基本上承認了走過的彎路，存在的暗部，但在釣運內部卻一直沒有作過客觀、科學、公正、健康的總結，而釣運風潮則基本上隨文革的終結而雲淡風淸……

釣運的文藝運動

在殖民地、半殖民地的反帝、反封建、反殖民的民主民族運動中，總是伴隨著思想、文化和文學的啓蒙運動。反帝國主義的五四運動綻開了中國新文學運動；一九二〇年代中期後台灣「非武裝抗日運動」，萌芽和發展了台灣新文學運動。但出人意料的是爲期不長的釣運中，竟也孕生了新的文藝運動（一九七三－一九七七）。

重新認識新中國運動，除表現爲回國探訪—探訪—報告（報導）的形式，還有一個重要形式：一、搜閱祖國三〇年代左翼文學作品；二、閱讀並自導、自排、自演三〇年代的進步話劇，如曹禺的《日出》和《雷雨》；三、新編新劇，或改編當代島內文學作品演出，以及四、搜集一九四九年以來新中國的紀錄片和劇情片，在北美釣運團體間巡迴放映觀賞。《東方紅》、《創業》、《中國農村水電站》、《紅旗渠》、《毛澤東》、《周恩來》等等影視作品激起釣運嚮慕新中國的熱情。據資料，新創作劇有《胸懷祖國，放眼世界》、《桂蓉媳婦》、《洪流》、《阿慶嫂》、《我愛夏日長》等；小說改編有《將軍族》。看得出釣運的文藝創作潛力之活潑。可惜在異鄉他國，運動不久退潮，釣運文藝的成果不免飄零了。

但是在釣運中，重讀台灣戰後文學而發爲評論時，發表在一九七四年香港釣運刊物《抖擻》上的羅隆邁（現經《抖擻》創辦人證實為最近故世的小說家也是釣運的健將郭松棻）的〈談談台灣文學〉，直接影響了一九七七年當時尚未轉向於「台獨」的王拓所寫的鄉土文學論戰文章〈是「現實主義」文學，不是「鄉土文學」〉。

王拓在下列幾個論點上直接一字不易地抄用羅隆邁的文字：

——五〇年代後台灣美援經濟使新興商人登上舞台。而昔日軍裝的日本軍閥如今易裝為平民商人，手提〇〇七公事包，進入台灣，進行經濟侵略，台灣乃淪為美日經濟殖民地，以廉價勞動獲致經濟成長。

——台灣社會經濟的新殖民地化，造成思想文化的全面西化，學舌「個人對集體、民主對專制」

的二元對立論，盲目模仿西方，割斷反帝民族主義。

——批評台灣流行的艾略特、卡夫卡、奥登、卡繆、海明威這些「現代」派，實則他們無非是西方資本主義高度發展時期吟唱西方文化之輓歌的絕望的歌人。

——但在台灣新文學隊伍中，仍然有堅守他們生長的泥土及賴以生活之鄉土，在作品中反映了社會與生活，並以之為背景，襯托近代中國民族的坎坷……

除了以上直接抄引的部份，其他引用原意而改寫的也不少。但因時代背景特殊，雖王文沒有標明出處，今人也不便以爲「剽竊」，因爲註明引用香港左刊文字，在當時只有自找麻煩。而王拓引用以爲對付壓迫鄉土文學的武器，是可以理解的。

釣運中評論台灣當代文學，評論「鄉土文學」的文章不少，但直接地易裝上場，直接成爲王拓的「殖民經濟」論、現代主義批判論、現實主義文學論，參與了鄉土文學論爭者，只有羅隆邁的文章可以證明釣運對鄉土文學論爭的直接影響。

本書第三章所收關於台灣鄉土文學的討論文章比較多，時間跨度也長，但畢竟篇幅所限，難於做有序、有綱目的編輯，不過鑒於當前台灣文學的統獨鬥爭激烈，甚至有日本支獨學者介入，該章所收文章，仍有重要參照價值。

保衛西南沙運動和悼念巨人的殞落

對於在台灣的關心釣運人士，一九七四年在北美展開的「保衛西、南沙」運動是最不熟悉的部份。一九七四年，西貢政府和馬尼拉政府，對於中國固有領土南沙群島和西沙群島提出了「主權」要求。中國以史籍所載和外交軍事交涉對應，在北美釣運界掀起了「保衛西、南沙」運動。和釣運一樣，在北美各地之愛國留學生也搞有關西、南沙歷史、地理和資源的調研和報告會，並且發乎宣言，繼之以遊行示威。

今天看來，我國東南海域富含石油資源的島嶼，隨著中國經濟的發展，需油孔急，東南海島嶼礁棚之爭日烈。日本近年來對釣魚島的「主權」要求更形強烈，就是明證。中國改變政策，不以武力占有資源，而以「擱置爭議、共同開發」的方針對應，在西、南沙問題上取得了和平與進展。但對於日本再軍事武裝化的狼子野心，中國在堅定保衛自己的主權基礎上，不放棄可能的對話，「軟硬兼施」。最近突然取消吳儀副總理與小泉的會晤，表現了硬的一手和決心。

保衛釣魚島，反對美日強權把釣魚島拿來私相授受，保衛中國對釣魚島的神聖主權——這當然是民族主義的發露。

然而，在冷戰思維下，美國是主子，日本是台灣「反共的盟友」。釣運的針對面美日帝國主義卻在台灣成了不准反對，不准批判的敵人。於是在一九七二年至七三年，台灣有「民族主義爭論」。主要論者有陳鼓應、王曉波和洪三雄，站在中華民族主義的一邊發言。今日回眸，除了國民黨的監視，中國民族主義論還要應對來自「自由派」的質問：民族主義偏狹論，民族主義即義和團主義，偏執而落後；民族主義是共產黨煽動青年的工具，講民族主義容易爲共黨所用。於是王曉波不能不從孫中山的國共第一次合作期的民族主義論中借取政治上「安全」的理論資源。有人出來爲「義和團」的歷史辯誣；有人從自由主義立場提出「自由民族主義論」。被西方「自由主義」荼毒已久的台灣知識界——有時包括「左」派知識份子，皆至今嘲笑民族主義，誇言階級主義和「國際主義」，一九七二年台灣釣運提出來的民族主義論，至今猶待深入論證，而有現實意義。

釣運的左翼，打破了自一九五〇年至一九七〇年間禁錮了整整一代知識份子對於中國革命、對於新中國、對於中國人民前仆後繼取得勝利的新民主主義運動的認識之枷鎖，奮力衝破了冷戰與內戰意識形態的桎梏，自我淸除了美國和國民政府的教育宣傳中的中國與中國革命的想像，從斯諾和史沫特萊著作，建國後的紀錄影片、戲曲電影，更從三〇年代左翼文學和四〇年代的革命抗日文學去重新探索與認識新生的中國。而這樣的過程，就必然地和人民中國革命史無數的傳奇相會；而其中最不能不遇見的，是毛澤東和周恩來的傳奇；前者的高瞻遠矚、過人的膽識和魄力，一心一意以人民的解放爲終極顧念；後者之忠誠敬謹，爲人民、爲革命鞠躬盡瘁，都使得釣運一代由衷的愛戴和敬仰。一九七六年，文革接近了尾聲，不料在這一年周恩來、毛澤東相繼辭世。美國釣運界在震悼之餘，全面發動和展開追思、悼念的儀式，發表哀思追慕的文章。著名華人科學家、文人、教授、釣運團體和海外華人社團紛紛發表悼唁文章。這在國民黨尚在施加反共法西斯統治，在海外國民黨和美國情治特務虎視下，是一個歷史性突破，不能以一般對政治名流的悼唁視之。

結論

不同於前一本的《春雷聲聲》之側重釣運的編年史為軸心，本書《春雷之後》則以釣運重要文獻，總體地呈現了一九七二年到一九七八年間海外（包括台灣和香港）進步派釣運群體，特別是其中的左翼的思想、政治和文化運動，在民族分裂和冷戰——內戰交疊構造下，表現為突破凍土，萌發思想意識形態新芽的重要意義，是海外戰後思想運動史上一頁史詩般的突出篇章。

保釣思潮，有破舊立新的一面，也有向上承接中國三、四〇年代激進思潮的一面。而由於很多問題——例如民族統一問題久懸不決，也就有尖銳及時的現實意義。

一九一九年五四運動提出「反帝、反封建」，提出「內除國賊，外抗強權」。釣運也提出反對美日帝國主義撥弄我釣魚島主權問題。時至今日，美日軍事結盟遏制中國，日本狂妄揷手釣魚島主權，修改歷史教科書，參拜靖國神社等，都是當年釣運鬥爭留下的問題的惡化，突出了當年反日保釣的先驅精神。

釣運提出了「民族主義」問題。今日自由派知識份子仍然跟著外國人鄙視和誣蔑民族主義爲「偏狹」、爲「保守」、爲「反階級主義與國際主義」，卻對日本在靖國神社、教科書、和美國侵略伊拉克問題上保持沉默。所以，當年釣運提出的民族主義問題毫不過時，今天必須更堅定地爲反帝民族主義而鬥爭。

釣運在內部分裂的祖國前呼喚「認同」與「統一」，與一九四六—一九四九年間全中國「反內戰」、「和平建國」的民主和平統一運動相承接。今天，在「反分裂國家法」的法律下，時代要求在一中原則下，保持與反獨促統、和平統一的歷史方向相一致。釣運當年向「認同」、「統運」飛躍，富有鮮明現實意義。

一九七七到七八年，台灣鄉土文學論戰，引起釣運左派的關懷。鄉土文學論戰的一部分理論思想資源，受到釣運影響已如前述。鄉土文學論的現實主義、民眾文學說、民族文學——反文學西化說，既是中國三〇、四〇年代進步文學的遺緒，也是這遺緒在七〇年代台灣的回聲。今天，包括大陸研究台灣文學的圈子中，不大關懷台灣文學論述中激烈的統獨對立鬥爭，不注意一些日本右派支獨學者在台獨文論中煽風點火，要火線上的人講溫良恭儉讓，要和「國際」學者保持友好關係……眞叫人哭笑不得！

釣運論壇中有幾篇文章談到七〇年代台灣資本主義經濟性質，除了羅隆邁（郭松棻）簡單說到美日「新殖民主義經濟」對台灣的統治外，其他有關七〇年代台灣經濟（生產方式）論的文章基本上比較弱。事實上，直到今天，台灣經濟史除了劉進慶、涂照彥、陳玉璽在六〇年代的業績外，很少從歷史唯物主義、政治經濟學的角度，給予台灣經濟論以科學的答案。問題提出來了，是釣運遺留的課題，有待今後俊才加以發展。

一九七四年到八〇年代持續不斷的保衛西南沙鬥爭，在今日中國全面和整體地快速崛起的形勢下，亟需油源和大量其他原材料之時，釣運所高舉的「保沙」旗幟有極其突出的現實意義。中國不以對外軍事擴張保衛工業化所需原料，則「擱置主權，共同開發」是非常明智的政策，深受越南和菲律賓的歡迎，只有日本悍然與我頂牛。在保衛我國東南沿海陸棚資源問題上，保釣、保沙都有先鋒性的意義。

但也必須指出，一九七〇—一九七八的釣運，在世界冷戰和國共對峙造成分裂的祖國這樣的條件下，有它宿命的極限性。在北美為主的這個「借來的土地」、「借來的空間」進行中華民族的思想文化啓蒙運動，先天就帶有不可克服的弱質。它在台灣開花為以《夏潮》為中心的進步思想文化運動，但在八〇年代的「台獨」狂潮中被「邊緣化」。北美的釣運雖然有若干個人仍然一本初衷，繼續堅持，但作為運動的釣運已經成為昨日黃花。

但我深知這套書——加上上輯的《春雷聲聲》——的出版，不在為了對過去的悼念，而在為未死、將生的一代人留下比較清晰的腳踪，以便爲未來的跋涉者知道有先驅的餘音舊踪，知道有未竟的思想和實踐的課題，等候雪融土破後另一次行軍的號角。

本書繁重的資料蒐集和編輯工作，主要落在龔忠武、葉先揚、周本初等同志們的肩膀上。沒有他們艱苦的勞動，這本書的成形是不可能的。特筆在此誌謝。

二〇〇五年七月

原文刊載於《春雷之後——保釣運動三十五週年文獻選輯》（人間出版社）

【文藝創作】

〔隨筆〕

俄羅斯十一日行

——文化「遊學」之旅

曾慶瑞

二○○五年五月八日　莫斯科——圖拉　陰雨

到托爾斯泰莊園朝聖

清晨八：三○出發。

目的地：圖拉，托爾斯泰莊園。

全部行李都裝上了車。

來以前，莫斯科 Sheraton Palace Hotel 的房間只能訂到今天中午。這間五星級的大酒店顯然是要入住前來觀禮的外國貴賓了。今夜，我們的「宿營地」酒店是 Radisson。那家同樣級別的酒店同樣有接待任務，倒是我們萬幸，在北京的時候居然還是預訂到了今晚的房間。

離開 Sheraton Palace Hotel 的時候，大堂裡，大門外，身穿黑、灰西裝的便衣特勤，一身迷彩軍服還荷槍實彈的軍人，手執警棍的員警，不下二十多個。街上，車輛行人都明顯減少。多雲的天氣也顯得清冷。全城戒備，也更加森嚴。進入市區中心的要道，檢查車輛的哨卡明顯增多。看來，今天到達莫斯科的外國政要應該非常集中，紀念活動也要拉開序幕。聽說，已經有二萬多名軍警上街執勤。在這裡，算是體會到了外國常說的動員了多少多少軍警來防止恐怖襲擊的情景了。

托爾斯泰莊園位於莫斯科正南方向一九三公里的圖拉市郊外十四公里處。離開莫斯科市區後，維佳開著他的「現代」旅行車，保持一〇〇到一一〇公里的時速，也走了三個小時。

離開莫斯科市區不遠，寬闊的公路兩旁就出現了一片一片的森林和草甸。這是莫斯科十分誘人的地方。成片的白樺林間，時而點綴著各式各樣的鄉間別墅，時而撒落了簡陋的木屋農舍。綠茸茸的大地上，偶有小片早開的蒲公英小黃花鋪陳；新綠的樹幹枝頭間，或見屋頂的煙囪冒出的陣陣炊煙嫋嫋穿越。一個生動的俄羅斯的春天撲面而來！比起北京，這裡的空氣顯得濕潤清新。難怪莫斯科人要驕傲地說，他們擁有一個環繞全城的巨大「氧吧」！

沒來之前，以為圖拉也就是遠離莫斯科的一處鄉村小鎮。一問華莉，才知道，圖拉是俄羅斯聯邦圖拉州州府所在地，眼下有居民五十萬。

華莉，這位來自國內四川外語學院的俄語教師，莫斯科普希金俄語學院的在讀博士生，攻讀的就是俄羅斯語言與文化的博士學位。爲了陪同我們，陪好我們，她一次又一次地精心準備了好多資料，所以，雖然不是專業導遊，每到一個景點，也都能詳盡地給我們介紹許多情況。

華莉說，從十六世紀起，圖拉就是拱衛莫斯科的南部要塞。當年用作屏障的石頭城堡，是在一五三〇年建成的，歷經歲月滄桑，雖顯斑駁，至今猶存。從十七世紀起，圖拉成了俄羅斯的煉鐵工業基地。雄心勃勃的彼得大帝在這裡建立了俄羅斯的第一家兵工廠。這家工廠現在也還是俄羅斯的大型兵工廠之一。圖拉有一座建於彼得大帝時期的兵器博物館，從彼得一世時代的冷兵器到現在俄羅斯最先進的常規武器，館中陳列，應有盡有。聽她這麼說，我倒是想，恰恰就是生活在圖拉西南不遠處那座莊園裡的老托爾斯泰，曾經不停地宣傳他反對沙皇熱衷於戰爭的觀點，還有不以暴力抵抗邪惡的觀點，相對於圖拉以兵器爲榮耀來說，這眞是一個強烈的反差。圖拉的兵器，和一種叫做「薩瑪娃拉」的俄式茶炊，還有一種據說放置幾個月都不會變質的糕餅，合稱圖拉三大「特產」。

穿過市區的時候，見圖拉的大街上有許多紀念反法西斯戰爭的雕塑。今天，和莫斯科一樣，也懸掛了許多的彩旗，張貼了許多的紀念反法西斯戰爭勝利六十周年的宣傳畫。在一九四一——一九四五的戰爭年代，這座城市也曾經爲保衛莫斯科付出過慘重的代價。

即使俄羅斯總統，也要步行進入

穿過圖拉市到達雅斯納亞・波利亞納小鎮托爾斯泰莊園門口的時候，已經是中午十二點了。在莊園對面一家小店吃過簡單的俄餐後，我們買票步入了莊園。

俄語裡的「雅斯納亞・波利亞納」，意思是「明亮的林中草地」。地處這個「明亮的林中草地」上的莊園，連綴在辛菲羅波爾公路線上。這裡原是貴族的世襲領地，整個大家族的莊園有一七〇〇公頃，裡邊有森林、河流、湖泊、草地等等。佔地三八〇公頃的這一份，是托爾斯泰母親瑪麗亞・尼古拉耶夫娜當年嫁妝中最大的一份，後來由列夫・托爾斯泰世襲。列夫・托爾斯泰誕生在這片土地上，也安葬在這片土地上。人們把這裡稱爲托爾斯泰的「搖籃和墳墓」。可以說，是托爾斯泰改變了圖拉的命運，使亞斯納亞・波利亞納成爲世界上爲數不多的文化聖地之一。這裡現在是托爾斯泰莊園博物館（Museum Estate of L.N.Tolstoy）。這是當今世界上最大的博物館之一。當下，由托爾斯泰的玄孫弗拉基米爾・托爾斯泰掌管。此人雄心勃勃，力圖去掉所有二十世紀的建築，在各個角落恢復莊園當年的面貌。

莊園裡，托爾斯泰的母親嫁過來後又栽種了許多的喬木和灌木，如今已是綠蔭參天、鬱鬱蔥蔥，有的老樹都有二〇〇年的樹齡了。托爾斯泰喜歡蘋果，所以莊園裡至今還保留了三十公頃蘋果樹。列夫・托爾斯泰在這裡生活了六十年。他的作品，他的觀點和學說，以及他所生活的那個時代的種種矛盾、信仰和革命，都和這座莊園緊密相聯。

如果說托爾斯泰是一部大書，這部大書的第一頁就是從這裡掀開的。是這裡，喚醒了托爾斯泰對整個世界的感覺；在這裡，又是托爾斯泰的作品，喚醒和感染了全世界的讀者。全世界的讀者都到這裡來尋找這種感覺。我和遐秋、子墨，今天，不遠萬里，也專程來尋找這種感覺了。

進入插有風信旗杆的莊園大門，左側，是一汪清澈的湖水。即便此刻卷起了陣陣料峭的春寒冷風，掀動了絲絲漣漪，使那湖水中倒映的景色變得斑駁、迷離，卻也還是顯得一片寧靜。那其實只是一個很大的池塘，托爾斯泰稱之爲「靜穆而華麗的池塘」。童年時托爾斯泰和小夥伴們曾經在池塘中游泳、釣魚，老年時他曾在池塘的冰面上鍛煉身體。人們說，這裡是他「童年和老年的樂園」。離開池塘，看正前方，則是一條沙石鋪就的林蔭人行和車馬小道，向前延伸時略呈坡起之狀。道旁，簇擁著俊俏挺拔的白樺。

佇立在湖畔，走在白樺樹間的沙土小路上，拍了一些照片，天開始掉下了雨點。我和華莉又跑回車上拿了一趟雨傘。細心而又體貼人的華莉，還從一個賣畫的小攤上借了一個小馬紮，以備遐秋走累時小坐一會兒。結果，這小馬紮沒有用得上。聽說，門口的保安常常自豪地對人講，即便是俄羅斯總統來，也要步行進入這個莊園。來到這神聖的大地，遐秋當然不會用它。

緩步前行，有時，我特意走在小路邊沿，踩在那些陳年的落葉上面，竟也聽得腳下沙沙作響。這種沙沙聲，是不是會給人一種回家的感覺呢？不知道，當年，托爾斯泰從喀山歸來，從莫斯科歸來，從彼得堡歸來，從塞瓦斯托波爾歸來，從歐洲歸來，是否也曾踩在這沙沙作響的樹葉上？是否也曾想過，「回家的感覺眞好」？

走著走著，不免時而極目四望。雖說是個莊園，我看，倒是更像一大片蜿蜒在草甸與山丘交錯下的森林。林蔭深處，更多的還是橡木、樺木那些高大莊重的樹種。這時，天空已經烏雲密佈。望前方黃綠雜糅的一片色彩深處，走近雜木林邊，四下望去，撲入眼簾的像是只有一團又一團的色塊。濛濛細雨中，茸綠，鵝黃，淺褐，還有這邊廂小樓牆板的雪白，直撩得人眼花目眩，就像是在看一幅印象派的風景畫。

溢滿書香的故居

不知不覺間，我們來到了一塊小小的空地上，幾棵參天而立的橡樹掩映下，正是托爾斯泰的故居。這是一幢白牆藍頂的兩層小樓，托爾斯泰在這裡度過了他一生中的大部分時間。

和整個莊園闊大、幽深的氣勢相比，這幢小樓多少顯得有些小巧，卻又算不上精緻玲瓏。據說，莊園裡，原本有一幢更大的樓房，可惜早就毀棄了，所以，托爾斯泰一家住在這幢小樓裡還顯得有些擁擠。

一八二八年九月九日，列夫·尼古拉耶維奇·托爾斯泰出生在這座小樓裡，世襲伯爵。他一歲半時喪母，九歲時喪父，從小由姑媽照料長大。由於家境殷實，資財富裕，姑母爲他請了家庭教師，從生活到讀書都由家庭教師照管。他童年在優裕的環境中長大。一八四一年，他的監護人阿·伊·奧斯堅·薩肯姑母去世後，改由住在喀山的姑母彼·伊·尤什科娃監護。於是，他全家遷到喀山。一八四四年，托爾斯泰考入喀山大學東方系，攻讀土耳其、阿拉伯語，準備當外交官。不料，期終考試不及格，第二年轉到法律系。又不料，還是不專心專業學習，卻十分迷戀社交生活，喜歡哲學尤其是道德哲學，喜歡盧梭的學說及其爲人，並廣泛閱讀文學作品。後來，他讀了法國偉大的啓蒙主義思想家盧梭的著作，受到了十八世紀法國民主主義啓蒙思想的影響，開始思考俄羅斯的社會問題，逐步觀察到當時封建社會的愚昧和不公正。一八四七年四月，托爾斯泰退學回到了雅斯納亞·波利亞納。還不滿十九歲的托爾斯泰，成了一個年輕的地主，這個莊園的眞正的主人。

由於前來瞻仰這位文化聖人的各地遊客絡繹不絕，爲保護故居，莊園現在實行一種特別的管理辦法。參觀者必須結成十五人一組，由指定的導遊或講解者帶領，才能進入故居。原來，進得莊園之後，怕遐秋跟不上別的參觀者的節奏，我們是直奔故居而來的，進門買票時參加的那一組人馬已經由導遊帶領著先去了托爾斯泰墓地。我們只好先坐在故居門口等待。

這是一個有著木頭臺階的門廊。印象中，就是這門廊處，托爾斯泰和家人、朋友在一起拍過一張照片，時間大概是一八九九年。於是，我們也在此拍照以作紀念。

一旁，屋外的老樹上有一個鈴璫。它的鈴聲，應該是這個莊園當年生活節奏的象徵。

等到同組的人們過來，穿上套鞋，我們走進了故居。

這時，雨點大了。

進屋以後，大家都自覺地安靜下來，像是深怕打擾了托爾斯泰的工作和休息。

一進屋，門廊內，或者說，「玄關」裡，就是四個書櫃的藏書，真是先聲奪人，仿佛告訴來人，小樓裡，書香飄溢，都是文化。

最先來到的是這個家庭的起居室。室內的佈置，是一個典型的俄羅斯大家庭所擁有的。長形的餐桌和圍著餐桌擺放的餐椅，餐桌上擺放的全套餐具，還有餐桌一頭的茶炊，顯得人丁興旺，而且常有賓朋聚會。四周牆上，則掛滿家族成員的大幅油畫肖像。沿窗下，是餐後閑坐的小几和靠背坐椅。兩架古老的英國大鋼琴特別顯眼，告訴人們，這裡留下過他母親的琴聲，留下過母親對孩子們純潔、無私的愛和自我犧牲的精神。自然，這裡也留下過他父親的魁梧身影，留下過父親的自信、寬厚乃至耽於酒色的性格和俠義精神。一八五四年，托爾斯泰在自傳體小說《童年》中描寫過這個家。《童年》裡，有濃郁的詩意，真摯的熱情，也有現實主義的魅力。父母，女僕，車夫，莊園的自然風光，貴族地主的家庭生活，盡在字裡行間。當然，從一個六、七歲的小男孩眼裡看俄國家庭教師管教下的生活，看家庭教師無可奈何被父親辭退而愁眉苦臉，看父親對人的不尊重，看小孩子的心理變化，多少可以讓我們捕捉到一點托爾斯泰哲學思想的萌芽。後來，他又發表了《少年》、《青年》。這是他自傳題材的三部曲。

隨後是他家人的小小的臥室。

待到上樓，樓梯口，又是書櫃。

來到了托爾斯泰的臥室，看那略嫌笨重的木質傢俱，托爾斯泰作品中屢屢出現過的鼻煙壺，黃銅燭臺，錶盤上畫著獵人的鐘，放鑰匙的貝殼盤，還掛著托爾斯泰晚年穿的那種最普通不過的俄羅斯短袍，等等，等等，件件都眞眞切切，卻又都物是人非了。

書房給人印象最深。他的書桌很小，座椅也很小。書桌三面有算盤式的小欄杆，桌面上放著墨水瓶和吸水紙。托爾斯泰是用蘸水筆寫作的。不朽的《戰爭與和平》、《安娜·卡列尼娜》、《復活》就在這裡誕生。

托爾斯泰另有藏書的房間。總計二萬多册的藏書沒有一間房子可以全都放在一起。我們在一間擺了九個書櫃的藏書室裡照了相片。

如今的俄羅斯有一個特點，就是在一些參觀的景點上，額外交上五十盧布，給你一小張有顏色的膠紙，貼在胸前，你就可以自由拍照了。

在這裡，我注意到，托爾斯泰的書櫃裡有一本漢字的書，書脊上有「道德經」三個字。在所有的藏書中，只有這三個漢字。然而，就是這三個漢字，就把我這個來自中國的客人一下子和托爾斯泰的距離拉近了。遙想當年，托爾斯泰曾用極大的精力研究中國古典哲學，他在日記中曾經提到：「我認爲我的道德狀況是因爲讀孔子，主要是讀老子的結果。」可見，中國古代哲人的思想和智慧對他產生過多麼深遠的影響。

小樓的底層還有一間由儲藏室改造而成的書房。這裡應該是家裡最安靜的地方。托爾斯泰喜歡在這裡寫作。解說員告訴我們，就在這底層的小書房裡，留下了契訶夫的足跡，還有高爾基的足跡。

也就是在這底層的書房裡，牆上掛著他與農民一起幹活使用的鐮刀、繩索，還有他常常穿在身上的肥大寬鬆的農民式罩衫。

記得，上個世紀五十年代在北大中文系求學的時候，看到過一張畫有托爾斯泰的畫，讓我至今難忘。後來，在廣播學院講課，講到文學史上「形象大於思想」的現象時，我舉例說到托爾斯泰，還對學生說過這張畫。那大概是列賓的畫。畫面上，托爾斯泰身著那種鄉間裁縫手工縫製的淺色短袍，腰間紮一條寬皮帶，只見他，手扶木犁，顯出用力的神氣。令人矚目的是，在無垠的蒼穹下，那鬍鬚白鬚像是微微飄動，那尖銳、深邃而又彷佛能夠一眼看穿世界的眼睛像是不停地閃爍。那鬍子和眼睛，只屬於托爾斯泰。畫家列賓在畫面上，戲劇家斯坦尼斯拉夫斯基在舞臺上，也都曾一再地表現過。而今，我們就站在這片他耕耘過的土地上了。這是一片多麼富有詩意和宗教氛圍的土地，也發人深省的土地！

細想起來，這故居內的簡樸和局促，倒正是反映了托爾斯泰內心的矛盾和他所追求的理想。他早就厭惡了貴族式的奢侈，早就對自己所過的寄生生活感到不安，一直都想放棄這一切。

在常人看來，這似乎有點兒不可思議。

尋求俄國社會的出路

原來，退學回家以後，托爾斯泰設想了一個改革莊園的計畫，嘗試在自己的莊園實行改革。他到了莊園五個村子中最窮苦的一個村子，給貧苦的農民送茅草、修房子，想要改善農民的生活。然而，農奴不理解他，不信任他，更重要的是他無法調和社會矛盾，這使得這位年輕伯爵的幻想成為泡影。

一八四九年四月，托爾斯泰到彼得堡參加法學士考試，又只考了兩門課就突然跑回了家。這一年的秋天，他為農民子弟辦學校、辦醫院，親自編寫識字課本，親自下田勞動，努力實踐他做一個宗法制農民的奇想和願望。十一月起，名義上在圖拉省行政管理局任職，第二年十二月被提升為十四品文官，實際上還是周旋於親友和莫斯科上流社會之間。不久，一八五一年四月底，托爾斯泰跟著他那服兵役的大哥尼古拉到了高加索，以志願兵的身份參加了一些戰役。隨後，作爲「四等炮兵下士」在高加索軍隊裡服役兩年半。雖然表現優異，卻也靠了親戚的提攜，托爾斯泰才得以晉升爲準尉。一八五四年三月，托爾斯泰加入多瑙河部隊。俄國與土耳其的克裡米亞戰爭開始後，他自願調赴塞瓦斯托波爾，曾經在最危險的第四號棱堡擔任炮兵連長，並參加過這個城市的最後防禦戰。在一次又一次的戰役中，托爾斯泰看到平民出身的軍官和士兵的英勇精神和優秀品質，這都加深了他對普通人民的同情，加強了他對農奴制的批判。其間，他寫了多篇戰地通訊，完成了短篇小說集《塞瓦斯托波爾故事》。他寫了貴族軍官們的腐敗，冒領戰功，寫了貧苦出身的士兵克盡職守，保衛國家。幾年的軍旅生活使他進一步看清了俄國封建農奴制度的腐朽和反動，還爲他後來創作《戰爭與和平》，生動眞實地描寫戰爭場面打下了基礎。

一八五五年十一月，托爾斯泰從塞瓦斯托波爾來到彼得堡。由於此前已經在《現代人》雜誌上發表了《童年》、《少年》、《塞瓦斯托波爾故事》等小說，他作爲知名的新進作家受到了屠格涅夫和涅克拉索夫等人的歡迎，並逐漸結識了岡察洛夫、費特、奧斯特洛夫斯基、德魯日甯、安年科夫、鮑特金等作家和批評家。不幸的是，在這個圈子裡，托爾斯泰以不諳世故和放蕩不羈而被人們視爲怪人。他不喜歡荷馬和莎士比亞的態度，也使大家驚詫不已。不久，托爾斯泰同車爾尼雪夫斯基相識，但他不同意車爾尼雪夫斯基的文學見解。那時，德魯日寧等人正在提倡爲藝術而藝術的所謂「優美藝術」，反對所謂的「敎誨藝術」也就是革命民主派所主張的暴露文學。托爾斯泰傾向于德魯日寧等人的觀點，但又認爲任何藝術都不能脫離社會生活。到一八五九年，托爾斯泰和《現代人》雜誌決裂。

這之前，一八五六年底，托爾斯泰是以中尉軍銜退役的。一八五七年年初，他遊歷到了法國、瑞士、義大利和德國。在法國，他非常讚賞那裡的「社會自由」，卻又十分厭惡巴黎斷頭臺上的一次行刑的情景。在瑞士，看到英國資產階級紳士的自私和冷酷，他極其憤慨。這一次的西歐之行擴大了托爾斯泰的文學藝術的視野，也增強了他對俄國社會落後的淸醒認識。一八六〇年，他再度出國考察，爲的還是尋求俄國社會的出路。用我們的語言來說，就是尋求救國救民的眞理了。

「路漫漫其修遠兮」！而這位尋求者，這位「上下求索」者，竟是一位十九世紀中葉的俄羅斯的年輕的地主！多有意思！

又一組參觀者走進了故居，我們得出去了。

這，不得不打斷我的綿綿的思緒。

還要記下一筆的是，故居裡的所有陳設，應該還是英國作家莫德在一九〇二年訪問時所看到的。當年，莫德在他的《托爾斯泰傳》裡說的「老式的相當樸素的傢俱」，「已顯破舊」的「沒有油漆的地板」，都還原封不動。經歷了近百年的動盪歲月，這一切得以完好地保存，原來，秘密之一是在於，蘇德戰爭期間，莫斯科危急之時，這裡的所有的傢俱、物品，全都轉移到西伯利亞保護起來，直到戰後才又運回。對於文物保護來說，這應該是偉大的壯舉！值得人們敬重！尤其值得我們國人中不很善待歷史文物的同胞反思，學習。

從托爾斯泰的寓所出來，門外已是一場中雨。

我們撐開了雨傘，冒雨，迎風，沿著莊園規定的路線，向著托爾斯泰的墓地走去。沿途，經過了托爾斯泰母親瑪麗亞・尼古拉耶夫娜生前居住的一座小樓。小樓裡還曾住過托爾斯泰家族中另幾位重要成員。過了這座小樓，還有僕人居住的小屋，農具倉庫，馬厩，草料屋，等等。

陣陣寒意擾人之時，子墨和我，還有華莉，都挺擔心遐秋的身體。來到俄羅斯整整十天了，我們都已經十分疲勞。偏偏，這裡的氣候又冷熱變化無常，加之我感冒尚未痊癒之時偏又重感，傳染得她和子墨都傷風咳嗽。她，確實難以支撐了。然而，來之前，她早已認定，此行，是她有生之年的一次「文化朝聖之旅」。今天的托爾斯泰莊園之行，恰是這「文化朝聖之旅」的重中之重的行程，哪能退縮？再看她，雖是年近古稀，又染有心血管疾患，還感冒難熬，風雨中看起來步履維艱，卻又顯得每走一步都堅定無比！我們這一代人，讀著俄羅斯的小說聽著俄羅斯的歌曲走向成熟，畢竟有著一種難以釋懷的俄羅斯情結啊！

依舊是，風雨交加的林中細長小路。

依舊是，不盡的巨人往事一齊襲上心頭。

我，還是陷入了沉思。

不見容於當世

人們都知道，對於十九世紀五〇年代和六〇年代之交的農奴制改革和革命形勢，托爾斯泰的思想是非常矛盾的。其實，早在一八五六年，托爾斯泰就起草過一個方案，想要用「代役租」等方法解放農民，並在自己的莊園做試驗。只可惜，農民不接受，沒有實現。托爾斯泰自然也很痛苦。這痛苦還在於，他同情農民，厭惡農奴制，卻又認爲，根據所謂的「歷史的正義」的原則，土地應該歸地主所有。爲了當時地主面臨著要性命還是要土地的尖銳問題，托爾斯泰又深深憂慮。他不同意自由主義者、斯拉夫派以至農奴主頑固派的主張，也清醒地看到了沙皇所實行的自上而下的「改革」的虛僞，卻又反對用革命的辦法來消滅農奴制，總是幻想著尋找自己的道路來解決問題。實在沒有辦法解決自己思想上的矛盾了，他就想著在哲學和藝術中逃避現實。遺憾的是，他逃避不了現實，很快又感到失望。一八六〇年，大哥尼古拉去世，他更加悲觀了。歷史記載，一八五九年到一八六二年間，托爾斯泰幾乎中止了創作。他先後在雅斯納亞・波利亞納和附近的農村爲農民子弟創辦了二十多所學校，並且比較研究了俄國和西歐的教育制度。他第二次出行歐洲，即一八六〇年到一八六一年的德、法、意、英和比利時之行，主要就是考察那裡的教育的。後來，他還創辦了《雅斯納亞・波利亞納》教育雜誌。

所有這些活動都引起了沙皇的注意。再加上，在農奴制改革中，作爲本縣的和平調解人，在調停地主和農奴的糾紛時，他又常常同情農民，又招致了貴族農奴主的敵視。結果，一八六二年七月，托爾斯泰外出時，家中竟然遭到憲兵接連兩天的搜查。不久，他關閉了學校。就這樣，思想上的震盪，同農民的頻繁接觸，成了托爾斯泰世界觀轉變的契機和開端。

沿著這種變化走下去，托爾斯泰不見容於那個社會和國家了。

他改變了文藝觀。他開始指斥自己過去的創作的作品，包括指斥《戰爭與和平》等巨著是「老爺式的遊戲」。他把自己的寫作重點轉移到論文和政論上面來，直接宣傳自己的哲學、社會、宗教觀點，揭露地主階級的種種罪惡。即使這個時期還寫了一些劇本、中短篇小說以及民間故事，也都是出於這樣的目的的。這時，托爾斯泰還廣泛地從事社會活動。一八八一年，因爲子女求學而全家遷居莫斯科，他儘量訪問貧民窟。這一年，他還上書亞歷山大三世，請求赦免行刺亞歷山大二世的革命者。一八八二年，莫斯科人口調查，他也熱情參加，儘量深入瞭解城市下層生活。一八八四年，托爾斯泰的信仰者和追隨者們創辦「媒介」出版社，印行接近托爾斯泰學說的書籍。一八九一年，他給《俄國新聞》和《新時代》編輯部寫信，聲明放棄自己在一八八一年以後寫作的作品的版權。一八九一年到一八九三年，還有一八九八年，托爾斯泰還先後組織賑濟梁贊省和圖拉省受災農民的活動。他還努力維護受官方教會迫害的莫洛康教徒和杜霍包爾教徒，並且在一八九八年決定將《復活》的全部稿費資助杜霍包爾教徒移居加拿大。從十九世紀九〇年代中期開始，托爾斯泰加強了對社會現實的批判，對自己過去宣傳的博愛和不抗惡的思想也常常表示了懷疑。所有這一切，都給他帶來了災難。沙皇政府早就因爲他的《論饑荒》一文而企圖將他監禁或流放，只是懾於他的聲望和社會輿論而不敢實施。《復活》問世後，因爲他反對上帝和不信來世，當局還以俄國東正教至聖宗教院的名義開除了他的教籍。

千古悲歌絕唱

與此同時，托爾斯泰又遭遇到家庭內部矛盾的困惑。

原來，一八六二年九月，托爾斯泰同御醫、八品文官安・葉・別爾斯的女兒索菲亞・安德列耶芙娜結婚。此前，一八五六年夏到一八五七年冬，托爾斯泰一度傾心於鄰近的瓦・弗・阿爾謝尼耶娃，以後又爲婚事做了多次努力，卻都沒有成功。在托爾斯泰的一生中，索菲亞・安德列耶芙娜付出很多。她操持家務，治理產業，還謄寫托爾斯泰的手稿，像《戰爭與和平》就抄寫過多次。不過，索菲亞・安德列耶芙娜擺脫不了世俗的偏見。她理解不了世界觀激變以後的丈夫的思想和行爲。夫妻開始不和。這，導致了家庭悲劇不可避免地發生。

一八八四年十二月的一天，托爾斯泰和索菲亞・安德列耶芙娜之間的溫情脈脈的面紗終於被撕開。當時，索菲亞・安德列耶芙娜在寫信，托爾斯泰走進來，幾乎是怒吼著說：「我要與你分開，我不能再這樣生活下去！」「我不能繼續擁有房產和莊園，我現在生活的每一步，對我都是難以忍受的折磨。」「要麼是我走，要麼是我們改變生活方式，把財產分掉，像農民那樣，過自食其力的生活。」索菲亞・安德列耶芙娜驚呆了。她沒有理解眼前這位時代巨人的感情。她跟不上自己丈夫已經發生天翻地覆的變化的思想的步伐。當著托爾斯泰執著地追求他心目中的眞理的時候，她卻只知道捍衛自己和孩子的財產。於是，她的回答也斬釘截鐵：「如果你出走，我就自殺，因爲我沒有你就不能活。至於改變生活方式，這一點我做不到，我不能同意。」這使托爾斯泰陷入了萬劫不復的痛苦而難以擺脫。

於是，一八八二年和一八八四年，托爾斯泰曾經一再想離家出走。

悲劇差一點爆發。

最後，一九一〇年十一月二十八日，托爾斯泰終於還是出走了。

悲劇終於發生。

如今，緬懷這位文化巨人的人們，都把托爾斯泰的最後離家出走看作是千古的悲歌絕唱。

眼前，風更緊，雨更急，天色更暗，寒氣更濃，遊人更少了。

回頭看，子墨和華莉，一左一右，伴著遐秋緩緩前行。見遐秋精神尙佳，我便回頭再往前走，還去探路。

不料，一回頭，差一點兒撞上迎面而來的兩位遊人。

一番點頭致歉後，不知爲什麼，恍惚間，我像是聽到了一陣陣的馬蹄聲碎，擦肩而過……是了，那一年，那一天，天也這麼地暗，風也這麼地刮，雨也這麼地下，寒氣也這麼地襲人，周圍也這麼地寂靜。

只聽得，莊園裡，小樓中，一個房間，傳出了輕輕的關門聲。一位八十二歲高齡的老者，我們偉大的托爾斯泰，迎著風雨走了出來。沿著狹窄的小徑，穿過花園，來到馬車夫的住處，他喚醒了馬車夫。不一會兒，未見晨光的時刻，一輛四輪輕便馬車悄悄地駛出了這座美麗的亞斯納亞·波利亞納莊園。隨後，馬車便疾駛在坎坷不平的鄉間公路上了。同行的，還有他的私人醫生馬科維茨基。

他們沒有驚動任何人。

然而，他們驚動了歷史。

歷史，記住了這個難忘的時刻和難忘的事件。

托爾斯泰終於離家出走了。

不幸的是，這一走，老人家再也沒有活著回家。

當天，托爾斯泰和馬科維茨基從亞先基車站乘火車前往沙莫爾金女修道院。他們坐進了擁擠不堪的三等車廂，以便傾聽和參與工人農民的熱烈談話。由於路上很疲憊，當晚，住在了奧普京修道院，準備第二天騎馬到十五俄裡以外的沙莫爾金女修道院去看妹妹。第二天上午，一個和托爾斯泰關係密切的年輕人阿・謝爾蓋延科帶著友人捎給托爾斯泰的信到來，帶來了索菲亞・安德列耶芙娜差一點而自殺身亡的消息。

在這裡，托爾斯泰向這位年輕人口授了自己的最後一篇論文《有效的手段》。阿・謝爾蓋延科永遠都不會忘記這位八十二歲的老人在顛沛流離的旅途撰寫他一生之中最後一篇文章時的情景。阿・謝爾蓋延科回憶當時的情景說：「他口念的每個字都滲透蓬勃的熱情、深沉的痛苦和巨大的感召力……他吐字清晰，聲音越來越高，在他的聲音裡有一種不可制服、不可摧毀的力量。」

十月二十九日，托爾斯泰和妹妹瑪麗亞・尼古拉耶芙娜在沙莫爾金女修道院見面。

兩天后，三十一日，他從沙莫爾金趕到科澤爾斯克車站。

十一月一日，乘早車往別廖夫方向出發。他想的是從此開始平民的生活，坐火車還是三等車廂，卻不料，行旅中，患上了肺炎。

十一月七日，在臨近圖拉的梁贊州的一個偏僻的小車站——阿斯塔波沃站，人們把他抬了下來，送進了站長的一間小木屋裡。

就是這個小小的阿斯塔波沃火車站，這間小小站長木屋，這一天，這個時刻，成了俄國也成了全世界成千上萬進步人士矚目的中心。

站長小木屋的門前，等候著無數的人們。他們聞訊從四面八方趕來。他們爲他祈禱。他們焦急地等候著那裡邊傳出的每一個消息。他們企盼上帝創造奇跡，把這位老人還給他們。

蒼天，大地，宇宙，整個世界，這一天，仿佛都凝固在這裡了。

不幸的是，就在這間小木屋裡，身心俱疲的托爾斯泰溘然長逝了。

據說，老人家給人們留下了這樣的聲音：「除了列夫・托爾斯泰之外，世界上還有很多人，可是你們卻總是只瞧著列夫。」

他留下的最後一句話是：「我愛眞理……非常地……愛眞理。」

從離家出走到辭別人世，前後總共十一天！

唉，這是怎樣的十一天哪！

我們想，托爾斯泰離家出走前的最後一夜，恐怕就是他平生最爲痛苦的一夜了。

這一夜，托爾斯泰一直無法入睡。深夜十一點了，他還在讀陀思妥耶夫斯基的《卡拉馬佐夫兄弟》。整整一天，他都放不下這部小說。過了午夜，他上了床，可是，那小說中的人物還牽動著他的心。窗外，秋風颯颯，落葉沙沙，細雨霏霏，不勝淒涼。老人家總難進入夢鄉。難捱之下，托爾斯泰寫下了這樣的日記：「像前幾天那樣，又聽到開門聲和腳步聲。前幾天夜裡，我沒留心自己的門，今天我一瞧，從門縫裡我看到我書房裡的亮光。這是索菲亞・安德列耶芙娜在那裡亂翻什麼東西。大概還閱讀……又是腳步聲，小心的開門聲，接著，她走過去了。我不知道爲什麼，這又引起了我無法遏制的厭惡、憤懣。本想再睡一下，但是睡不著了。輾轉反側近半個小時，點著了蠟燭，坐了起來。索菲亞・安德列耶芙娜把門推開，走了進來，一面『問好』，一面驚異我房裡的燈光。厭惡和憤懣的心情更厲害了，我氣喘吁吁地數著脈跳：是九七。不能再躺著了，於是突然下了最後的決心——出走。……夜，一片漆黑……終於出發了……我覺得我不是挽救了列夫・尼古拉耶維奇，而是挽救了自己。」

桌子上，他留下了寫給妻子的告別信：「我的出走使你難過，對這一點我感到抱歉。不過，請你理解和相信，我不能採取別的辦法，我對家中的處境已是忍無可忍了。除其他各種原因，我不能再在這種我生活過的奢華環境中生活……」

本來，和索菲亞・安德列耶芙娜結婚後，當著革命形勢逐漸轉入低潮的時候，托爾斯泰也曾逐漸克服思想上的危機，一度脫離社交，安居莊園，購置產業，過著儉樸、寧靜、和睦而幸福的生活。只是 這樣的心靈的寧靜與和諧並沒有保持多久。一八六九年九月，托爾斯泰因事途經阿爾紮馬斯，深夜，在旅館裡，突然感到一種從未有過的憂愁和恐怖。這就是所謂的「阿爾紮馬斯的恐怖」。在這前後，托爾斯泰給朋友寫信說到了自己近來等待死亡的抑鬱心情。這期間，他還對叔本華哲學發生過興趣，一度受到叔本華的影響。從十九世紀七〇年代初期起，「鄉村俄國一切『舊基礎』……的破壞」的加劇，「到民間去」等社會運動的興起，使托爾斯泰開始了新的思想危機和新的探索時期。托爾斯泰惶惶不安，懷疑生存的目的和意義，爲自己所處的貴族寄生生活的「可怕地位」而深感苦惱，他不知道「該怎麼辦」。他研讀各種哲學和宗教書籍，也找不到答案。他甚至藏起了繩子，也不帶獵槍，他怕自己爲了得到解脫而自殺。他還訪晤神父、主教、修道士和隱修士，結識農民、獨立教徒康・休塔耶夫。他終於完全否定了官辦教會，接受了宗法制農民的信仰並完全棄絕了自己及周圍的貴族生活。從十九世紀九〇年代開始，他又增強了對社會現實的批判態度。同時，對自己宣傳的博愛和不抗惡的思想也常常感到懷疑了。生前的最後幾年，他意識到農民的覺醒，又因爲自己同農民的思想情緒有距離而悲觀失望和不安。

他，不能不出走了。

然而，托爾斯泰沒有想到，這一走，他竟走到了自己生命的盡頭。

……

世間最美最感人的墳墓

托爾斯泰逝世後，家人把他的遺體運回到了他離棄的亞斯納亞・波利亞納莊園。

此刻，我，遐秋、子墨和華莉，迎著風雨，仿佛走在爲老人家送葬的人群之中，漫漫長路之上。

終於，我們來到托爾斯泰的墓地。

據說，小時候，托爾斯泰跟他最喜歡的小弟弟玩遊戲，將一根綠草棍兒埋在一個地方，看誰能把它找到。他們說，誰找到了綠草棍兒，誰就找到了幸福。結果，一找，就是五十多年，偏偏誰也沒有找到，還是踪影渺茫。後來，托爾斯泰說過，他死後，要和他們埋下的那根綠草棍兒埋葬在一起。家人滿足了他生前的心願。

按照他的遺願，家人將他安葬在莊園深處的密林之中，一棵大樹之下。

墓地，極其簡樸。

這正是他寧願放棄貴族式生活和身份的那種意願的最後表達。

沒有俄羅斯墓地通常所有的碑刻，雕塑。墓前，甚至連一個最簡單的木制十字架也沒有。除了遊人送上的鮮花之外，周圍也沒有種植任何花卉。只有一個平地隆起的呈棺木狀的小土丘孤零零地放置在林間草地上，土丘四壁倒是有一圈密密的青草，像是護衛著這位世界大文豪的孤獨的靈魂。托爾斯泰眞的是放棄了一切，包括他晚年濃烈的宗教意識了。他似乎已經實現了自己的願望，靜靜地臥躺在大自然的懷抱裡，眞正與自然之子融爲一體了。

在俄羅斯人看來，墓地並不是陰冷潮濕或肅穆悚人的地方，而是令人愉悅、安寧的處所。奧地利作家茨威格就曾稱讚托爾斯泰的墓地是「世間最美的、給人印象最深刻的、最感人的墳墓」。

靜靜地，我們凝神注目，低頭默哀，表示了對這位文化巨人的無比崇敬和無限哀思。

我們仿佛看到，穿著一身農民服裝的托爾斯泰，正風塵僕僕地朝我們走來。

他在一八六三年歷經六年創作的《戰爭與和平》，一八七四年至一八七六年創作的《安娜·卡列寧娜》，一八九八年至一八九九年創作《復活》，以及他那九十卷的俄文版《托爾斯泰全集》（註一），也熠熠生輝地向著我們走來。

這，都是老人家的墓碑，都是老人家的墓誌銘。

撫慰人間的巨星

《戰爭與和平》以庫拉金、羅斯托夫、保爾康斯基和別竺豪夫四大貴族生活爲情節線索，反映了一八〇五至一八二〇年俄國社會的重大歷史事件。托爾斯泰譴責了拿破崙的非正義的侵略，頌揚了俄國統帥亞歷山大·庫圖佐夫英勇機智打敗了拿破崙和他率領的十萬侵略軍，表現了俄國人民反抗侵略的愛國熱忱和英勇鬥爭精神。那是一部宏偉的史詩巨著。

《安娜·卡列寧娜》通過青年貴族婦女安娜慘痛的愛情悲劇和年輕的貴族地主列文農事改革的失敗，深刻地揭露了當時俄國上流社會的道德淪喪和種種罪惡。小說是當時社會的眞實寫照。

《復活》是以一個農民的眼光描述俄國地主資產階級社會和國家。那是托爾斯泰與當時社會徹底決裂的宣言，是他完全否定那個社會的宣言。

這些巨著裡都有托爾斯泰的人生踪跡，都有他的心血，都有他的愛和恨，都有他的意志和力量。

那九十卷的俄文版文集，則正如列寧所說，顯示的是「俄國革命的鏡子」。

法國作家羅曼・羅蘭在他的《托爾斯泰傳》裡，稱俄國批判現實主義最偉大的作家列夫・托爾斯泰為「俄羅斯偉大的心魂，百年前在大地上發著光焰。對於我們這一代，曾經是照耀我們青春時代的精純的光彩。在十九世紀終了時陰霾重重的黃昏，他是一顆撫慰人間的巨星。」「他是我們的良知」。

列寧認為，托爾斯泰的創作標誌著「全人類的藝術發展上的一大進步」。

就此而言，托爾斯泰其實還沒有走。

他生活在圖拉的雅斯納亞・波利亞納小鎮，也埋葬在圖拉的雅斯納亞・波利亞納小鎮，但他又確實活在全世界每個讀者的心裡。

他原本就擁有萬貫家財，卻要把這家財分送給世上的窮人。他生來似乎就比窮人「高貴」，卻自願回到窮人中間要和他們打成一片。世上的弱者，成了托爾斯泰心目中的「上帝」！

他本來主張不要用暴力反抗現存的農奴制下的沙皇統治秩序，卻在後來動搖、懷疑，自己就毅然決然地走上了堅決反抗的道路！

伴隨著對於俄羅斯農奴制度的痛恨，他對俄羅斯農民的同情和關愛，對世上所有窮人的同情和關愛，對人間一切貧弱的人的同情和關愛，使得他在離開人世之後多少年了依舊活在俄羅斯人的心裡，活在我們中國人的心裡，活在全世界善良的人們的心裡。

當然，也活在我們，遐秋和我，還有我們的下一代子墨他們的心裡。

於是，我們不遠萬里來到了這裡，憑弔，追思，緬懷，紀念，你，「俄羅斯偉大的心魂」，「撫慰人間的巨星」，偉大的列夫・尼古拉耶維奇・托爾斯泰！

這時，我和遐秋不約而同地想到了我國已故著名詩人臧克家的一首詩《有的人》。我們輕輕地背誦著：

有的人活著
他已經死了；
有的人死了
他還活著。
……
有的人
把名字刻入石頭想「不朽」；
有的人
情願作野草，等著地下的火燒。

……

他活著別人就不能活的人，

他的下場可以看到；

他活著為了多數人更好地活著的人，

群眾把它抬舉得很高，很高。

托爾斯泰就是這樣的被群眾「抬舉得很高很高」的人。

托爾斯泰說：「藝術家越是從心靈深處汲取感情，感情越是懇切、真摯，那麼它就越是獨特」。

我們讀托爾斯泰，我們拜訪托爾斯泰莊園，我們瞻仰托爾斯泰墓，都能感受到這位文化巨人的心靈深處懇切、真摯而又獨特的感情。

重溫歷史，我們不虛此行。

回程

離開墓地往回走時，猛回頭，見一位中年俄羅斯婦女，帶著一雙小兒女，風雨中，佇立在墓地前默哀，獻花，祈禱。沒有雨傘，不著雨衣，莊重，寧靜，只見一臉的虔誠！不禁令人肅然起敬！我端起相機，記錄下了這個感人的畫面。

來到俄羅斯，雖說耳聞目睹現代西方種種前衛文化業已大舉進軍此地廣大城鄉百姓生活，令人堪憂。然而，十天來，所到之處，看國民之男女老少者，有如這眼前的母女、母子三人對於自己民族優秀文化藝術和歷史傳統的自尊、自愛，敬重乃至敬畏，我們依然覺得，這樣的民族和國家，正是有著無限希望的民族和國家。

走出莊園，坐上車往回開，已經是傍晚五：十分了。

聽徐芃、潘琳說華商的艱辛

回到莫斯科市區，已經是晚上八：〇〇。

車行途中，潘琳打來電話，要請我們一家吃晚飯。這是餞行了。子墨是個向來都不願麻煩別人的人，電話裡一再婉謝，還是盛情難卻。我們如約來到了位於莫斯科的世貿中心裡的「天壇」飯店。

徐芃、潘琳夫婦早就在飯店迎候了。

巧得很，進門處，一台電視機上，此刻正是鳳凰衛視歐洲台的節目，恰好播出子墨主持的《世紀大講堂》。講臺上，坐著子墨，主持中山大學的任劍濤教授主講《和諧社會的理想與現實》。

華莉看到螢幕上的子墨，挺高興的。相處三天來，子墨對小她兩歲的華莉印象很好，總說這小姑娘不錯。華莉老實，心細，體貼人，特別照顧好了遐秋，遐秋也很喜歡她。記得有一次照相，依偎在遐秋身邊，照完了，小姑娘笑著對遐秋說：「您看，像不像娘倆兒？」前天在蘇茲達利，在那位老兵科斯佳家裡作客，科斯佳說她和子墨是我的兩個女兒，她也很高興。而在這之前，在小木屋那兒，她想跟我合影，還要先問我一句：「叔叔，我可以跟您合個影嗎？」我呢，和子墨有同感，覺得這孩子特別用功。她不是導遊，也沒有帶過遊客，是潘琳特別請來陪我們的。爲了陪好我們，頭一天晚上，她都要認眞閱讀有關景點的資料，以便第二天給我們詳細介紹。

潘琳也特意叫維佳看電視。維佳看到電視上的子墨，也很高興。

上菜前，潘琳還請來了這家飯店的老闆邱總。邱總還是莫斯科華人工商企業總會的會長。熱情的說笑中，我笑稱這位北京老鄉是莫斯科華僑界的「僑領」。

今晚的菜肴十分可口。在莫斯科，作出蒜溜鱔段、幹燒帶魚、油烹大蝦等等中國人愛吃的而又口味純正的菜，是很不容易的。潘琳興致頗高，還拿出了俄羅斯的紅酒、啤酒，又一直問要不要白酒？她說，徐芃不怎麼能喝，她要陪我多喝幾杯。

註釋：

註一：這套《托爾斯泰全集》，前後用了三十年才出齊，光目錄就是厚厚的一本。我國現存二套，南京一套，上海一套。

〔散文〕

毒蘋果札記（五）

施善繼

二〇〇六．五．一．盧桑（一九三〇－一九九九）的幾道菜

確切的說，廚師盧桑是因著癌末即將臨終，才從紐西蘭歸返台灣進行醫治的，一九九九年仲夏，他在新落成啓用的馬偕醫院病房，強忍著肝臟一個頗爲不小破洞的痛楚接見我，他告訴我回來接受治療，基於台灣的醫肝技術世界一流，我似懂非懂後恍然大悟，哦，原來大街上人頭往來，晃東晃西的A肝、B肝、C肝……

這約略也屬於落葉歸根的類型，他方屆初老，廚藝猶處顚峰，一手好菜雖沒上過那家媒體的版面，但在東洋人旅台觀光手册飲食指南，他開設的餐廳店招列名其上。何況餐廳位在台灣東部，觀光者的行程若欠缺安排，便注定要失之交臂。

茫茫人海，我有緣嚐到盧桑的手藝，實不費吹灰拜內子之賜。一九六九年伊大學畢業，接獲花蓮天主教海星女中校長陳震修女的邀聘，前往該校執起數學與英語的教鞭，在課堂上邂逅了盧桑的女兒。

盧桑的「花蓮丸八」料亭，熟悉的顧客均知「MARUHAJI」，中文名「和合餐廳」（原址：花蓮市復興路二十二號），源自「羅東丸八」。盧桑的姊夫早年即係這家日本人開設的日本料理店的伙計，戰後日人離台，他姊夫承下接了這個店，盧桑青少年時已開始在店裡幫忙。店，隨著台灣的近現代史流轉，但立基穩固，欣欣向榮，弟弟漸漸長大，勢須立業成家，通過協商，姊夫大方慨允內弟將店招「丸八」分支出去，爲了免除競爭相互排擠，支店不另開在羅東，於是盧桑攜家帶眷南下闖蕩，這個形同廟宇的割香儀式，在盧桑日以繼夜的拼博下，最終把「丸八」本店的聲名向花蓮地區遠播，甚至越洋傳至扶桑。盧桑親自操持繁忙的店務，每隔一段時日，都會抽身前往東京作短期進修，以增進某些新知，讓餐廳的美好口碑在聲譽裡常駐。他不懈的工作，在三十年前我第一次與他近身握手，便察覺，他雙手十指均已變形，手指內側及掌心也磨出各式各樣的繭子了。

盧桑的餐廳以日本料理掛牌，餐桌當然準可端上純正日系飯菜，在那個並不遙遠的「本土之前的鄉土」年代，不是細心的顧客是絕對窺看不出他的餚饌中，有數不清的台灣珍饈。

下面僅試舉盧桑的幾道菜。

「油炸鷄汁凍方塊」，這一絕活的芳美，其形、其色、其味在鄉土台灣的餐飲榜上恐怕難於另覓的「奇巧」。

「蚵仔漬」，三十多年前台灣養殖生態尙未被全面污染破壞，一個小小醬油碟子裡攤著那麼幾隻水水的「蚵仔漬」，足夠伴君喝下幾瓶名聞遐邇的台灣啤酒。

「烤鷄腿」，一律是台灣放山的土鷄，盛在盤中的鷄腿，不是醜不可耐的棒棒純腿肉，他把腿彎的膝骨截下黑黑一小段，增加視覺的美。

「日式燒肉串」，每日限供一百，第一零一支向隅的客人，抱歉，明日再來。

「日式魚板」，是清晨打好高爾夫球，繞道魚市場，如果碰到剛上岸的馬加魚，買回店裡親手打製，他的魚板是私房的奧秘，放眼福爾摩莎，我眞想探悉何處尙有這麼執著的珍希。

下酒的小菜他另外傳授我「糖煮柳葉魚」，以及「小黃瓜蘸客家腐乳」兩味。

一九八二年暑期，陳映眞兄嫂相約重訪台東泰源監獄。一九六八年底他遭反動派判刑十年確定，發監執行，解往火燒島囚禁的途中，曾在這個日據時期即完善建妥的地牢暫時關押，當年被綑綁在囚車裡的青年囚人怕沒有什麼心思睁眼往車窗外瀏覽，於是我們兩家相偕，搭上火車東行。車過花蓮，我們一道在盧桑精製晚餐的款待中親近了他熱烈的眞情。

一般人總直覺認爲，廚師身旁牽手的口福，將幸運伴隨著如意郎君而終生嚐用不絕。但盧太太並非如此，她特喜甜食，糖汁泡飯（也許可以聯想小津安二郎「茶泡飯的滋味」）、紅龜粿、甜米糕，無時無刻愛不釋手。

二〇〇六・五・二・比比「簡」看看「繁」

火星文出現，略略騷動。要喜呢？還要憂？隨君意，我建議多喜，如果可以不憂。爲它焦慮嗎？則大可不必，它無非是全球化構成裡一個小小的次次文化趣味而已。漣漪一旦蕩開，人們總會注視水面微細的波紋，而不僅僅只感受風的吹拂，何況還需探究平行流動著的空氣。這種現象，如同身處粵語地區，那裡有許多報章雜誌，也揷用了粵語發音的漢字，不通粵語的讀者，不也是在讀著火星文嗎？或者反過來火星人在讀著＋－×÷。

另外是一則外電，說聯合國教科文組織，準備2008起廢用繁體中文，於是有些杞人憂天的便發起議論，還好沒有激起全社會到沸沸揚揚的地步，但意見的領袖與相關的內閣閣員都相率表了態。後來又說這則外電是烏龍的消息，話題便沒了後續，無疾而終。

繁體字無庸置疑當然很好，簡體字同樣不用猜忌也很好。繁體字我們慣用，簡體字只要稍稍學習。青年時期我學習的專業「土木工程」裡有一門課「鋼筋混凝土」，任課老師指定的即是一本簡體字的教科書，那本書沒有作者，沒有出版社，沒有版權頁，是一本雙面影印然後裝訂的書，一九六零年初專業的先生親自提供的私房教材，坐在課室裡傾聽先生的教誨，彼時傻乎乎只知學習，哪懂簡體繁體還有如此嚴重的敵意，多年後也才領悟，這原來是勢不兩立的意識在鬧鬼，好在使用簡體字的人在吃飯，使用繁體字的人也在吃飯，使用簡體字的上衛生間，使用繁體字的上廁所，各上各的。

兩岸尚未正式交流前，不是有些天才學者，把簡體字的材料偷天換日編織加工成他自己繁體字的論文，以之升等升級再之加官進爵，彷彿神不知鬼不覺，大家也沒感覺，這也只能說是捷足先登的一種方式。

一位敬畏的中文學界的專家，在我拜訪他的書房之後，爲之驚嘆，他繁體字的藏書被簡體字的藏書擠壓到幾乎看不見的程度，我估計台灣地區私人收藏簡體字書籍的數量，他可能居冠，他那個書房簡直可以稱之爲「淪陷區」了。一九四九年以來，這個島上的人們對「淪陷區」的定義，沒有不心知肚明的吧。當我暗嘆友人的書房爲「淪陷區」時，我的內心其實充滿了肅穆的敬禮，絕無絲毫戲謔或貶鄙之意。「淪陷區」，事實上，自從朝鮮戰爭以來，美國第七艦隊開進台灣海峽，簽完台美協防條約之日起，海峽此岸便一直在美國支配的環西太平洋島鏈上，日日夜夜死心踏地的站崗，從無懈怠，島上的人們被美國抱抱，懷柔在資本主義的「淪陷區」，樂而不疲。看他好端端珍藏著「簡體之前的繁體」的「延安文叢」，我無聲的對他豎起拇指。友人請學校向香港的圖書公司訂購寄來，或者每個禮拜四去溫州街（那時「溫羅汀」的文化地理概念尚未被型塑命名）的巷弄內某家沒有招牌的地下書店等待「開箱」，簡體字書牆書房，於是經年累月，點點滴滴給砌高了起來。

繁體字的簡化進程，國民政府不是早在南京時的教育部就已經啓動，後來政局震盪，沒有下文。到了台灣且擱且忘，「繁體」持續至今。習慣就好，讓大家繼續「繁體」生活下去。

從經濟預算務實出發，簡體字既然已經全面上架，一套簡體字版「博爾赫斯全集」人民幣一五〇元，合台幣六百元；一套繁體字版「波赫士全集」台幣二二〇〇元，打八折一七六〇元，打對折也要一一〇〇元。「尤利西斯」（上、中、下卷）簡體字版共計人民幣三九・八元，合台幣一五九・二元。「蒙田隨筆全集」（平裝本三卷）簡體字版定價人民幣五十八元，合台幣二三二元等等……。需要精打細算的讀書人，耐心上街比比「簡」看看「繁」。

〔詩〕

公社走過的道路
——給公社委員艾杜阿・瓦揚

歐仁・鮑狄埃（法）著

邱士杰 題解

一八七一年五月廿八日，世界上第一個無產階級專政的政權——巴黎公社——在反革命的圍剿中失敗，結束了她短暫而光輝的七十二天生命。公社委員歐仁・鮑狄埃（Eugene Edine Pottier）在流亡中寫下了長詩《國際》，後由工人作曲家比爾・狄蓋特（Pierre Degeyter）配曲，成爲傳唱世界的最偉大的無產階級戰歌。雖然「鮑狄埃是在貧困中死去的。但是，他在自己的身後留下了一個非人工所能建造的真正的紀念碑。他是一位最偉大的用歌做為工具的宣傳家。」（列寧，《歐仁・鮑狄埃》）此詩可謂巴黎公社的直接產兒，卻不是鮑狄埃專爲紀念公社而寫的作品。以下選錄的《公社走過的道路》，是鮑狄埃歌頌公社的著名詩作之一，大約寫於一八八〇年前後。詩中回憶了公社的戰鬥歷程與成就——這首先是公社自己的道路——但公社所開闢的道路並不僅僅是自己的，它還更是世界工人階級所要一同追隨前進的。於是一八七一年的失敗指引了勝利的一九一七年，再次造成了劃時代的轉變，閃現了人類離開前史時代的曙光。這首詩的中文版在一九六一年首先譯出，當時的譯名是《巴黎公社走過這條路》，發表於同年三月十九日的《人民日報》第七版，同版並有蕭三的詩評，《公社的歌聲響遍全世界——漫談巴黎公社的詩歌》。一九七三年，人民文學出版社編輯部重新組譯，以《公社走過的道路》爲名，收錄於該社出版的《鮑狄埃詩選》，並於同年的四月八日，重新發表於《人民日報》第三版。上述兩種譯文的譯者均不詳，這裡的譯文與註釋則選用一九七三年的版本。今年（二〇〇六年）適逢巴黎公社誕生一三五周年（三月十八日）與鮑狄埃誕生一七〇周年（十月四日），僅以鮑狄埃的這首詩，紀念公社以及這位革命詩人。

公社走過的道路——給公社委員艾杜阿・瓦揚（註一）

公社使巴黎感到驕傲，
像一聲震天動地的驚雷；
彷彿就是昨天的事情：
驚惶的世界還聞到火藥味。
失敗者正在等待報仇的時機，

弗拉加斯、伏都爾、洛月拉之徒，（註二）
他們的地位從此搖搖欲墜……
公社走過這條道路！

戰鬥曾掀起鋪路的石頭，
多少戰士曾英勇犧牲；
平等用它巨大的鐵犁，
初次在田野裡深耕……
敵人進行了大屠殺，
但哪裡鮮血染紅了泥土，
哪裡就有種子發芽……
公社走過這條道路！

公社痛恨那個虛假的大人物，（註三）
他站在旺多姆圓柱的頂上，

他使人類蒙受奇恥大辱，
他象徵著對外武力擴張。
阿提拉的拙劣模仿者，（註四）
輕輕一推就粉身碎骨……
任憑沙文之流（註五）
忿怒叫囂，公社走過這條道路！

我們想起土伊勒里宮（註六），
十二月（註七）鑽進了一個殺人兇犯。
他荒唐透頂，把這座宮殿變成了一個龐大的妓院。
在那貪污腐化成風的年代，
他的荒淫無恥的勾當不可勝數。
我們終於燒毀了這座宮殿……
公社走過這條道路！

不論美國或者古老的歐洲，
勞動者都在召開代表大會，
科學拿起了鉋子工作，
鐵錘不停地把進步鍛造。
未來在陽光照耀下成長，
沒有國界能把他們擋住：
全世界人民只有一個綱領……
公社走過這條道路！

代表大會莊嚴地宣告：
「鐵路和運河，
礦山和土地，
電報、汽船、工廠，一切生產工具，
所有權應當掌握在我們手裡！
為了建立大規模生產，

社會必須佔有這些財富，
我們要消滅遊手好閒的階級……」
公社走過這條道路！

我們的頭腦接受了光明，
勞動人民變得更偉大；
無論在工場，還是在茅屋，
他們更加優秀，更有文化。
「光明的日子！終於來到眼前！」
在破爛的房子裡人們齊聲高呼，
這就是他們日夜盼望的紅旗！
公社走過這條道路！

註釋：

註一：艾杜阿・瓦揚（一八四〇——一九一五），巴黎公社委員。

註二：弗拉加斯是法國浪漫派作家戈底葉（一八一一——一八七二）的小說《弗拉加斯上尉》（一八六三年）的主人公，這裡把他作為軍閥的化身。伏都爾是一個殘酷的地主。洛月拉是反動的耶穌會的創始人。

註三：旺多姆圓柱是豎立在巴黎市中心旺多姆廣場上的銅柱，頂上有拿破崙第一的立像。這是拿破崙第一為了炫耀他侵略戰爭的勝利，用繳獲的一千二百門大炮鑄成的，所以又稱為「凱旋柱」。巴黎公社成立後，於一八七一年四月十二日通過法令，決定拆毀旺多姆圓柱，指出它是「野蠻行為的紀念物」。五月十六日旺多姆圓柱被拆除。

註四：阿提拉（四五三年死），匈奴族的首領。在阿提拉時代，匈奴部落聯盟極為強盛。阿提拉曾率領匈奴人蹂躪高盧和意大利。這裡「阿提拉的拙劣模仿者」是指拿破崙第一。

註五：沙文是一個狂熱地擁護拿破崙第一的侵略擴張政策的法國士兵。以後沙文一詞就成為資產階級侵略性的民族主義者的代名詞。

註六：土伊勒里宮是十六世紀法國封建王朝在巴黎建築的王宮。後來，成為法國歷代皇帝和國王的王宮。一八七一年在凡爾賽軍隊和巴黎公社作戰時被焚毀。

註七：一八五一年十二月一日夜間，當時任總統的路易·波拿巴舉行政變，指使軍隊占領了巴黎所有的重要戰略據點。政變之後，路易.波拿巴搬進了土伊勒里宮。一八五二年他又自封為拿破崙第三，法國歷史上開始了「第二帝國」時期。第二帝國對內殘酷地鎮壓工人運動和民主運動，對外實行侵略擴張政策，以實現反動的資產階級上層份子的要求。

「巴黎公社」簡介

巴黎公社（La Commune de Paris）是一八七一年法國大革命中無產階級建立的工人革命政府，也是世界歷史上第一個無產階級專政的政權。成立於一八七一年三月十八日（正式成立的日期為同年的三月廿六日），由於歷史條件的限制失敗於一八七一年五月廿八日，歷時七十二天。

導致巴黎公社起義的直接原因是法國在普法戰爭中的慘敗。一八七〇年九月二日，被圍困在色當的法國皇帝拿破侖三世下令投降，第二帝國也就隨著皇帝的投降而崩潰。九月四日，巴黎爆發革命，宣佈成立第三共和國。由資產階級共和派和奧爾良派份子組成的新政府，稱爲「國防政府」。普魯士並不滿足於皇帝的投降，繼續大舉進攻法國。九月十九日，普軍包圍巴黎。爲了保衛巴黎，巴黎工人階級建立了一百九十四個營的國民自衛軍，人數達三十萬人，由工人選舉產生的國民自衛軍中央委員會領導。這是一支與國防政府對立的政治力量。

國防政府的首腦梯也爾曾經參與過鎮壓一八四八年巴黎六月起義，而當年起義的倖存者大多參加了巴黎的工人武裝。一八七一年三月十八日凌晨，梯也爾派政府軍偷襲了蒙馬特爾高地，企圖一舉奪取國民自衛軍集中在那裡的大炮。巴黎工人隨即發動起義，內戰爆發了。僅僅一天，工人就占領了市政廳。梯也爾政府逃往巴黎城郊的凡爾賽宮。

三月廿六日，巴黎人民進行投票，選舉產生了工人自己的政權——巴黎公社。公社由普選產生的巴黎各區代表組成。三月廿八日，巴黎公社正式成立。公社打碎舊的國家機器，廢除舊軍隊；新建立由工人階級領導的國家機構，沒收逃亡資本家的工廠，由工人團體管理，嚴禁苛扣工人工資。公社還規定工作人員薪水最高不得超過工人最高工資，不受群衆信任的工作人員可以隨時撤換。

遷往凡爾賽的梯也爾政府並沒有足夠的實力來對付巴黎公社。但公社卻沒有乘勝追擊。由於巴黎被圍困，公社與外地的聯繫很困難。爲了奪回巴黎，五月十日梯也爾與普魯士簽訂了《法蘭克福和約》。普魯士答應放回十萬名法國戰俘，並同意凡爾賽軍通過普軍陣地去進攻巴黎。五月廿日，梯也爾發動了對巴黎的總攻。五月廿一日，凡爾賽軍在內部策應下攻入巴黎，開始了稱爲五月流血周的大屠殺。

五月廿三日，政府軍通過普魯士軍隊的防線攻陷蒙馬特爾高地。當天晚上面臨失敗的公社政權下令縱火燒毀巴黎。在當天和次日被燒毀的建築包括波旁王朝和第二帝國的王宮杜伊勒里宮和與其相連的羅浮宮（部分被毀）、法國參議院、內政部、財政部、司法部、王宮（Le Palais Royal）、巴黎市政廳、聖馬丁門歌劇院，同時開始槍殺人質。

五月廿四日，已完全焚毀的巴黎市政廳被攻下，巴黎公社的主要成員德勒克呂茲犧牲，瓦爾蘭被捕。五月廿七日，五千名政府軍圍攻退守在巴黎東北的拉雪茲神甫公墓的最後兩百名公社戰士，最後這些戰士在墓地的一堵牆邊全部犧牲。五月廿八日，公社失敗。國防政府隨後對公社社員進行了鎮壓。未經審判的處決延續了一個多月，據估計約有二萬人未經審訊就被槍殺，加上在戰鬥中的死者，公社方面死亡者約為三萬多人，被逮捕、監禁者約為五萬人，流放、驅逐到法屬太平洋島嶼的約七千人。一八八九年，法國政府對公社社員實行了大赦。

巴黎公社主要領導人：

瓦爾蘭　布朗基　德勒克呂茲　杜瓦爾　弗蘭克爾　歐仁・鮑狄埃

唯一的道路

迪・努・艾地（印度尼西亞）著

邱士杰 題解

創立於一九二〇年的印度尼西亞共產黨，是戰前亞洲共產主義組織的先驅、是戰後非社會主義國家中最大的共產黨，同時也是冷戰期間犧牲最慘烈的共產黨。印尼共產黨在荷蘭、日本殖民統治時期，曾因被鎮壓而長期處於地下武裝鬥爭狀態。戰後一九四八年的「茉莉芬」事件重創了黨，武裝力量幾乎消失。一九五〇至五一年，印尼共產黨針對「武裝」鬥爭或「合法」鬥爭展開路線辯論。隨著「合法」路線形成主流，代表此一趨勢的迪・努・艾地（D. N. Aidit）當選黨的總書記，成爲印尼共產黨的代表人物。以下選錄的艾地詩作《唯一的道路》，寫於一九五五年一月廿七日，中譯文首次發表於一九六三年五月一日的《人民日報》第五版。艾地寫作此詩之時，正值印尼共產黨參與首次全國議會選舉的前夕，此後印尼共產黨與民族資產階級代表蘇加諾展開合作，成爲全國第一大黨，曾達三百五十萬黨員、群衆組織二千萬人的世界性規模。但軍事法西斯蘇哈托在一九六五年發動的「九・三〇」事件摧毀了蘇加諾政府，數不盡的共產黨員與群衆遭到慘絕人寰的屠殺，艾地本人也壯烈犧牲。在這首詩中，艾地表達了印尼共黨人在困頓中艱難學習的意志，表達了堅決邁向唯一的革命道路的信念。當時的艾地大概沒有想到，他在這條道路上所迎接的將是個人的犧牲以及組織的挫敗。然而，或許正與巴黎公社一樣，他們走過了這條道路，而這條道路將通向必定實現的未來。

唯一的道路

破了的靴子陷入泥濘，
小道通向茅草棚，
漏了的屋頂滴下雨水，
弄壞了我最寶貴的財產，
德國、英國、法國、俄國和中國的書本，
還有更多的
這世界上最優秀的人們的思想。
為我開門的妻子

現在又睡了，
屋外的寂靜，幫助我讀書。
夜更深，我更加深深地被這些書吸引。
我曾經宣誓忠於這些思想。
破曉的雞啼也沒有驚擾我。
它們所指出的道路，
不分晝夜，永遠光明。
我們一定能到達目的地。
那兒沒有破靴子，
沒有泥濘，
沒有漏雨的房子，
但通到那裡的道路，
只有這唯一的一條。

聽胡德夫在金門海邊歌唱

詹　澈

二〇〇五年秋末金門藝術節和幾位詩人朋友在三角堡碉堡前舉辦「雷與蕾的交叉」詩展及朗誦，邀卑南族民歌手胡德夫現場演奏歌唱

我們一起背負著東海岸大武山的重量
在金門太武山前坐下來
花崗岩海岸牙床柔軟成一處淺灣的沙灘
海浪的牙齒早已把碉堡下的鐵絲網咬掉
地雷上冒出高梁與油菜花的芽苗
海峽中的海水微微上升

因為我們背負著大武山的重量坐下來

十年前我們沿著快被鬼針草和颱風草淹沒的小路
走向大武山土板村排灣族你母親的部落
中途在一條瀑布下裸身沐浴
瀑布筆直如你矯正好的脊椎
兩邊岩片如參差有序的鱗骨
黑白相間例如琴鍵
你的歌聲從琴鍵川流不息川流不息的節奏中
順著瀑布爬向山頂
山頂上雲豹和老鷹俯視你
又重新打直的脊椎
瀑布洗滌了大麻雪茄與酗酒的殘味
例如炊煙例如水杉穿過雲層
在夜色邊緣指出早星的方向

在秋末的向晚
山坡蘆葦花白似雪而莖葉紅似火
那時你妹妹正沸煮蝸牛肉等我們
十年前我們沿著快被鬼針草和颱風草淹沒的小路

走到這裡坐下來
看見你更挺拔的熊腰和虎背
好像坐在一塊黑頁岩旁邊
面對一隻三百公斤重的黑熊
面對一架黑鋼琴
如你祖母說過的那個故事
大黑熊的胸部有一個白色小彎月
又似一個白色十字架
牠站起來就像教堂的鐘塔
牠站在一個小孩面前許久

小孩後面是部落的入口
彷彿聽見鐘聲
牠緩緩轉身離去
牠一定看見了山下的海岸線
牠一定聽到了部落的歌聲
或嬰兒的哭啼
牠不知所以然的轉身離去
如你緩緩轉身回家

緩緩轉身
來到這裡坐下來
好像那隻三百公斤重的黑熊
坐在岩石似的大鋼琴旁邊
緩緩舉起手掌
面對著河水裡游動的魚群

向著琴鍵拍了下去
轟——哞——嗡
海浪衝激成雨點
雨點密集成雨幕
雨幕中有百千萬隻的蜜蜂
從戰爭的夢中回到現在

於是太武山變成了大武山
太武山上所有戰死者的墓碑
都變成大武山上雨傘大的一種樹葉
你母親和族人用來包裹糯糬的樹葉
在陽光中閃著露珠的光亮
死亡的岩石再生為山下海灣的沙灘
歌聲從海浪撫摩沙灘開始——喝——海
從太麻里東海岸往北

經過礁岩佈滿孔洞的喉音——喝——啊——海——洋
再往北斷崖削壁邊海浪重擊後
猛然後退——轟——哞——嗡——啊——喝——海——呀
你雙手舉起又重拍向琴鍵
河裡的魚在熊掌重擊下翻出魚肚白
樹葉紛紛落在河面上
琴鍵例如河底下排列的卵石音符如蝌蚪
你站起來再用雙手重拍向琴鍵
魚群們又翻身溯游而上欲串升脊椎似的瀑布
樹葉已化成泥土蝌蚪已集成蛙奏
你又坐下來

背著大武山的重量坐下來
「美麗的稻穗」
歌唱著父輩們離開忙碌收割的季節

拿著步槍在太武山前站崗
面對完全陌生不相干的敵人
面對著終於被解嚴的無意義的戰鬥
美麗的稻穗看著站在地雷上的高粱
彷彿流著淚在風中搖頭嘆息
在風雨中搖手歡呼

稍為一停頓
歷史仍必須前進
但有一段記憶在此時湧現
你步入對岸少數民族自治區
看著人的生態法則與公平正義
生存之道與生活方式在自治區中默默演行
那時資本主義還在自治區在部落藩籬外窺視竊聽
你步出叢林和沙漠

流著汗流著淚而準備流著血
彈琴的雙手離開了父輩手中的彎刀
離開了母親的鋤頭
在部落的屋脊上舉起「原住民權益」的旗子
遊行的隊伍走進了台北市
隊伍在歌聲與吶喊中走出一個非常大的問號
像海岸線彎到看不見的距離
像卑南族石棺群石柱上鑿空的彎月
有一個缺口例如側眼

十年後
WTO的針管刺進了部落與自治區
你族人你親朋你遠方自治區裡伙伴的血
你祖地裡的種籽
排列的基因圖譜

從針管被吸進了資本家的研究室
然後成為智慧產權的商品
我們必須高價購買那些商品
那些藥
那些失去的質變的基因圖譜
例如失去的海岸線
失去的地平線
失去的童謠和語言

但我們還是回到當下眼前
你又緩緩坐下來
猶如坐在一座山旁邊
在碉堡猶如墳塚的旁邊
雙手合併又分開
又合併

彷彿以祈禱的姿勢邊彈琴邊歌唱
手指例如海浪吻向每塊岩石
例如雨點吻向每塊墓碑
墓碑都還原為岩石
岩石都回到海岸或山間
手指例如河邊的樹枝
歌聲例如河水
例如河水和海水交匯
例如世仇的卑南族與布農族
在遲來的春天
在河水和海山交匯處
握手和解交換貝殼與信物
帶來遲來的和平
例如我們一起背負著東海岸大武山的重量
在金門太武山前坐下來

一切的孤寂

——致關曉榮

鍾喬

一切的孤寂都朝向日暮時分的浪潮，
一切的孤寂都掩埋於雜芰間的斷碑，
一切的孤寂都沉落於獨酌時的蒼然，
一切的孤寂，是否宛如急馳的列車，
剎那間，衝向一座廢棄的工廠，
驚醒沉睡的貓。在芒草間，並且
焚燒起罷工者冰冷過後的魂。
一切的孤寂，都像風暴襲捲著

你土石流一般濁盪的心神。

濱海的小鎮，島嶼最南端，
從夕陽裡拉出來的獨行腳步聲，
引著一個父親，在舊城門下，
埋入女兒的胞衣。隱約，
在令人無法不去聆聽的新生中，
恰有激亢的提琴聲，擊碎遊客們
歡樂得滿天泡沫的夜色。
隔夜醒來，似有一巨大的駁船，
夢幻般，拖動著兩顆核電墳丘，
在浪潮中，載浮載沉，隨著
一張嬰兒的臉，消失於海天一線間。

如果，激盪於礁岩上的浪花，

能喚醒一張失憶的臉孔。
我願意是瞬間的伏流，
被時間的暗潮無端覆蓋。
那麼，蘭花島上的達梧人呢？
覆蓋的，何止是肉眼可見的潮水。
還有積澱在記憶底層，那腥臭的，
來自殖民者，來自漢人，來自傲慢資本
滲透於人心的「污名化」潮水，在岸邊，
在小小島嶼飛魚祭到來時，無知觀光客，
流進自己貪慾眼眸裡的垂涎。

曾經，有一個詩人，在暗幽的城市
街角，被法西斯的子彈暗殺。
於是，另一個詩人，在詩行中鋪陳
革命的謀略，一如跌宕的音節。

於是，被伏擊的不僅僅是寫下的名字，
還有，在泥沙中被埋沉的身世。
還有，從鹽堆中要睜開的眼睛。
還有，留在一處風簷下，始終沈默著，
卻又一直追問著的殷切臉龐。
是年少不輕狂而質問的神色嗎？
又或者，啊！我看見了！從棒球場上出來的
另一張黝黑的臉孔。過度加班嗎？
還是逃避追緝的非法身份。有人
我打心底明白，以為他落寞得像
出局的外野手。老闆，你最瞭解了，我想。
誰出局時，已從局外找回最後的孤寂，
就此，穿身底層，前往第三世界的碼頭，
為和自已一樣的地下臉孔，再創新局。

【回響】

那兒就是這兒
——《那兒》讀後隨筆

汪立峽

工人階級並不像太陽那樣在預定的時間升起，它出現在它自身的形成中。

——（英）湯普森

階級社會還未消亡，而真正的無階級社會還沒有誕生。

——（意）葛蘭西

《那兒》，我讀了三遍，心潮起伏不已，勾起許多回憶，也激起不少憂思。

說起來，在台灣知道《那兒》的人很少，讀過《那兒》的人有限。就算一般台灣讀者有機緣「見到」《那兒》，只怕也興不起一讀念頭，就像他們見到嚴肅的藝術電影興趣缺缺一樣，胃口早被好萊塢商業電影搞壞了。我說的這種情況，其實也包括台灣的知識分子在內。

何況，台灣這些年來，執政的「台獨」當局大搞「去中國化」，舉凡有關祖國大陸的事物，對某些反共反中上癮的人來說，避之惟恐不及（例如大陸熊貓）。如果他們之中竟然有人忽然對《那兒》關注起來，那肯定是認爲它的寫實有助於反共反中，這同內地有些人認定《那兒》是左翼文學而加以反對，剛好相反。妙吧？

如果有人問我，「那你是怎麼一回事呢？」我會回答說，我從不自外於祖國大陸，儘管台灣與內地存在著這樣那樣的差異，但絕不特別，也不該自認爲「特殊」。這就是我的態度，而且從來如此。老是自以爲「特殊」，就會想搞「獨立」。

《那兒》勾起的一些回憶

《那兒》所描述的故事，對於絕大多數台灣同胞來說，肯定是陌生的，因爲我們從來沒有經歷過社會主義革命，沒有品嚐過工人階級當上老大的滋味。至於外婆口中的「那兒」，作爲作品意味深遠的意象，更不會被多數台灣讀者心領神會，因爲他們壓根兒不知道「英特那雄耐爾」指的什麼。對於所謂「國企改制問題」，儘管或多或少耳聞過，但也沒幾個人搞清楚那是怎麼回事兒，頂多只不過是某些自認爲「左」的台灣知識分子拿來作爲批評中共「走資」的憑證而已。

就我個人來說，是頗能領會《那兒》的「微言大義」的。這不僅因爲我是個長期關注、觀察、研究祖國大陸的人，還因爲我是個在台灣從事社會運動，特別是工人運動，「歷有年矣」的知識分子。台灣上世紀八〇年代末到九〇年代初的大規模工潮，我就是「要角」之一，曾經四度遭當局以首謀「煽動罷工」起訴，要不是當時的政治形勢詭譎多變，我早就被送進牢獄了。

在那個解嚴（解除長達三十多年的戒嚴）之後，突然勃興的襲捲全島的大工潮過程中，台灣勞動工人特別是產業工人，的確令人刮目相看的展現了他們的團結、鬥志、組織和協商能力。同時，也像其他群衆性運動一樣，在過程中自然地冒出了他們自己的領頭人。而且，在諸如新竹玻璃廠、新店電子廠的勞資爭議中，工人組織起來一度接管過工廠，經營管理能力比原先的資方管理層有過之而無不及，成爲當時轟動一時令人側目的大新聞。這些都是我曾經親身參與，可以見證的事件。儘管最終格於法律規定（產權私有）和台灣工人自身的思想制約（工廠終歸是老闆的而不是咱們工人的），在達成一定的爭議目標之後，工人還是交出了經營管理權，但畢竟不容質疑地證明了工人完全是有能耐當家作主的。

對於那一波大工潮，曾產生過若干相關作品在台灣的刊物上發表。我本人就曾針對幾件重大勞資爭議，撰寫過幾篇上萬字的紀實報導，但紀實報導或紀實文學雖具有濃烈的「現實性」，卻往往受制於文體而難於開掘出多少「藝術性」。至於一些由知名或不知名作家發表的相關題材的小說，多爲短篇，少有中篇，更乏長篇。而且一般而言，不夠「寫實」，多半未能寫出工人生活和事件過程的複雜性與豐富性，以致於談不上什麼感染力與影響力。船過無痕，幾乎沒有一篇還爲人記誦，更別說引發討論和爭議了。

關於作品的「文學性」與「藝術性」

相對於台灣的上述情況，對我而言，曹征路的《那兒》就益發顯得難得和感人。有人批評《那兒》的文學性和藝術性不足，這我很不以然。基本上，我算不上是搞文學和搞批評的，但就我是一個還算讀過不少中外古今文學作品的文學愛好者來說，也是對「文學性」和「藝術性」有著一定的感覺和品味的。拿《那兒》來說吧，這「那兒」二字作爲篇名和開題，不就是一個涵義厚實、指涉豐富的隱喻嗎？無須作任何解釋，它的意象和意指的豐富性就自然擊中了讀者的心坎，不管你是厭惡「那兒」還是心儀「那兒」，也不管你是把它當成「死亡」還是當成「理想」，或者……。有意思的是，作者在篇尾描述朱衛國臨死前還從容的打造了「一堆鐮刀和斧頭」，這個具有深刻象徵意味的場景，不僅傳達了朱衛國的情之所寄，也兼顧了同「那兒」的首尾貫通，對讀者的靈魂作了突如其來的敲擊，「他就像那個賣火柴的小女孩，在火光中看到了那個英雄。他嚮往那種生活。」這難道不是審美的感動，不具有審美的價值？

我尤其感動於作者對那隻名喚羅蒂的狗兒的描寫，特別是關於羅蒂之死。曹征路爲什麼花那麼大勁兒描寫羅蒂呢？在我看來，羅蒂的一生就是朱衛國一生的寫照，羅蒂的忠貞、靈巧、堅毅、自尊，一如朱衛國，或者說朱衛國一如羅蒂，連結局都一個樣。如果作者不在小說快收尾時點明「其實他的命運羅蒂早就暗示給他了。」留給讀者自己去意會，當更有餘韻。無論如何，我仍然認爲作者這種隱含的對比手法是高明的。能夠把羅蒂之死的整個過程寫得那麼有張力且驚心動魄，我相信是不容易的。

當曹征路寫到朱衛國第三次鬥爭因再次「受騙」而失敗之時，他以第一人稱「我」這麼寫道：「寫到這裡，我渾身顫抖，無法打字……我不能停下來，停下來我要發瘋。我也寫不下去，再寫下去我也要發瘋。」我突然覺得作者是在說他自己，曹征路那一刻恐怕眞的被自己寫的故事驚住了。

不難看出，曹征路對他筆下的國企工人在「國企改革」過程中的遭遇是深懷同情之思的，他對杜月梅的描寫讓讀者感受到的不是憐憫而是深切的理解；他對朱衛國的描寫甚至帶有「敬畏」的味道。當他藉用那個筆名西門慶（也是隱喻？）的記者之口不無諷刺地說出：「君要臣富、臣不得不富；父要子貧，子不得不貧」、「寧贈友邦，不予家奴！」的時候，更點出了作者對「國企改革」過程出現的貪瀆枉法現象情不自禁的義憤塡膺。

我還認爲曹征路在寫作過程中意識到了他的這部「現實主義」作品可能會遭遇到的關於「文學性」和「藝術性」方面的詰難，所以他才會又藉西門慶之口對「我」嘲笑說：「你小子太現實主義了，太當下了。現在說的苦難都是沒有歷史內容的苦難，是抽象的人類苦難。你怎麼這個都不懂？那還搞什麼純文學？」眞是苦澀尖刻兼而有之，也可以說作者藉著這句話對可能的批評者作出了反批評。

至於作者對結局的處理，我不認爲那是犬儒式的「妥協」，而是對現實的眞實反映（即使我在台灣，也知道中國政府近年嚴肅處置過不少貪瀆腐敗大案），或許更多的是大陸工人階級對共產黨並未死心，仍然寄予期望和信任的心境寫照吧。

《那兒》激起的些許憂思

據我所知，《那兒》是出現於大陸社會各界正在對「改革」進行反思之際。有人擔心反思改革變成了反對改革，也有人擔心以改革之名否定了反思，但很明顯的一個共同基調是：反思的是「改革措施」問題而不是「改革方向」問題。這無疑是健康的和正確的態度，但絕不表示「改革」的效果就不需要檢討和改進了。

從目前來看，改革開放以來，由於中國初級勞動力無限供給的特殊條件，也由於新型經濟中資本積累周期大大縮短的新情況（短期內造就許多新富階層），還由於發展中出現的腐敗和權錢交易等因素的負面影響，收入差距有繼續快速擴大的趨勢，這種趨勢在「效率優先」的思維傾向主導下，更難遏止。

據中國社科院去年發表的《社會衝突與階級意識——當代中國社會矛盾問題研究》一書指出：一九九〇～二〇〇〇年，中國百分之二十最高收入戶和百分之二十最低收入戶的收入差距倍數，從四倍增加到十二倍。到二〇〇二年六月底，中國城鎮百分之二十最富裕家庭擁有的金融資產佔城鎮全部金融資產的百分之六六・四，而百分之二十最貧窮的家庭這一比例僅爲百分之一・三。這中間當然牽扯到失業和就業問題，即以國企下崗職工而言，據指出再就業率已從一九九八年的約百分之五十下降到二〇〇二年的百分之十五左右。特別是資源進入枯竭和衰退期的一些老工業基地城市，就業問題格外緊張。現在城市每年約有二千萬需要找工作的人，但每年新增的就業機會只有九百萬個左右。中國就業問題的社會風險還在於它與龐大的農民人口問題聯繫在一起。社科院的報告說，中國農村貧困人口每人每天收入不足一美元的有一・四億人。現在全大陸農民現金收入中，百分之三十四是外出務工收入。一些省份農民外出打工收入，超過或接近了該省的地方財政收入。城鄉平均收入差距在二十年以上。

這些數據清楚顯示了問題的嚴重程度，它明白無誤的提醒收入分配問題的焦點，已經從需要集中解決「效率問題」轉變爲需要集中解決「公正問題」了。

最近我還在《讀書》上看到高粱先生一篇訪問稿，他憂心忡忡地質問：中國究竟是要走「以我爲主的改革開放，還是依附型的改革開放？」高先生提出這個問題正是從「國企改革」出發的。他認爲諸如裝備製造業之類涉及經濟戰略和國防安全的國企，「改革」必須要慎重。就業問題的解決固然不可掉以輕心，但未必只能通過外資企業來進行，「中國經濟本質上不能成了打工經濟」，「不能是外國公司在中國雇用最便宜的勞工，使用中國的能源，污染中國的環境，向其母國提供最便宜的消費品。」在這裡我要補充說，他們甚至到頭來佔了便宜還賣乖，指控中國產品傾銷壟斷市場。

當然，事情往往具有兩面性，歐陸、日本，特別是美國，通過全球化在經濟上和中國互依共存，實際上已經離不開中國市場，這就使得以美國爲首的「中國威脅論」處於尷尬的兩難境地，很難施展其「抵制」、「制裁」、「圍堵」中國的圖謀，更別說對中國搞什麼「先制攻擊」的霸道伎倆了。這是有利於中國爭取時間從容實現「和平崛起」，構建「和諧社會」的。

所以，國內問題的解決還是要回到中國自身。這包括了日益複雜的人民內部矛盾即階級關係和潛在的社會衝突危機以及兩岸統獨問題的爭執。在我看來，「台獨」問題的本質離不開階級分化這個人民內部矛盾，說明白一點，就是「台獨意識」甚或較模糊的「台灣主體意識」遮蔽了「階級意識」，將島內的「階級矛盾」轉化爲「統獨矛盾」，將台灣勞動階級壓迫的根源從跨國資本和美日對台灣的支配，引向對中共和中國的反感和抗拒。正因爲如此，「台獨意識」或「台灣主體意識」的解消就同兩岸經濟關係的持續交流和強化深化，以及大陸內部經濟的持續發展和社會矛盾的和緩化，分配關係的公正化、民主化分不開關係。

把台灣的情況說一說就會更清楚。自上世紀九〇年代中期開始，由於李登輝在兩岸經濟交流上搞「戒急用忍」，在政治上搞「兩國論」，台灣經濟成長率開始緩步下滑。二千年的所謂「政黨輪替」，陳水扁台獨政權上台，在島內加速「去中國化」，在兩岸交流上繼續拒絕三通並對大陸同胞來台旅遊設置種種障礙，平白坐失拉抬台灣經濟振興的機會，遂使經濟益顯疲乏，整個台灣社會陷入無精打采狀態。原來在八〇年代一度扮演台灣政治社會變革的推動力量的社會運動，特別是工人運動，多年來已呈現有氣無力甚至徬徨無奈之勢。失業率逐年攀升，什麼都上漲，就是工資沒漲。工人只得以保住工作為優先考慮，再也無心向業主爭權奪利。因窮困或債務而跳樓、燒炭自殺的事例層出不窮，甚至經常發生攜家帶眷齊赴黃泉的慘事。

最近一年情勢逐漸改變，這是因為台灣民間對於陳水扁在「台獨」路線上一意孤行，不務「正業」，漸感不耐和不安，深盼兩岸關係和睦，以便藉重大陸把台灣經濟搞活搞好，讓社會生機恢復常態。國民黨名譽主席連戰的兩度大陸之行，帶來了一線曙光，頗具振奮人心之效。民進黨執政當局雖仍在爭扎甚或愈趨極端，然而形勢比人強，未來一、二年將是決定「台獨」勢力消長的關鍵時刻。一旦「台獨」勢消，兩岸關係好轉，經濟交流正常化，內地人得以組團來台旅遊，則可預見台灣的經濟將在短時間內復甦，人們的關注焦點將從「統獨」問題移轉回到島內的社會經濟問題。那時，「階級矛盾」和各種利益衝突會重新浮上台面，成為台灣政治社會的主要課題。如果與此同時，大陸內部在維持經濟高速成長之餘，也能在財富分配公正的措施上，展現出不同於資本主義發達國家的具體做法，讓人看得見「中國特色社會主義」的「特色」之所在，那麼肯定會對台灣人民特別是對受雇勞動階級產生認知和意識上的影響，從而轉化他們的「台灣主體意識」為對祖國大陸的「生命共同體意識」。

關於「階級」問題的爭論

曹征路的《那兒》藉著一個「國企改革」的個案，展現了一幅國企工人從不愁食衣住行的國家主人公地位，一下子摔落成為前途茫茫的自由市場上的個體勞動者的圖景。過去對「那兒」的憧憬現在卻成了苦楚的臆想，眞是情何以堪！

儘管中國仍存在為數龐大的國企工人隊伍，但更多的國企下崗工人和數以億計的農村外移勞工已經構成更大的多的私營企業的受雇勞動者或待業者、失業者。這是改革開放所造成的中國工人階級解體和重構的劇變過程（台灣也以不同的原因和形式經歷同樣的過程）。《那兒》在改革開放二十多年後的今天，為「國企改革」中被「遺棄」的那部分國企工人一吐胸臆，針砭改革過程中的貪腐現象，對改革進行了「現實主義」藝術手法的反思，這是作為一個作家在當下應有的藝術良知的承擔，理應受到社會的重視和喝采。令我費解的是在大陸似乎總有為數不少的一批知識分子，見不得任何可能與過去（例如文革）產生回憶或聯想的事物，以致於在諸如小說、戲劇之類的文學作品方面，提到或看到「現實主義」傾向的作品，就心生反感，進而反對、抵制，很有點「一朝被蛇咬，十年怕井繩」的意思（可已過二十多年了）。我覺得這不太健康不太正常。

依我的拙見，文化革命和改革開放都是歷史的必然，都是中國社會主義革命進程的內在邏輯開展（肯定—否定—否定的否定），是全體中國人民追求幸福和解放的集體意志表現。兩者的差別在於文革錯誤的想要「跑步進入共產主義」，而改革開放認識到社會主義的完善只能採取「小碎步漸進」的過渡方式，也就是說有必要取法資本主義，大膽的搞市場經濟，才有社會主義的活路與明天。列寧在十月革命之初曾說過：「我們不能設想，除了建立在龐大的資本主義文化所獲得的一切經驗教訓的基礎上的社會主義，還有別的什麼社會主義。」於今看來尤其值得三復斯言。至於馬克思早就說過類似的話，這裡就不引述了。

既然改革開放是必然的，而且還必須堅持走下去，那麼新的「階級問題」就是迴避不了的。在西方發達國家及大陸內部（台灣也一樣）都有不少人主張「階級已死亡」或「社會階級正在死亡」，認爲馬克思的階級理論在全球化的今日世界已經失效。這種論調受到了來自現實和理論兩方面的挑戰。當代馬克思主義關於階級結構的論述承認，除了工人和資本家外，專業人員和藝術工作者從自己的專業技術中獲利，而經理和管理人員從他們的管理資源中獲利。然而，向更加複雜和多元的階級模式的轉變，並不意味著階級正在死亡。資本主義社會裡以階級爲基礎的不平等的繼續存在，意味著在長久的未來，階級的概念必將仍會在社會科學研究中發揮舉足輕重的作用。事實上，無論中外，引進新技術和管理方式遠遠沒有消除階級鬥爭，卻經常創造出新的階級矛盾形式。這在台灣已是越來越明顯的現象。

階級一直同種族、宗教、民族、性別及其他因素一樣，是政治認同和行動的資源中的一種。那種認爲階級的作用大不如前的觀點，是因爲人們過分誇大了它在過去的重要性，同時低估了它在當前和未來的重要性。

也有人發現，當今西方社會正在擴大的職業是白領的、技術的、專業性的和服務性的。階級結構越來越像中間突出的鑽石，而不再像上尖下寬的金字塔。中國今天雖然也存在這種趨勢，但顯然並不能生搬硬套「拿來」現成解釋中國的階級構成。一個擺在眼前的現實是，有人發財致富，有人陷於貧困，而處在兩極之間的大多數人的生活質量，的確比過去得到了改善或正在改善。正是這一部分絕大多數算不上「中產階級」的人會追問：我們是誰？我們屬於什麼階層？如果不喜歡追逐金錢或沒有機會和能力追逐更多的金錢，我們的希望在哪兒？我們的未來是什麼？這個社會在金錢統治的道路上還會走多遠？如果考慮到下面的問題，就會更警覺中國社會未來的階級和階層結構會大大不同於已發達國家與其他小國家：根據中國社科院發表的報告，改革開放以來，中國已把約二・五億農村勞動力轉變成非農業從業人員，包括各種形式的鄉鎮企業吸納約一・五億人，進城打工的農民工約一億人。而根據中國目前每畝耕地投入的勞動力計算，農村只需一・五億農業從業者。換言之，眼下的三・六億農業從業人員還需轉移二億多人到非農業部門。想一想看，這些未來的「非農業從業人口」都將是中國社會階級構成中的受雇勞動者，他們中的絕大多數人不太可能成爲專業人員或管理階層，而是製造業和服務業的純受薪工人。

中國未來的發展態勢已大約可以勾勒出來一個輪廓，至少可以知道中國將會出現前所未有的超大工人隊伍，這個巨大隊伍主要是由製造業和服務業兩大類別的工人構成，他們是全球化時代的新型工人階級。這個階級未來會採取什麼樣的社會態度和社會行動面對他們的社會處境，無疑將是對作爲他們所信賴的和憲法所規定的工人階級先鋒隊的中國共產黨的嚴峻考驗。儘管除了在一種非常抽象的層次上之外，「社會主義的實現」是不可能具有先驗性根據的，但是，共產黨至少要讓工人階級有某些指望或某種理由可以相信，我們正處在一個漫漫征途之中，在這裡會出現許多種不同的，但又是殊途同歸的通向社會主義的道路，即便是傳統的「社會主義建構」的過程似乎正讓位於新型的「社會主義重構」的過程。總之，要讓工人階級有信心相信：「那兒」就是「這兒」，一個更美好公平的世界是可能的。

二〇〇六年四月十七日完稿於台北

【文化前線】

綠色暗雲下的一道曙光

——記台灣五十九年來第一次「宋斐如先生追思會」

官土生

又逢陰雨鬱鬱的二月二十八日，今年是第五十九年了！本來心想：明年是六十周年，又逢二〇〇八年「總統」大選的前一年，獨派必然會傾全力於明年的六十周年進行大動員，今年應該會比較冷清。沒想到，今年他們還是誇口要動員十萬人，雖然實際上出來的人還未超過萬人。但是綠旗已塞滿了狹窄的「二二八紀念公園」；原本是生意盎然的「綠色」，成了政治旗幟後，特別是舉旗人呈露集體法西斯現象後，自然就顯現令人提心屏息的陰暗。

在綠色陰雲籠罩下，相對於綠色陣營的喧囂，在座落公園一角的「二二八紀念館」一樓視聽室，安靜且莊重的舉行了一場台灣五十九年來第一次的「宋斐如先生追思會」。

宋斐如先生（一九〇二年八月十一日～一九四七年三月十二日）犧牲於二二八事件，是當時最著名的省籍人士。台灣光復後，他任行政長官公署教育處副處長，是省籍人士中最高官階，並且與蘇新、白克等省內外進步文化人共同創辦了《人民導報》，站在人民立場報導社會疾苦，針砭時弊，揭露貪腐，因此廣受歡迎，發行量直追官方的《台灣新生報》，因此也得罪許多小人而遭忌，二二八事件中被官方不明單位挾持後，下落不明。在陳儀呈蔣介石之「辦理人犯姓名調查表」中（一九四七年三月十三日），宋先生的「罪名」是：陰謀叛亂首要，組織台灣民主聯盟，利用報紙抨擊政府施政。宋先生是台南仁德鄉人，一九二二年台灣商工學校畢業後毅然奔赴大陸入北京大學經濟學部，曾與張我軍、洪炎秋創辦《少年台灣》，與劉思慕等創辦組織「東方問題研究會」，出版《新東方》月刊等。抗戰爆發後，組織「戰時日本問題研究會」，發行《戰時日本》期刊任主編；研究、揭露敵國日本軍國主義的眞面貌，進行抗日宣傳活動，對中國抗日戰爭有很大的貢獻。抗戰末期，在重慶與李友邦、謝南光等在祖國參加抗日台籍人士，共組「台灣革命同盟會」，推動台灣光復運動。抗戰勝利後，隨公署前進指揮所於十月五日回台，並被任命為教育處副處長。

宋先生一生反抗日本殖民主義，爲東方弱小民族的解放和中國民族的抗日戰爭而奮鬥，投身日本帝國主義的研究和抗日宣傳，是現代中國最有成就的日帝研究家和宣傳家；之後獻身台灣光復運動；光復後回到台灣故鄉，正全心「建設新台灣」，追求台灣的民主建設時，卻被國民政府的黑暗勢力所殺害。這樣一個赤誠、光明的靈魂，在二二八中犧牲後，竟在台灣被湮沒在歷史的黑幕中長達五十九年，近一甲子的歲月。這個歷史黑幕，前三十年是國民黨政府戒嚴體制；後三十年，追根究柢，不就是自稱愛台灣、口口聲聲追求民主進步、追求「新而獨立的國家」的綠營的意識形態嗎？數十年來，不斷反復炒作二二八，模糊焦點、隱蔽本質，選擇性截取事件表象，把事件導向「省籍矛盾」、「台灣人和中國人的矛盾」，煽起「台灣人」受壓迫的「悲情」。二二八成為一本萬利的政治資本，這樣的二二八的論述霸權，可以說是綠營獲取政權的利器之一。在台灣有關二二八的集會遊行不下千場次，有關二二八的著作，論述汗牛充棟，不但有關二二八的人、事、資料，連相關耗子都被反復翻過來炒作論述。二月二十八日已成為「國殤日」的今天，宋斐如卻一直被矇在這綠色的黑幕中，無人聞問。只因為宋斐如一生反抗日本帝國主義、追求東方弱小民族和中國民族解放的歷史形象，以及致力建設民主、公義新台灣而犧牲的受難形象的復原，會有力地戳破迄今為綠營所壟斷的二二八的假幕。

去年十月二十五日，深圳台盟舉辦了台灣光復六十周年紀念會，同時舉行了由台盟台海出版社推出的《宋斐如文集》五卷本出版發行會，這使宋斐如一生的思想和人生，在五十八年的歷史滄桑後，再度回到了我們的時代。宋斐如的公子宋亮先生和夫人梁汝雄女士，在得到台盟的支持下，花費了二、三年的工夫，從北京、南京、上海、重慶……到台灣，隨著宋斐如的生命足跡，到各大圖書館辛勤地收集宋斐如的著作，論述和遺物，終於完成了五卷本的宋斐如著作集，當然還有一部份佚文仍有待來者繼續搜尋。

有了這個重要的成果，我們才得以在今年舉行第一次「宋斐如追思會」。會上放映了台海出版社製作的宋斐如生平的紀錄片，然後由台灣史家王曉波、許介鱗、藍博洲、曾健民和參加二二八起義的陳明忠先生，進行追思演講，深切感人。最後，邀請到宋先生長公子宋濤先生到場致辭，使這場二二八事件五十九年後，第一場追思會更感人更有意義。

在綠色烏雲舖天蓋地的二二八環境中，這場追思會勉強散發了第一道陽光；然而，既便是這樣一場簡樸的追思會，也遭遇了黑暗的人們的挑釁、阻撓和監視。

先是，會前就有拿綠旗的年青人在門口挑釁，叫嚷「你們是不是台灣人？」「咱台灣人」××……幸好有幾位熟悉這場面的年青朋友，不甘示弱地叫罵了回去，這些人才悻悻離去。接著，本來我們準備了一些相關書籍正擺在門口義賣，不知道誰通風報信，館方的人居然馬上來取締，說這裡不准賣書。「二二八紀念館」是台北市政府文化局管轄的，而台北市現在早是國民黨馬英九執政，照理說，館方一貫的綠黑霸道氣焰，應收斂回歸理性正道才對，然而事實上並非如此。

在會場上還發生了一個小騷動，追思會進行中，有一色白清秀的年青人，拿著時髦的攝影機，跑上跳下，從各角度勤於拍照，錄音，並沒有人注意到有何異狀。但有朋友無意看見了他手中的包包露出了一角綠旗，而且他在我們團體的各種活動中也從未有人見過他，遂心生懷疑。散會時，朋友向前抓住了他，從他包包搜出了許多一般特務搜證用的搜證道具，逼問之下才說是「憲調組」的，然而看他驚恐到口吃的表情，呑呑吐吐，又不像受過訓練的特務。是不是義務役的「充員兵」？或者也有可能受顧於深綠金主前來搜證的？看他青澀的臉一幅驚惶失措的表情，實在也是可憐蟲，朋友把他的道具消磁後，就放他走了。

這種在各種場合總少不了特務蒐證監聽的事，從國民黨當政戒嚴時期到綠營執政，一直都是沒變，所謂「民主化」常常只是口號。在白日下總會有在黑暗中活動的人。在自稱「民主進步、愛台灣」的黨執政下，黑暗的力量仍然活躍著，只不過，爲不一樣的主子的意識形態服務而已。

是不是他們害怕宋斐如回到了二二八的歷史，會戳破謊言？

此刻，我們看到了綠色後面黑暗的又更黑暗的心！

然而，新時代的陽光總會照亮它們吧！

二〇〇六年六月十二日　台北

地下室中的《黎明的國度》

——記一場四十年前的文革紀錄片放映會

瑟柯慧

三月十八日晚上六點，在林森北路地下道的羅斯福路出口旁邊，與「國家劇院」相隔一條愛國東路的大樓地下室，「海筆子」劇團工作室聚集了四、五十人，正準備觀看文革紀錄片《黎明的國度》。「海筆子」，是日本有名的壯年代劇團導演（主持日本「野戰之月」帳棚劇團）櫻井大造在台灣的工作室。這場放映文革紀錄片的活動，是他企畫的「地下室的獨白與對話」的第三部份。

今年是文革四十年，世界各地都以各種各樣的立場與方式，紀念或討論這場影響中國與世界相當深遠的文化政治運動。在「反共」仍然是社會意識主要底流的台灣島上，沒有什麼人在意它，各大小媒體也都僅以小角落報導它；當然，都是清一色的「文革有罪論」。在反共的島嶼上，四十年來第一次能夠用眼睛去看文革的影像，已屬不易，值得大書特書，雖然只在地下室一角。何況，這部由日本女導演於文革剛開始的一九六六年所拍攝的四十年前的老片子，能夠在台北的一個地下室與台灣的文化人見面，也是經過一番曲折的過程，充滿了歷史的偶然與必然的。

這部岩波電影公司製作，由女導演時枝俊江所拍攝的紀錄片，是從一九六六年六月開始拍攝，一直到翌年的二月，直接記錄了中國東北文化大革命剛爆發時的樣相，不管在當時或在今日，都是十分珍貴的。當年，這部第一手的文革紀錄片，在日本曾經廣受歡迎，影響了許多同時代的日本青年，嚮往中國的文化大革命的理想，而走上改造日本的道路，有些人毫無怨悔地獻身日本底層的勞工運動或草根運動。然而，四十年來，日本社會也發生了巨大的根本的變化，從戰後的「一億人總懺悔」到八〇年代後的「一億人總保守」，因而這部文革紀錄片也逐漸被遺忘，被製作公司堆在倉庫一角，無人聞問；甚至最近準備把它當作垃圾丟棄。幸好這公司的員工，把這消息告訴了他的老師土屋昌明（日本專修大學中國語副教授），於是土屋邀了青年時曾受這部片深刻影響，至今仍深信文革的朋友前田年昭，一起搶救了這部將被丟到垃圾場的片子，把它整理成光碟片保存了下來。這次土屋和前田受櫻井之邀，帶了片子來到「海筆子」工作室放給大家看。

在放映的前二天，筆者受櫻井之邀，先看了片子，匆忙把它重要的旁白譯成中文，然後在當天放映時隨著畫面用中文旁白說明。

受邀發表觀後評論的陳映眞先生說（按，憑筆者記憶）：

「回想起來，年輕時受中國革命、文革的影響，主要是通過耳朵偷偷聽大陸廣播，或通過文字閱讀而得的，從未親眼看過。這一次終於能用眼睛直接看到文革的形象容貌，看到了文革青年英姿煥發，看到勞工、農民自立自強獻身於社會主義祖國建設，充滿信心的樣子，真是印象深刻」。

不要說對大陸的文革，甚至對「大陸」都充滿了無知和偏見的台灣；在講社會主義、共產主義仍然是禁忌的島嶼上，這場從正面記錄了社會主義中國文化大革命火紅形象的紀錄片的放映是一次創舉；它在保守落後、封閉的台灣思想界，第一次撬開了一個風洞。

同是中國人的台灣，居然要透過日本的文化界，才能一窺活生生的文革形象，令人浩嘆不已。雖然台灣與大陸一衣帶水，僅隔百里的海峽，但在社會感情、意識和理性認識上，居然相隔遙遠，孰令致之？這是因爲百年來兩大帝國主在台灣海峽築起的政治和意識的高牆，仍然屹立不倒。認識文革當然重要，認識中國更是重要！

下面是四十年前這部紀錄片在日本放映時的說明，有利於理解該片的梗概，請大家參考。

二〇〇六・六・十八

《黎明的國度》──說明

曾健民譯

「世界是你們的，同時，也是我們的。然而，終究還是你們的」──毛澤東

一九六六年八月在北京，紅衛兵開始攻擊北京市長彭眞，從此，新中國進入了稱爲「文化大革命」的激動革命時代。

現在，佔有全世界四分之一人口的民族的動向，不可能不影響明天世界。

「黎明的國度」是在文革開始的八月之前，進入新中國的岩波攝影隊所拍攝的電影。它是唯一一部拍攝了剛進入文革時代新中國面貌的片子，可以說十分珍貴。

攝影隊從一九六六年六月到一九六七年二月一直停留在中國東北地方，特別以北京、瀋陽、撫順、鞍山、哈爾濱爲中心進行拍攝，拍攝工作沒有什麼限制完全自由。攝影隊總共走了二千公里大約拍了八萬呎的膠卷。

拍攝新中國面貌的片子雖然很多，但大多是提供給電視放映，而且大多是新聞的片段。這部長篇紀錄片《黎明的國度》，不論在內容上或規模上都受到世界注目。

這部片的特徵是：世界唯一的一部拍攝了紅衛兵面貌的紀錄片，同時也如實地拍下了日本人比較熟悉的東北方（舊滿州）。

特別是東北地方，迄今得以去取材的只有NHK，而且還只限於瀋陽一地，如此便可以知道，這部片子價值是怎樣地珍貴了。

製片人高村武次說：「本片把重點放在如何正確地傳達新中國的面貌，特別在深人探索中國的農業和工業的關係，以及其實態上一直是重要的主題。而且與歷來的記錄不一樣的地方，在我們對於同一地方都要經過數次探訪取材深入挖掘生活，發揮出比踏查紀行更強的居留記，所特有的長處。」

製片人高村武次以《遇難》和《佐久間水壩》兩部片子已爲大家所熟知，擔任導演的時枝俊江，是岩波電影公司二位女性導演中的一位，已發表過許多作品，其中的《這是東京》一片，曾獲得羅馬國際電視電影節的觀光電影部門首獎，《朋友們》一片也榮獲一九六二年教育部電影節一般教育部門首獎；最近的《譚訪》在昭和四五年的觀光電影賽中得到最優獎，還有《阿健們的音樂修行》等，她縝密的作風很早就爲人所稱道。本片《黎明的國度》是她長篇紀錄片的處女作。

《黎明的國度》主要內容

1. 北京天安門前的紅衛兵
2. 山海關—萬里長城

3. 流經哈爾濱的松花江
4. 哈爾濱的大字報
5. 哈爾演近郊幸福人民公社
6. 長春郊外的化肥工場
7. 東北最大的工業城—瀋陽
8. 哈爾濱郊外的半農半讀學校
9. 十月一日長春市廣場的國慶節
10. 農村支援的學生
11. 鞍山鉬場
12. 長春汽車場
13. 長春電引機修理場
14. 吉林省的播種機維二場
15. 移動映寫隊
16. 偏遠地的醫療隊
17. 松花江的冬天

18. 撫順的露天煤礦
19. 紅衛兵長征隊

《雷雨》讚歌

——記相隔六十年的兩場《雷雨》

官士生

《雷雨》讚歌

滾吧，時代的渣滓啊！
我們看厭了
假面具的尊嚴，
虛偽的道德倫常，
我們看透了
保守的腐敗，

大家庭的罪惡；
一切為了自私，
生存於狹隘與墮落

喝，滾吧，時代的渣滓啊！
我們聽厭了
病態的呻吟，
無助的呼喚，
我們預料到
黑夜裡的怪狀奇形
不會生存到明天
而且那封建的活屍
在顫抖，在動搖的舞台，
到了最後的一瞬，
預言者的雷雨啊，

給與了無慈悲的裁判。
讓新生的力量，
純真的愛，
通過雷電的鞭韃，
暴雨的掃蕩，
撲上真理的光明之路吧！
卅一，台北

這是台灣光復初期，在文化界最活躍的詩人、文藝評論家雷石榆（一九一一～一九九六，廣東台山人），於一九四六年十月卅一日爲曹禺名劇《雷雨》在台灣上演時所寫的一首詩。該詩同時發表在十一月四日的《和平日報》和《中華日報》；是爲了「台北市外勤記者聯誼會演出雷雨特刊」而寫的。不需多說，該詩直接而有力，也表現了詩人對時代如《雷雨》般的感受。

是的！這是六十年前的事，在台灣脫離日本殖民統治復歸祖國剛滿一年不久的一九四六年十一月四日，曹禺的名劇《雷雨》已在台北市中山堂上演，轟隆的雷雨響徹台灣文化的上空。它並不是由職業團體演出，而是由「台北市外勤記者聯誼會」的記者們所導所演所推出的，可說是半職業劇團。當時各報大陸來台記者許多人在抗戰中都曾投身戲劇運動，參加過如「青年藝術劇團」的戲劇團體。據「外勤會」的說明，他們演出《雷雨》的目的，是在「推動台灣的話劇運動」、「鼓起治灣新的劇運浪潮」，和「爲外聯會募點基金」。這次演出除了在台北演出三場（十一月四日～六日）外，在台中也演出了三場（台中戲院十一月廿五～廿七，據說反應熱烈加演了一場）。

這場演出，是在當年的六月簡國賢、宋非我的《壁》公演造成轟動但卻被公署當局禁演，台灣戲劇界一度沈寂後，再度由「外聯會」推出的第一個驚雷。當時，雖然光復只不過一年，但是社會狀況已極度動盪惡化，米荒、失業、貧腐、貧富不均、大陸內戰的影響……等，正撕裂著人心。這從簡國賢在六月上演《壁》時，在《新生報》上所寫的〈被遺棄的人們〉（一九四六年六月十三日）一文的開頭，便可知，他寫道：

「由於現實的錯綜複雜，既允許一夜發費數萬，沈迷於花天酒地的人，也冷漠地面對徬徨於飢餓邊緣的人。當酒家與舞廳上謳歌著自由與歡樂時，居住於低矮屋簷下的勞工正呻吟於生活的重壓下……」

在這樣的社會現實中，接著《壁》之後，《雷雨》在台灣第一次公演，有很大的意義；當時的《和平日報》編輯周夢江，在一篇〈觀客蕪言——觀「雷雨」上演後〉（《和平日報》〈新世紀〉，一九四六年十一月二十八日）中，有鞭辟入裡的看法，茲抄錄如下：

在台灣，在這剛剛開始接受祖國文化的台灣，一切舊中國的低級，庸俗的文化，正在這裡找到新地盤開始猖狂的時候，有這麼好的劇本——「雷雨」適時的演出，是有著不可估計的意義的。第一：它可以改變本省人過去對祖國文化的印象，不以為中國的文化都是舊垃圾，因為本省同胞在日人的教育下，很多是受過西洋文化的薰淘，而日本最近百年來的文化，也可說是西洋文化的模倣者，追隨者，不管是本省同胞鑑賞能力夠不夠，藝術的修養如何，接受得多少，「雷雨」的演出，總算是提供了中國新藝術的一面，使本省同胞注意並且覺得值得作為榜樣。第二就劇本的內容說，它暴露出中國舊封建家庭的黑暗，很可以給本省同胞作一面鏡子。因為本省雖曾走上了資本主義的殖民地化的道路，就是因為殖民化的緣故，到今天仍舊還殘留很多的封建家庭和封建道德的。

更難得可貴的，有了這麼好的劇本，配合了這麼好的舞台佈置，好的劇員加以演出，是現階段文化荒涼的台灣的奇蹟，也是本省同胞的眼福。

從一些歷史資料中，我們可以知道《雷雨》在台灣受歡迎的程度；譬如，影劇史家呂訴上，在〈台灣新劇發展史〉上也有描述當時上演的情形：「當時一般人士都給予極好的評價，在可容約二千多觀衆的中山堂連賣了三場九成座，可以說是空前的了。」參與演出的記者張南雷，如此報導：「許多台灣省同胞對我們演得並不好的戲也竟是那樣熱烈認眞，他們會帶著原文的或甚至日譯本的劇本到劇場去隨看隨讀地看兩場三場不覺厭煩。」實際上，《雷雨》是於一九三四年初次發表在《文學季刊》；而第一次公演，是由中國留日學生團體「中華話劇同好會」在日本東京神田一橋課堂演出，造成轟動。當時在「東京左聯」活躍的雷石楡、林煥平等，和創刊《福爾摩沙》的台灣留日學生吳坤煌、張文環等，因爲同是在日帝壓迫下的同胞，互相之間有很活潑的交流，因而都直接或間接參與了這戲劇活動。對這些台灣文化人來說，許多人早已讀過日本劇評家的日譯本，對《雷雨》並不陌生。這是爲什麼《雷雨》在當時會受到台灣觀衆歡迎的原因之一。

《雷雨》的劇情眞實而慘酷，劇中的人們「盲目地爭執著，泥鰍似地在感情的火坑中打著昏迷的滾，用盡心力來拯救自己，而不知千萬劫的深淵在眼前張著巨大的口……愈掙扎，愈深沉地陷落在死亡的泥沼裡」（曹禺自序）。他們的希望一個個幻滅，他們掙扎著要走「光明」的路，掙扎著要拯救自己，然而卻在新生的憧憬裡滅亡。曹禺用「雷雨」般熱情暴露了當時中國封建家庭與社會制度的罪惡，暴露了這個制度下無恥而可憐的人們，他們的掙扎、絕望、救贖、悔改與滅亡。以摧枯拉朽的「雷雨」粉碎、洗滌這一切。這時的台灣社會，在光復一年中已積累了深厚複雜的矛盾，希望與絕望交陳，大家正陷入極端焦燥、憤恨的深淵，有一種期待來一場大雷雨洗淨一切的集體心理。這是翌年爆發二二八事件的前三個月，是台灣社會暴風雨來臨的前夕。這就是為什麼《雷雨》會被上演並受到歡迎的原因。

剛好是一甲子，相隔六十年的今年，《雷雨》再度響徹了台灣文化的天空。北京人民藝術劇院最新版的《雷雨》（建國迄今共排演過三次，一九五四、一九八九、二〇〇四三版，共上演了四百三十九場），在台北「國家劇院」上演了（五月三十日～六月四日，另外，六月六日、七日在中壢藝術館上演二場）。這是值得大書的文化大事；特別是，跨越了一甲子的時空，在台灣再度上演的意義，更是重大。

六十年，在歷史的長河中雖然只是一瞬間，但對人生來說卻是「世事滄桑」；兩岸的社會、政治經濟和人們經歷了翻天覆地的變化；無數次的「雷雨」，比舞台上的《雷雨》更狂烈的暴風雨，吹刮、洗滌、摧枯拉朽地摧毀舊秩序，新的生命誕生了，但舊根仍依附在新生中發芽。

六十年前《雷雨》在台灣的上演，在蒸悶的社會空氣中，預告了「二二八」的暴風雨將來臨。在二二八的雷雨中，參與上演《雷雨》的青年，有人死亡了，有人逃亡了，參與了全中國的新民主主義解放事業。一九四九年，人民解放戰爭摧毀了以國民政府為代表的中國舊封建勢力，建立了人民共和國，而遷逃台灣的國民政府在美國的世界冷戰戰略的扶殖下重獲新生，在台灣進行了慘酷的白色恐怖，對島上的進步力量（包括人和思想）進行了徹底的肅清。包括了如《雷雨》的新中國藝術、文學和思想，也都成了被禁絕的對象；長期間，在絕望的白色化的島上，成了不可摸觸的令人戰慄的禁忌。其後，在白色化島嶼的母胎中，誕生了以「去中國化」為標誌的政權，以及半依賴性的資本主義社會，再加上反共、親美的社會意識，這就是今日台灣社會的基本特徵。最近，獨派政府執政，其意識形態與台灣的經濟發展產生了極度的乖離，經濟停滯衰退，政商財團爭相爭食公共資產，金融寡占化快速進行，結果是，數年之間私人資本財團急速肥大化、壟斷化，相對的社會資產快速萎縮貧困化，造成貧富不均，全民負債化，個人看不到前途，失去了展望。再加上最近貧腐弊案連連，人心積憤已深；由於政治過度操作，使社會倫常價值快速地崩解，罪惡橫行天下。這使整個社會陷入極度焦燥不安的狀況，渴望狂飆來臨橫掃一切的心情正逐漸蔓延開來。

在這樣的時局中，《雷雨》超越六十年的禁忌歷史，再度來到島上公演，有它特殊的意義。除了顯示了《雷雨》本身強大的藝術性，再度展現中國的新藝術的成就之外，在轟隆響徹「國家劇院」的雷雨中，舞台上敗德、貪慾、懦弱連同腐朽的支配者，在火坑中打滾，在互相殘害中自救的幻滅，逐步在掙扎中深陷入死亡的泥沼，《雷雨》顯示的藝術形象也超越時代，震懾了今日台灣觀眾鬱無所渲洩的感情，搥擊著閉鎖的心靈。

七十多年前，曹禺在他的自序中曾說過：

「我誠懇地祈望著看戲的人們，也以一種悲憫的眼來俯視這群地上的人們。」

也正如前引六十年前雷石榆的詩句：

「讓新生的力量，
純真的愛，
通過雷電的鞭韃，
暴雨的掃蕩，
撲上真理的光明之路吧！」

這應是相隔六十年，兩場《雷雨》給我們的共同啓示吧！

二〇〇六、六、十七

糾彈「反共」「反中」的刻板思維

——龍應台給胡錦濤公開信的批判始末

范振國

二〇〇六年一月二十六日，文化明星、暢銷作家龍應台意圖十分明確，但背景絕不單純的在：台北《中國時報》、香港《明報》、吉隆坡《星州日報》、美國《世界日報》……等華文報紙同步刊登了一封題爲：〈請用文明來說服我——給胡錦濤先生的公開信〉。

信中，龍應台疾言厲色的斥責中共國家領導人胡錦濤「代表了二十一世紀的逆流，在追求民主的大浪潮中，它專制集權，在追求平等的大趨勢裡，它嚴重的貧富不均」在胡錦濤的主政下，這個國家在高經濟的成長背後，掩蓋了「有多少人物慾橫流，有多少人輾轉溝壑」的殘酷事實。因爲胡錦濤領導下的國家是如此的惡劣不堪，踐踏了她所有的價值認同，因此儘管她對這個「血緣家國」，懷有深切厚重的情感，她也不惜離之、棄之、抵抗之。

根據龍應台自己的說法，促使它動筆寫這封公開信的原因是，共青團所屬的北京《中國青年報》《冰點》週刊被勒令停刊的事件，而《冰點》之所以遭到停刊處分，龍應台認爲稍早前《冰點》「勇敢」的刊登她的〈你可能不知道的台灣〉時，團中央就已經開始銜恨了，至於最近因刊發袁偉時的〈現代化與歷史教科書〉而被停刊，不過是證明「鬼」終於被等到了而已。

〈你可能不知道的台灣〉是否構成《冰點》被停刊的因素，我們不得而知。但刊發袁偉時的〈現代化與歷史教科書〉而被勒令停刊整頓則是事實，不過理由並非「它和主流意識形態相對……攻擊社會主義，攻擊黨的領導。」這個龍應台自己杜撰的罪名。共青團中央作出這個處分決定是基於：「……冰點週刊刊登中山大學教授袁偉時〈現代化與歷史教科書〉的文章，極力爲帝國主義列強侵略中國的罪行翻案，嚴重違背歷史事實，嚴重傷害中國人民民族感情、嚴重損害中國青年報的形像，造成了惡劣的社會影響。……」（共青團中央宣傳部《關於對中國青年報冰點週刊錯誤刊發〈現代化與歷史教科書〉的處裡決定》。二〇〇六年一月二十四日）

〈現代化與歷史教科書〉是否確實犯了中宣部頒布的罪名，從大力宣揚；圓明園被焚毀是因爲清政府不遵守國際法，咎由自取的結果。義和團拆鐵路、拔電桿抵抗侵略的舉措，是反文明、愚蠢、野蠻的暴行……等媚外奴化的史觀來看，只要稍具民族良知的人就可以斷言袁偉時「爲帝國主義列強侵略中國的罪行翻案，嚴重傷害中國人民民族感情」，已是罪證確鑿、無可狡賴的事實。至於「嚴重違背歷史事實」的部分，經由多位有識之士的糾舉，袁偉時隨意解釋歷史材料、曲解史實的卑劣手法，也早已無所遁形。而冰雪聰明的龍應台卻不加思索的盲目呼應袁偉時，論者咸認為其因蓋在兩者具有同樣貨色的現代化意識形態以及刻板的「反共」思維使然。

龍應台口氣傲慢自大，通篇充滿無知偏見的公開信一經發表，迅即遭致海內外進步人士的批評。

旅居加拿大安大略省的樊舟，就針鋒相對的以〈請不要用文明說服我——評龍應台近作〉為題，對袁偉時草率隨意的治學方法、荒謬絕倫的思維邏輯，以及龍應台盲目附合袁偉時，恣意醜化中國的可鄙心態痛加撻伐。尤其在有關歷史教科書的問題上，樊舟以自己親身閱讀的經驗，歷歷指證了袁偉時及龍應台的謬誤。對這套被袁偉時污衊為「狼奶」、宣揚仇外美學、毒化青少年思想的歷史教科書，樊舟說：他「至少學了六年」，並且「出於考大學的需要」，他「至少記住過其中百分之九十九的內容」，就他的記憶所及這套歷史教科書「由於採用『人民史觀』，予人的結論並不仇外，比如，它為世界的奴隸作傳，也強調法西斯侵略給德、日人民造成的深重災難。他肯定秦始皇、陳盛、吳廣、太平天國，甚至隋煬帝開鑿大運河，蒙古人滿人入侵中原而導致民族大融合，但對嬴政、楊廣、元朝、滿清的暴政，對太平天國後期的腐化墮落卻毫無粉飾。他敘述列強的侵略，也同樣讚美文藝復興、工業革命和明治維新，讚美各個文明，對印地安人、對黑人，對世界各地弱勢者寄與深切的同情」。

樊舟的指證不但有力的駁斥龍應台的輕率無知，也為無緣親睹這套教科書的我們提供了極為有益的參照。

不只如此，樊舟在文章中還直接指出龍應台，一面高唱「文明」「理性」，卻對美國縱容日相參拜靖國神社的暴行視若無睹；一面高舉捍衛「新聞自由」的正義旗幟，卻對日前TVBS慘遭綠色政權打壓的事件不置一辭的矯情與僞善。無情的揭露了龍應台所謂獨立人格的欺瞞性、虛僞性。

至於龍應台的統、獨立場，樊舟認爲，那不過是小妞子的忸怩作態罷了。「一幅小姑待嫁先問彩裡的模樣，……苦大仇深的瞪著鷄肋，自己鬱悶，別人看了也累！」樊舟語帶嘲諷的說。

繼樊舟的之後，中國大陸的黎陽發表了一篇〈偏見比無知離眞理更遠！——關於龍應台公開信的公開信〉；以及署名「不能不說了」的作者直接斥問〈龍應台女士：妳的眼淚流給了誰？〉的批判文章，在網路上廣爲流傳並引起網友熱烈的反響。限於篇幅我們不一一介紹他們的論點。有興趣的讀者只要上「烏有之鄉」網站，很容易查閱到相關文章。以下我們集中回顧龍應台的公開信在島內所引發的交鋒狀況，並簡略的介紹參與討論者的觀點。

首先向龍應台射出第一支響箭的是，畢生致力於克服民族分斷，無時無刻不和美、日帝國主義堅決鬥爭的，知名小說家陳映眞。

二○○六年二月十九日、二十日兩天，《聯合副刊》以幾近全版的篇幅登出了陳映眞批駁龍應台的長文〈文明與野蠻的辯證——龍應台女士「請用文明來說服我」的商榷〉。

以歷史唯物主義的左翼觀點；陳映眞分別從「中國的經濟發展」，「民主和自由」「言論新聞的自由」以及「義和團運動論」「歷史認識和歷史教育」……等面向對龍應台進行了一場「和風細雨」式的「諄諄善誘」。

針對龍應台，中國的高經濟成長造成「有多少人物慾橫流」「多少輾轉溝壑」的指控，陳映眞在並不否認中國社會現今依然存在諸如三農問題的嚴峻形勢下，從全球資本主義發展史的宏觀角度，指出了相較於西方奪以「殺人遍野、十室九空」爲代價所完成的資本原始積累過程，中國大陸從一九九〇年代初開展的「改革開放」，由於新民主主義革命所奠下的歷史基礎，以及進入社會主義改造階段後所遺留下來的實踐成果。中國大陸在工業資本形成的過程，很大程度的減輕和避免了西方國家在資本主義發展過程中的殘酷、野蠻。「自主的完遂了沒有殖民主義擴張和侵略的積累」尤有甚者，「中國在經濟崛起的同時，不但沒有使自己成爲世界民族、人民的負擔，作爲世界經濟生長點的一部分，她的經濟發展，更扮演著推動世界和平、多極、平等、互惠發展模式與秩序的關鍵角色；在團結愛好和平與可持續發展的中小民族與國家，制衡力主單極獨霸的大國上，中國近年來的努力也取得了卓然的成效」，陳映眞說：「龍應台因爲被對中國的憎惡和刻板成見矇蔽」而看不見這些世界公認的事實。

針對中國缺乏「民主與自由」的說法，陳映眞首先批判了資產階級思想家約翰・洛克（John Loke，一六三二～一七〇四）以及日本著名的自由主義思想家福澤諭吉（一八三五～一九〇一）的僞善和階級偏見。陳映眞以彼等自相矛盾的言行，雄辯的揭穿了資產階級修言，「民主自由」的假面，接著陳映眞列舉了台灣自一九七五年十月白雅燦被捕，直至一九七七年國府鎮壓鄉土文學運動的政治事件，將民主自由綰合著社會經濟條件，對照同一時期與台灣人均所得不相上下的中國大陸所發生的政治「不民主」的逮捕鎮壓事件，以具體例證提醒習慣性地經常不假思索就咒罵中國「在追求民主的大浪潮中專制集權」的「龍應台們」不要那麼「自以爲義」。

關於「言論新聞的自由」的問題，陳映眞嚴辭譴責了美國主流媒體在美國所發動的侵略戰爭中（如以阿戰爭、波斯灣戰爭、入侵伊拉克、科索沃）主動放棄新聞自由的權力，自甘做爲宗教偏見（白人上層階級的基督教基本教義）、種族歧視的俘虜，片面報導戰爭的眞相，蓄意掩蓋美軍虐俘的令人髮指的暴行。陳映眞也根據美國民間監督新聞自由不受侵犯的非政府組織「被檢查的議題」（Project Censored）所提供的調查報告，羅列了美國政府如何透過事實上的（de facto）新聞檢查，禁制媒體傳佈不利於美國國家利益的的事證。徹底戳破美國有百分之百新聞自由的謊言。

關於「義和團運動」的歷史評價，以及由此而牽引出對歷史教育與認識的問題，陳映眞批判的鋒鏑指向了兩岸「自由主義」的知識份子。站在歷史唯物主義的高度，陳映眞從發生義和團運動的歷史分析中，揭示了「生產方式落後的社會」面對「生產方式進步的社會」的壓迫和掠奪，只能以落後的刀劍對抗文明的槍砲，只能以傳統的信仰動員凝聚民心的無奈與悲慘的事實，嚴厲的駁斥了彼等醜詆義和團「封建落後」「野蠻愚昧」「反理性」「反文明」的論調。

把台灣反抗殖民統治的史跡匯入中國反帝反封建的歷史主流，陳映眞特別列舉了一八九五年台灣割日以後，吳湯興、胡阿錦、柯鐵虎等領導的前仆後繼的抗日義行，以此厲聲質問龍應台：「在帝國主義無情侵侮的時代，當封建王朝無計可施，當台灣已成棄地，不甘屈膝的中國農民起而抗擊外侮，卻限於滯後的的生產方式，不得不憑著落後的武器、封建的迷信，強烈的民族自豪感和「仇」恨「外」侮的思想與行動，難道要他們依靠民族自蔑主義和投降媚外主義？」回顧這一段悲壯的歷史，我們能污衊它是「愚昧」「反理性」「仇外」的野蠻暴行嗎？

陳映眞最後不忘苦口婆心的告誡龍應台：「不要僅僅因為共青團不贊成醜化義和團運動的買辦史觀，就要咒罵今日中國的『野蠻』，就要以有別於中國人的台灣人身分威脅說要離棄之、抵抗之。」因爲「追求在外力干預下分裂民族的統一」，陳映眞說：「至少對我而言；是一個知識份子為了堅持其出生的尊嚴，知識的尊嚴和人格的尊嚴的原點，不能議價、不可買賣、不許交換。」

踵繼陳映眞之後，對龍應台發難的是左統派的另一戰將汪立峽。二〇〇六年二月十日汪立峽在〈人間網〉上發佈了〈一種自戀的和可悲的傲慢——評龍應台的「公開信」〉，持續批判龍應台「反共」「反中」的心態，汪立峽還就理論認識的部分，特別是關於什麼是「社會主義」，給龍應台上了一課，另外對龍應台堅信不移的自由主義價值觀，汪立峽也以馬克思主義的觀點予以批判，從另一個側面豐富了陳映眞的視角。

基於多重原因，陳映眞的長文刊出之後，在報刊上迅即引起了一陣熱烈的討論。《聯合副刊》為此特闢的〈差異與交鋒〉欄目連續登載了八篇回應文章，以刊出的時間先後，分別是〈哪一個中國是眞實的？〉（楊照，二〇〇六年二月二十三日）〈所謂普世價值的思索——給龍女士的公開信〉（景鴻鑫，二〇〇六年二月二十六日）〈禁令——中國傳媒的緊箍咒〉（凌卉，二〇〇六年二月二十六日～二十七日）〈現象，常常比文明或野蠻更複雜一些〉（蔡詩萍，二〇〇六年三月二日～三日）〈言論權是社會公平公正的起碼條件——談陳映眞「文明與野蠻的辯證」一文有感〉（趙誠，二〇〇六年三月七日）〈讀龍應台公開信論戰有感〉（齊湘，二〇〇六年三月十三日）〈笑傲全球，風雲再起——中國崛起的世界性意義〉（路況，二〇〇六年三月七日）〈你所不知的世局變化——中國的資本主義傾向與美國的民主幌子內情〉（金寶瑜，二〇〇六年三月二十八日～三十日。）

除了聯副刊出的回應文章，趙剛二〇〇六年二月十二日在〈人間網〉與台灣社會研究季刊同步發表了〈理解與和解——回應諸批評兼論「區域批判知識份子」〉。李弘祺在當代雜誌二〇〇六年四月號發表〈我寧願選擇文明——論陳映眞和他的中國〉參與了討論。

上列的文章中，楊照與蔡詩萍就「如何認識當代中國」提出了自己的看法，（楊照建議放棄「整體」的觀點，採用「點滴式的理解」徐緩拼湊巨幅中國的圖像。蔡詩萍提供「政府治理」「資本邏輯」

「國際連結」三個觀念，作為認識「動態中國」的新的「阿基米德支點」。）路況則期待崛起的中國，在美國獨霸的全球格局中，能開創出一條「非美式」的路線，爲人類歷史提供新的選項。他們雖然沒有就陳映眞批判龍應台的核心問題深化討論，但是不約而同的把「如何正確認識當代中國」視爲必須嚴肅面對的知識課題，也是饒富意義的思考。

旅居香港的凌卉，列舉了近年來中宣部箝制媒體的具體事件，勾勒了中共新聞檢查的機制與做法，爲關注大陸言論環境的人整理了一份值得參考的資料。

成功大學航太系教授景鴻鑫，從一切價值乃個體爲追求生存而衍生，具有歷史相對性的論點，批駁了龍應台把民主自由視爲「普世價值」的迷思。

齊湘（美國亞利桑那大學新聞與傳播系助理教授）則認爲：龍應台的公開信「……與否定中國，討好台獨勢力無關，純粹是龍應台以實際行動聲援大陸媒體爭取言論空間的作爲，而龍應台這個勇氣十足的行動，只是再次證明她是她自己而已。」

趙誠回應陳映眞的文章，基本上沒有脫出袁偉時、龍應台的認識框架，不過具有「中國山西省委黨校教授」身份的趙誠，竟然會有「……說發展中國家不能發展的原因，是國際壟斷資本勢力不讓這些國家發展，這是一種遁詞。當今世界，凡是尊重人權，重視教育，實行民主法治的發展中國家，沒有發展不起來的。……二次世界大戰之後……獨立的國家有的拿了國際援助，卻發展不起來，其原因就是自己觀念落後，制度失調……歸結於國際資本，不能成立。」這樣赤裸的爲帝國主義罪行開脫的言論，實在令人大開眼界。

金寶瑜（美國 Marygrove 榮譽教授）在美國對內操控媒體、製造謊言、禁制進步言論；對外假經濟援助之名，扶持獨裁政權，扼殺第三世界國家獨立自主發展……等暴行的批判上與陳映眞有一致的立場。在揭露中共向資本主義傾斜的改革，助長了資本主義意識形態與資產階級世界觀普遍氾濫，在改革開放的名義下，教改、房改、醫改諸領域均造成尖銳的社會矛盾，與國際資本接軌後，底層的中國人民失去的比獲得的更多……等等殘酷的事實，金寶瑜的實證研究，也有十足令人信服的論據。只不過在對中國朝向資本主義發展以及對自由派右翼力透紙背的批判之餘，對龍應台的意識形態以及她的言論對於兩岸的和解所可能造成的危害，金寶瑜卻沒有絲毫著墨，就不能不令人覺得美中不足了。

趙剛的論述一定程度上彌補了這個缺憾，延續對〈你不能不知道的台灣〉的批判基調，趙剛不但明白的指出龍應台違反了區域對話的基礎倫理。也銳利的挖掘出龍應台在價值上，知識上所以顯得如此傲慢地意識形態根源。（關於「區域批判知識份子」所應扮演的角色，承擔的責任，以及「美製的現代化意識形態」的具體表徵，在趙剛的長文中有詳細的鋪陳，請讀者自行參閱。）

最後我們引一段趙剛的話作結：

「冷戰時期美國的現代化意識形態形塑了龍女士理解台灣（以及世界）的框架，並傲慢地用此一框架衡量中國大陸，這使得「中華民國」和「中華人民共和國」代表了兩種文明，之間有不可跨越的文化壁壘。這個冷戰的，現代化意識形態的心態結構，無論對兩岸的真正和解，或是台灣社會內部的正義發展都是有害的。」

而也正是因爲對這種危害的警覺，我們才不憚辭煩的整理對龍應台公開信批判的始末，供關心兩岸未來的朋友們思索參考。

至於李弘祺發表在當代雜誌的文章，基本上反映了與龍應台一路的意識形態，甚且多了一分蛋頭學者的賣弄，我們也就不浪費筆墨加以贅述了。

國家圖書館出版品預行編目資料

日讀書界看藍博洲／陳映真總編輯. --初版.
-- 臺北市 : 人間, 2006 [民 95]
面; 公分. -- (人間思想與創作叢刊;
11. 2006 年夏)

ISBN 957-8660-95-2 (平裝)

1. 臺灣文學 - 論文, 講詞等
2. 東亞問題 - 論文, 講詞等
3. 臺灣 - 歷史 - 光復以後 (1945 -) -
論文, 講詞等

673.229 95011602

人間思想與創作叢刊
二〇〇六年・夏
日讀書界看藍博洲

發行人／梁電敏
總編輯／陳映眞
常務編輯／范振國
執行編輯／陳乃慈
出版者／人間出版社
地址／108 台北市長沙街二段64號3樓
電話／(02)2389-8806
傳眞／(02)2389-6996
郵撥帳號／11746473 人間出版社
印刷／承印實業股份有限公司
電話／(02)29555284
總經銷／聯經出版事業股份有限公司
訂書專線／(02)26418661
登記證／局版台業字第三六八五號
初版一刷／二〇〇六年七月
定價／新台幣三二〇元